Dieses Buch
entstand
mit
freundlicher
Unterstützung
von

KARSTADT

CIRCUS RONCALLI

GESCHICHTE EINER LEGENDE

HERAUSGEGEBEN
VON WERNER KÖHLER UND
EDMUND LABONTÉ

MIT TEXTBEITRÄGEN
VON ERNST GÜNTHER,
GERHARD EBERSTALLER UND
PETRA PLUWATSCH

GESTALTET VON LUTZ JAHRMARKT

Für die [illegible]
alles Liebe
[illegible]
Wien 1998

HOFFMANN UND CAMPE

Impressum

Herstellung: Roland Kraft
Lithografie:
Alphabeta Druckformdienst GmbH, Hamburg
Druck und Bindung:
Mohndruck, Gütersloh

Wir danken Thomas Schütte,
der den Anstoß zur Realisierung dieses Buches gab.

Die Deutsche Bibliothek – CIP-Einheitsaufnahme

Circus Roncalli: Geschichte einer Legende / Werner Köhler;
Edmund Labonté (Hrsg.). –
1. Aufl. – Hamburg: Hoffmann und Campe, 1997
ISBN 3-455-11190-4
NE: Köhler, Werner

INHALT

20
CIRCUS
RONCALLI

BERNHARD PAUL

LIEBES PUBLIKUM!

Soweit ich zurückdenken kann, gab es nichts, was mich so gefügig machte wie ein bevorstehender Circusbesuch. Ich war das folgsamste Kind überhaupt. Die Schulaufgaben gingen mir wie nichts von der Hand. Ich wusch sogar unaufgefordert das Geschirr ab, fegte die Wohnung, räumte auf und hätte noch viel mehr dafür getan.

Noch heute macht mich der Circus gefügig. Ich bin folgsam gegenüber Behörden und Finanzämtern. Befolge jeden Wunsch des Ordnungsamtes, habe in Hamburg sogar auf Wunsch der Behörde das Publikum einmal gebeten, nicht so laut zu klatschen, weil sich ein Nachbar gestört fühlte. In Köln habe ich in 20 Jahren nur einen Ordnungsamtswunsch nicht erfüllen können! „Das Nashorn ist geruchs- und geräuschlos unterzubringen." Allerdings fällt mir ein, einmal war ich sehr ungehörig, 1976 in Österreich habe ich den Circus Roncalli über Nacht vor den Behörden versteckt. Er sollte wegen rückständiger Zahlungen versteigert werden (nachher habe ich gezahlt). Ich habe aber auch in Moskau die Rote Armee dazu bewegt, den Circus aufzubauen, anstatt Krieg zu spielen, als wir wegen Unwetters in Zeitnot gerieten. Fast alles würde ich für meinen geliebten Circus Roncalli tun. Allerdings ist es längst nicht mehr allein mein Roncalli. Er gehört auch dem Publikum.

Roncalli macht nicht nur mich gefügig. Jeden Tag schalten Hunderte von Menschen brav den Fernseher aus, nehmen manchmal beschwerliche Anreisen in Kauf, suchen

Seit sieben Generationen zeigt die Schweizer Familie Knie Circus auf höchstem Niveau. Seniorchef Fredy Knie hat sich über die Circusgrenzen hinaus einen Namen als Pferdefachmann gemacht

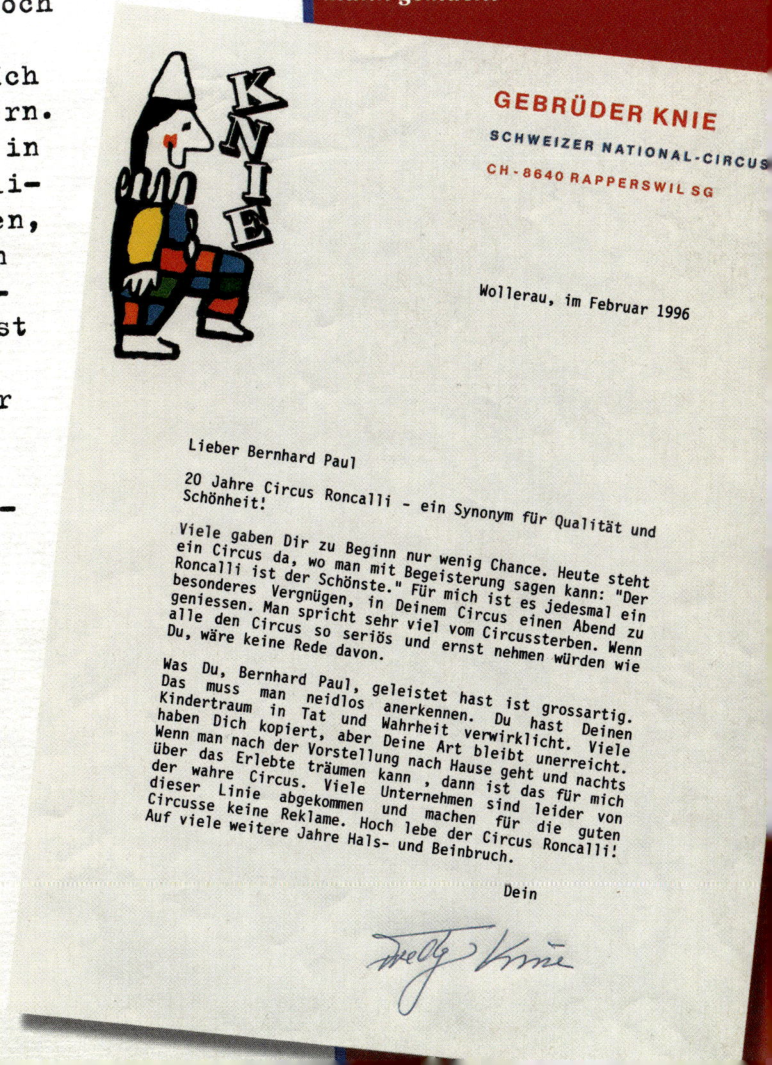

KNIE

GEBRÜDER KNIE
SCHWEIZER NATIONAL-CIRCUS
CH-8640 RAPPERSWIL SG

Wollerau, im Februar 1996

Lieber Bernhard Paul

20 Jahre Circus Roncalli - ein Synonym für Qualität und Schönheit!

Viele gaben Dir zu Beginn nur wenig Chance. Heute steht ein Circus da, wo man mit Begeisterung sagen kann: "Der Roncalli ist der Schönste." Für mich ist es jedesmal ein besonderes Vergnügen, in Deinem Circus einen Abend zu geniessen. Man spricht sehr viel vom Circussterben. Wenn alle den Circus so seriös und ernst nehmen würden wie Du, wäre keine Rede davon.

Was Du, Bernhard Paul, geleistet hast ist grossartig. Das muss man neidlos anerkennen. Du hast Deinen Kindertraum in Tat und Wahrheit verwirklicht. Viele haben Dich kopiert, aber Deine Art bleibt unerreicht. Wenn man nach der Vorstellung nach Hause geht und nachts über das Erlebte träumen kann , dann ist das für mich der wahre Circus. Viele Unternehmen sind leider von dieser Linie abgekommen und machen für die guten Circusse keine Reklame. Hoch lebe der Circus Roncalli! Auf viele weitere Jahre Hals- und Beinbruch.

Dein

Fredy Knie

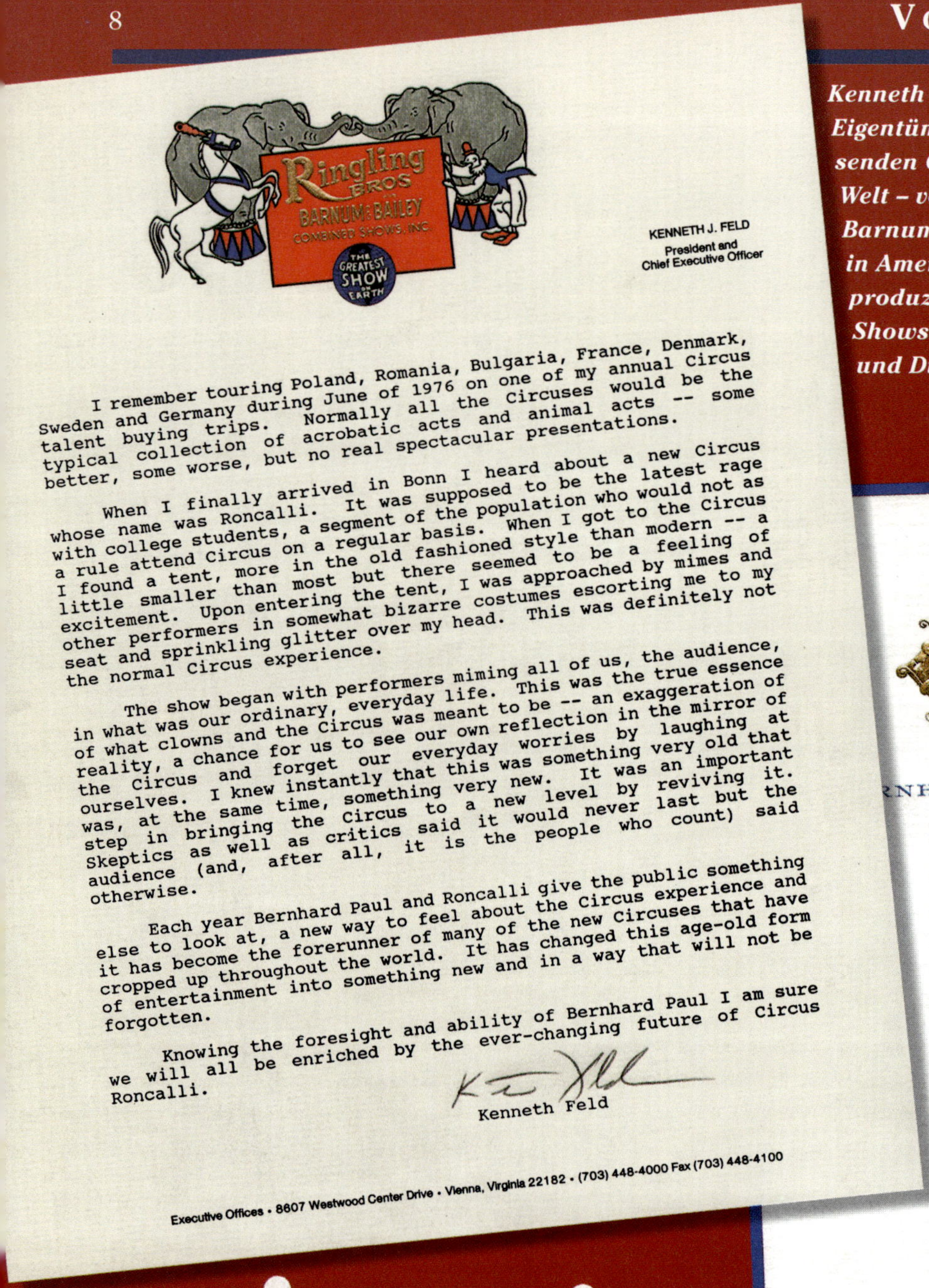

KENNETH J. FELD
President and
Chief Executive Officer

I remember touring Poland, Romania, Bulgaria, France, Denmark, Sweden and Germany during June of 1976 on one of my annual Circus talent buying trips. Normally all the Circuses would be the typical collection of acrobatic acts and animal acts -- some better, some worse, but no real spectacular presentations.

When I finally arrived in Bonn I heard about a new Circus whose name was Roncalli. It was supposed to be the latest rage with college students, a segment of the population who would not as a rule attend Circus on a regular basis. When I got to the Circus I found a tent, more in the old fashioned style than modern -- a little smaller than most but there seemed to be a feeling of excitement. Upon entering the tent, I was approached by mimes and other performers in somewhat bizarre costumes escorting me to my seat and sprinkling glitter over my head. This was definitely not the normal Circus experience.

The show began with performers miming all of us, the audience, in what was our ordinary, everyday life. This was the true essence of what clowns and the Circus was meant to be -- an exaggeration of reality, a chance for us to see our own reflection in the mirror of the Circus and forget our everyday worries by laughing at ourselves. I knew instantly that this was something very old that was, at the same time, something very new. It was an important step in bringing the Circus to a new level by reviving it. Skeptics as well as critics said it would never last but the audience (and, after all, it is the people who count) said otherwise.

Each year Bernhard Paul and Roncalli give the public something else to look at, a new way to feel about the Circus experience and it has become the forerunner of many of the new Circuses that have cropped up throughout the world. It has changed this age-old form of entertainment into something new and in a way that will not be forgotten.

Knowing the foresight and ability of Bernhard Paul I am sure we will all be enriched by the ever-changing future of Circus Roncalli.

Kenneth Feld

Executive Offices • 8607 Westwood Center Drive • Vienna, Virginia 22182 • (703) 448-4000 Fax (703) 448-4100

Kenneth Feld ist Eigentümer des größten reisenden Circus der Welt – von Ringling Bros., Barnum & Bailey in Amerika. Außerdem produziert er die Shows von Siegfried & Roy und Disney on Ice

RNHARD PAUL

Parkplätze, stellen sich in langen Schlangen an, zahlen mit ihrem sauerverdienten Geld die Eintrittskarten. Wahrscheinlich gibt es auch wieder Kinder, die Roncalli zu liebe gefügig sind, die Hausaufgaben erledigen, sogar Geschirr abwaschen, aufräumen und wer weiß was sonst noch Sinnvolles machen. An dieser Stelle kann ich mich einmal dafür bedanken, bei „unserem Publikum".

Auch bei den oft geschmähten sogenannten Bürokraten möchte ich mich bedanken. Es gibt natürlich nicht nur bürokratische Beamte (die gibt es leider auch), viel mehr aufgefallen sind mir welche, die sich für den Circus aus dem Fenster gelehnt haben, die Herz und Gefühle gezeigt haben. „Danke, meine Damen und Herren!"

Auch die Medien haben ihren Teil zu unserem Erfolg beigetragen. Natürlich gab es welche, die unfair waren, die Unwahres behauptet haben, die uns leichtfertig ungerecht kritisiert haben, da, wo es gar nichts zu kritisieren gab. Das hat wehgetan, aber die meine ich nicht. Es gab viel öfter welche, die uns durch ihre konstruktive Kritik die Augen öffneten und uns davor bewahrt haben, daß wir uns auf unseren Lorbeeren ausruhen. Die dem Publikum den Circus beschrieben, die über das berichteten, was das Publikum nicht sehen kann und uns die Menschen dadurch näher brachten. „Danke" auch dafür.

Ich habe mich natürlich oft gefragt, was mich eigentlich dermaßen stark beeindruckte, daß alles so gekommen ist. Oft lasse ich meine Kindheitseindrücke Revue passieren. Der Circus „erschien" mir meist bei Sonnenschein, kündigte sich kurz vorher mit bunten Plakaten an, die mich elektrisierten, die mir alle Wunder dieser Welt versprachen: „Der beste Circus der Welt", „Der größte Circus von Europa" oder war es gar der von der ganzen Welt? Eine Arche Noah voll mit Tieren, gerade so wie im Paradies – naja, heute

sehe ich vieles auch nicht mehr ganz so. Alles war eine Weltsensation: zum ersten Mal in Europa – direkt aus Las Vegas, der in Ehren ergraute Herr war natürlich der jüngste Dompteur von Überhaupt. Die zwanzigköpfige Elefantenherde vom Plakat schrumpfte in der Realität auf ganze drei. Auf jeden Fall wurde gelogen, daß sich die Balken bogen.

Damals gab es nichts, was ich dem heißgeliebten Circus nicht verziehen hätte: auch die Ohrfeige, die ich als Sechsjähriger erhielt, als ich aus Neugierde auf den Circuszaun kletterte, um den Aufbau zu verfolgen. Der Zaun war noch nicht abgestützt, die Folge   Sie kennen den Domino-Effekt? Nur statt Dominosteinen waren es Zaunteile, sie fielen aber genauso schnell.

Ich schleppte Klappstühle, bekam als Lohn eine Eintrittskarte und schon stand ich vor einem rotgewandeten, goldbetressten Portier, der diese Karte zerriß und mir dafür den Eintritt in das Paradies gestattete.

Da stand ich dann in dem Dom aus Licht und Luft, den die Circusleute einfach Chapiteau nennen, und mir verschlug es schier den Atem vor lauter Glück. Ich atmete Circusluft, dieses exotische Gemisch aus Sägemehlgeruch, Erde und Gras, Pferdeduft, Zuckerwatte und billigen Parfüm. Alle Sinne wurden angesprochen, im Hintergrund Löwengebrüll und Pferdewiehern, Instrumente werden leise auf der Tonleiter warm gespielt. Ab und zu schon ein zaghafter Trommelwirbel, noch nicht ernst gemeint. Ab und zu hinter dem Zelt befiehlt eine Trillerpfeife irgend etwas, das ich damals nicht einordnen konnte (heute weiß ich auch das). Und dann begann die Vorstellung: Ich erinnere mich, daß sie immer zu kurz war, daß ich immer Angst um den Dompteur hatte, daß ich immer wegguckte, wenn der Seiltänzer den Salto mortale machte, daß ich immer hinguckte, wenn die Trapezkünstlerin in Netzstrümpfen den Spagat machte – ich

20 Jahre Roncalli

Bernhard Paul hatte von Kindheit an eine prachtvolle Zirkusobsession und, meine Phantasie war ebenso früh an den Zaubermärchen des Dichters Ferdinand Raimund und den bizarren Varietéabenden des Etablissement Ronacher in Wien geschärft worden. Als wir einander 1974 begegneten hätte alles wunderbar werden können, und wurde es für das Publikum und die Kulturkritiker auch eine zeitlang tatsächlich. Aber unsere Charaktere (zumindest und über jeden Zweifel erhaben mit Sicherheit meiner) waren mit unbarmherzigen Egoismus und unbefriedigten Eitelkeiten beladen, was dazu führte, daß wir uns, wie man in Österreich sagt: selbst ins Knie schossen.
Wir hatten zwar genügend Talent und Kraft Roncalli zu erfinden, aber nicht den künstlerischen und wirtschaftlichen Hausverstand, die gelungene Schöpfung am Leben zu halten. Genau in dem Augenblick, da die Idee eines weltweit noch nie dagewesenen "poetischen Zirkus" zu triumphieren begann, veranstalteten Bernhard und ich Untergangsorgien, deren Auslöser beschämenderweise mehr ich als er war. Der Untergang vollzog sich. Wir versanken beide in Schulden und Schuldzuweisungen. Bernhard hat dann Roncalli tapfer noch einmal gegründet, und ich fand und finde es gerechtfertigt, daß er damit glücklich, berühmt, angesehen und reich wurde. Er ist der König des Zirkus, und ich war in dieser Thematik nur ein Durchreisender. Allerdings geschah meine Durchreise für alle Beteiligten zum richtigsten Zeitpunkt. Inzwischen sind die beiden Streithähne ausgesöhnt und in Ihrem Wesen verwandelt genug, die Wege des jeweils anderen liebevoller zu betrachten.
Ich wünsche Bernhard Paul und seinem Team fortgesetztes Gelingen und freue mich über 20 Jahre Roncalli in der schönen Weise, die einem nahen Verwandten zusteht.

André Heller

Gardone Riviera, am 23. August 1995

Ehrliche Worte zum 20. Jubiläum des Circus Roncalli von André Heller

Tutti i miei auguri e complimenti al Circo Roncalli – una ammiratrice che è!
Giulietta Masina Fellini

(Alle guten Wünsche und Komplimente für den Circus Roncalli – eine große Bewunderin: Giulietta Masina Fellini)

Giulietta Masina, Ehefrau von Federico Fellini und selbst eine begnadete Schauspielerin, im Kreis der Roncalli-Clowns

sage aber nicht, wohin. Die Clowns! Ja, die Clowns, sie waren für mich noch schöner als Weihnachten und Geburtstag zusammen. Sie waren viel zu kurz in der Manege, für mich hätte eine Clownnummer Stunden dauern können. Ich konnte mich gar nicht satt sehen an ihnen. So einer wollte ich auch werden. Nicht Dompteur oder Circusdirektor – Nein! – Clown wollte ich werden.

Wenn dann der Circus weiterzog, tröstete ich mich mit Circusfilmen, die damals noch häufig in den Kinos liefen. Die Filme waren unsäglich kitschig, tragisch und spannend. Heute weiß ich jedoch, daß die Wirklichkeit jeden Circusfilm übertrifft. Mir ist vieles passiert, was ich in unzähligen Circusfilmen fassungslos gesehen habe. Ich erlebte Hochwasser und Stürme, Feuer und Unfälle, Intrigen wurden gesponnen, Kinder wurden geboren, Freunde starben, einige verliebten sich unsterblich, um am Ende der Saison auseinanderzugehen, als sei nichts gewesen. Sogar den Geschäftsführer, der in jedem Circusfilm mit der Kasse durchbrennt, hatte ich bei mir angestellt. Viele, viele Abenteuer habe ich auf meinen Reisen erlebt und bin dabei in der Welt herumgekommen.

Das Publikum sieht nur die Vorderseite der roten Gardine und das im farbigen Licht der Scheinwerfer, die Rückseite sieht es Gott sei Dank nicht. Selbst meine Mitarbeiter ahnen nicht, wenn sie nachts in ihren Wohnwagen schlafen, mit welchen sonderbaren Sorgen ich mich noch zu später Stunde an meinem Schreibtisch herumschlagen muß – und das ist auch ganz gut so. So können sie als Sterne heller strahlen am Circusfirmament, unbelastet vom Alltag. Und wenn ich dann langsam zu meinem Wohnwagen schlendere, wünsche ich mir oft wieder, ein Kind zu sein – wieder nur die Vorderseite des roten Vorhangs zu kennen – all die Illusionen zu besitzen, die das hochverehrte Publikum hat. Über die Späße der Clowns zu lachen, oh-

Nordrhein-Westfalens Ministerpräsident Johannes Rau lud Roncalli als Kulturbotschafter des Landes nach Moskau und zur World Expo nach Sevilla ein

JOHANNES RAU
MINISTERPRÄSIDENT
DES LANDES NORDRHEIN-WESTFALEN

Düsseldorf, 17. Mai 1996

Herrn
Bernhard Paul
Neurather Weg 7

51063 Köln

Lieber Bernhard Paul,

liebe Roncallis,

der Zirkus Roncalli feiert sein zwanzigjähriges Bestehen – da darf ich als Ministerpräsident des Landes, in dem Roncalli am 18. Mai 1976 "geboren" worden ist und von wo aus der Zirkus immer wieder zu seinen in aller Welt gefeierten Gastspielen aufgebrochen ist, ganz herzlich gratulieren.

Mit seinen phantasievollen, verblüffenden und zuweilen atemberaubenden Kunststücken verzaubert Roncalli seit zwei Jahrzehnten jung und alt. Das vielleicht größte Kunststück liegt für mich darin, daß Roncalli nun schon auf eine zwanzigjährige erfolgreiche Zirkustradition zurückblicken kann, gleichwohl aber jung geblieben ist. Die Darbietungen der Künstler und Artisten haben nichts von ihrem Zauber verloren, und die ganz eigene Mischung aus verspielter Poesie, phantasievoller Clownerie und spektakulärer Artistik zieht nach wie vor das Publikum in seinen Bann. Roncalli hat mit diesem ungewöhnlichen Konzept seine ganz eigene Zirkusaura geschaffen und damit dem Zirkus an sich zu einer Renaissance verholfen.

Ich selber habe im Lauf der Jahre mit meiner Familie immer wieder eindrucksvolle und schöne Stunden im Zirkus Roncalli erlebt. Dafür bedanke ich mich gerne. Dank sagen möchte ich auch für die Gelegenheiten, bei denen Sie und Ihr Zirkus offiziell für unser Land in der Welt unterwegs waren, beispielsweise mit mir in Moskau und mit Herrn Minister Clement bei der Weltausstellung in Sevilla. Roncalli ist so im Lauf der Jahre zu einem der originellsten und beliebtesten "Kulturbotschafter" für unser Land Nordrhein-Westfalen geworden und hat uns vielerorts Sympathie und Freundschaft erworben.

Herzlichen Glückwunsch zum Roncalli-Geburtstag und Glückauf für die nächsten zwanzig Jahre!

Ihr

Johannes Rau

Weltstar Caterina Valente – ihr erster Auftritt war im Circus des Clowns Grock alias Adrian Wettach. Vier Jahrzehnte später stand sie wieder in der Manege – als Taufpatin von Adrian Paul

RNHARD PAUL

ne selbst einer zu sein. Die schöne Trapezkünstlerin zu beobachten, ohne zu wissen, daß sie nach der Vorstellung, ungeschminkt, die Windeln ihres Kindes wechselt. Nicht die Sorgen der Circusleute zu kennen, uneingeschränkt und ohne Fachwissen einen Circus einfach nur zu bewundern. Wie beneide ich das Publikum: Sie können in den Circus gehen, ich bin schon da.

Dann aber kommt mir noch etwas in den Sinn: Als Kind hatte ich die ersten Depressionen meines Lebens, wenn der Circus die Stadt verließ. Es war mir, als wäre meine Familie abgereist, ohne mir zu sagen, wohin. Die nächsten Tage ging ich dann zu diesem unsäglich traurigen Sägemehlkreis, den Circusse hinterlassen, wenn sie weiterziehen, setzte mich ins Zentrum der ehemaligen Manege und konnte vor Traurigkeit mein Dasein kaum ertragen. Unfaßbar, der Circus war weitergezogen – ohne mich.

Wenn der Circus Roncalli heute diesen kreisrunden Fleck hinterläßt, dann schau ich ihn mir genau an, gehe darauf herum und freue mich, daß morgen das Spiel von neuem beginnt. In einer anderen Stadt – mit mir! Und dann bin ich unsäglich glücklich.

Ihr Circusdirektor,
der am liebsten Clown ist und der sich wünscht, Kind zu bleiben.

IHR SEHR ERGEBENER
Bernhard Paul

Ich liebe Zirkus
Ich liebe Clowns
Ich liebe Artisten
Ich liebe Roncalli!

Caterina Valente

Circus Roncalli

ICH BENEIDE DAS PUBLIKUM:
„SIE KÖNNEN IN DEN CIRCUS GEHEN!"
ICH BIN SCHON DA
Bernhard Paul

Bernhard Paul ist Zippo („Mein täglicher Urlaub“), und Zippo ist Bernhard Paul: hier im Duett mit Gianni Huesca, genannt Fumagalli

Bernhard Paul verfügt über eine der weltweit größten Sammlungen zur Geschichte des Circus

Roncalli ist ohne die Klassiker der Circuswelt nicht denkbar. Schon in seinem ersten Konzept zu Roncalli im Jahre 1974 bekannte sich Bernhard Paul zum „klassischen Circus". In Verneigung vor den großen Pionieren des Circus will dieses „Erste Buch" einen kleinen Blick auf die Wurzeln und Anfänge werfen

DIE AHNEN-GALERIE

von Ernst Günther

„Jede Zeit hat ihren Circus“

ARNOST NOSOFSKY

Legenden haben das ewige Leben... Aber jedes Dogma ist zu stürzen, wenn Fakten Voreingenommenheiten ad absurdum führen. Wie in diesem Fall. Wien und nicht Berlin, wie seit hundert Jahren lautstark behauptet, ist die Geburtsstätte des Circus deutscher Zunge! Hier stand das allererste Circusgebäude Mitteleuropas!

Als Franz II. im Jahre 1806 förmlich die Kaiserkrone des Heiligen Römischen Reiches Deutscher Nation niederlegte, beantragte ein Herr Christoph de Bach in Wien die Einrichtung einer hölzernen Reitschule im Prater, um, wie er in seinem schwülstigen Schreiben betonte, die Jugend in allen „gymnastischen und altritterlichen Übungen“ unterrichten zu können. Erstaunlicherweise reagierte die k.u.k.-Bürokratie rasch. Sechs Monate nach Antragstellung hatte der Kurländer sein Placet. Und begann stante pede, sein vom berühmten Architekten Joseph Komhäusel entworfenes Gebäude – 3000 Plätze, 13 Logen, 3 Galerien, außen mit Ölfarbe gestrichen, innen tapeziert, das Kupfer-Kuppeldach getragen von 28 Säulen – errichten zu lassen. Einweihung des Prachtpalastes am 6. Juni 1808 als Circus Gymnasticus. Ein Zeitgenosse berichtet:

„Am Pfingstmontag ist endlich das große neue Amphitheater im Prater eröffnet worden und da hat der englische Reiter mit seiner braven Gesellschaft ’s erstemal seine Reitkünsten produciert. O je, Herr Vetter! da ist schon um 5 kein Platz mehr zhabn gewest, und da hat gwiß kein Menschen sein Geld greut, so masterlich haben ’s ihre Sach gemacht: Und mir ist schon der bloße Kontratanz von ihren Pferden lieber gewesen als mancher Ballet.“

Zu diesen Zeitpunkt galt in Berlin noch immer Friedrichs II. Verdikt: „... überhaupt sollen ohne Seiner Königlichen Majestät Vorwissen keine neue und fremde Spectacles, Seil-Tänzern, Lufft-Springern und andere dergleichen schlechtes Zeugs dorten nicht geduldet werden, wer sich Lust hat, den Halß zu brechen, kann es an

Der im Jahre 1808 in Praternähe eingeweihte Circus Gymnasticus des Christoph de Bach zu Wien (erbaut von Joseph Komhäusl) verfügte über 3000 Plätze, 13 Logen und 3 Galerien

anderen Orthen tun, hier im Lande soll es nicht so seyn; ... brauchen sie solche unnütze und schädliche Spectacles nicht: dergleichen fremdes Volk schleppt auch nur ein Hauffen Geld aus dem Lande, und hat auch noch andere inconceniences."

DER BAUM WÄCHST AUS DEN WURZELN

Wie alt ist der Circus überhaupt, und wo stand seine Wiege? Die korrekte Antwort auf die häufig gestellte Quizfrage läßt eine weitere Legende sterben. Nicht der Einzug der Gladiatoren in den Circus maximus, nicht die Römer begründeten die Kunst der Manege. Die Antike kannte den Circus nicht. Der noch immer spukende historische Irrtum, der Circus sei im alten Rom erfunden worden, basiert allein auf simpler Wortanalogie. Die Römer wandelten das griechische kirkos für Kreis in circus und bezeichneten damit eine ovale Wettkampfstätte für sportliche Übungen und das, was sie dafür ansahen. Nicht einmal acrobates und joculatores traten hier auf!

Der Circus ist entschieden jünger. Eine der jüngsten Künste überhaupt, noch nicht einmal 300 Jahre alt. Und: britischer Abstammung. Allerdings wächst der Baum aus den Wurzeln, und die Wurzeln des Circus liegen tief und weltweit verzweigt.

China brachte die Akrobatik hervor: Körperkunst als Gottesdienst. Bereits um 206 v. Chr. hatte diese sich „zu einer vollständigen Unterhaltungskunst entwickelt ... und ein hohes Niveau erreicht". 715 n. Chr. gründete Kaiser Ming Huan den Birnengarten, eine Ausbildungsstätte für Akrobaten, die erste Artistenschule der Welt. Ein Katechismus bestimmte die Genres, die Qualitäten und die religiöse Bedeutung. Die Birnengarten-Prinzipien sind bis heute in der Welt des Circus nicht vergessen.

Die Wiege des Circus ist nicht der römische Circus maximus, auch wenn diese Legende bis heute unausrottbar ist. Der Irrtum basiert auf einer simplen Wortgleichheit

Das Europa des Mittelalters war der Hort der Vaganten, der Spielleute und Bankisten, der umherziehenden Fechter, Ringer, Taschenspieler, Schnelläufer... Aristokraten unter diesen die Himmelreicher: Seiltänzer und Turmseilläufer, welche ihr Seil

Menagerien, in denen fremde Tiere zur Schau gestellt wurden, waren die großen Sensationen der mittelalterlichen Jahrmärkte und nahmen einiges vorweg, was später in Zoo und Circus zu sehen war

zwischen den Insignien der kirchlichen und der weltlichen Macht, Kirchturm- und Rathausspitze, zu spannen pflegten. Groß und größer werdende Familien (Kinder das beste Kapital); ganze Dynastien wie die Triboulet und Feron, die Chiarini, die Kolter und Weitzmann, die Knie spazierten auf dem Hochseil um die Welt.

Aus Italien kam der erste Spaßmacher, der Arlecchino der Commedia dell'arte. Gleichfalls vom Theater, von der Christmas-Pantomime, stammt der englische Jester ab. Frankreich steuerte zur Ahnengalerie des Clowns den Farceur bei, Deutschland den Pojatz, Rußland Iwanuschka...

Spanien besaß die edelsten Pferde und die höchstentwickelte (höfische) Reitkunst, an welcher schon im 16./17. Jahrhundert Wien und Saumur partizipierten. Das aber wäre wohl ohne Auswirkung für den Circus geblieben, hätte es nicht die „Englisch Reutter" gegeben, die „freien", d. h. unabhängigen Reiter britischer Abkunft, die als „Kunst-Bereiter" (ein Titel, der erstmals von Ferdinand VI. zu Spanien vergeben worden sein soll) von Madrid aus ihren Siegeszug antraten, der sie sogar bis nach Sibirien und in die Neue Welt führte.

Ihre ungeheuere Popularität verdankten die berühmtesten Vertreter des Genres wie Price, Balp, Potts, Faulkes, Sharp, Coningham, Hyam, Bates vor allem der Tatsache, daß sie ihre Kunstfertigkeit nicht mehr nur bei Hofe zum besten gaben, sondern sie jedermann zeigten, der zu zahlen bereit war. Lediglich ihre pompösen Titel bezogen sie von den Herrscherhäusern. Oder erfanden sie kurzerhand.

Von den Kunstreitern und ihren Gesellschaften führt eine gerade Linie zum Circus. Ihretwegen nämlich ist die Manege rund! Jedoch: Bevor die Wurzeln den Stamm des Baumes bilden können, müssen sie sich in der Knolle vereinigen. In diesem Fall trägt die Knolle den Namen Jahrmarkt. Ohne den Jahrmarkt gäbe es keinen Circus. An selbigem in allen europäischen Ländern periodisch wiederkehrenden Vergnügungsort des Jedermann begegneten sich – gewiß zu verschiedenen Zeiten und unterschiedlichen Anlässen – Akrobaten und Seiltänzer, Taschenspieler und Spaßmacher, Fechter, Ringer und Schnelläufer, Wunderdoctores und Hellseher, (freie) Schauspieler und Kunstreiter – alle, die ihre Profession zu Geld zu machen suchten. Darunter übrigens auch Wunderkinder, Riesen, Zwerge, Bartdamen und sonstige körperliche oder künstlerische Abnormitäten, Tellerlippenneger etwa eingeschlossen, die in den ersten Dezennien des deutschen Circus gleichfalls eine Rolle spielen sollten – eine zweifellos geringere als im amerikanischen.

Und dann noch die Menagerien, Tierschaustellungen, die die Zoos vorwegnahmen. Der Kassa wegen bemühten sie sich, die „wilden Thie-

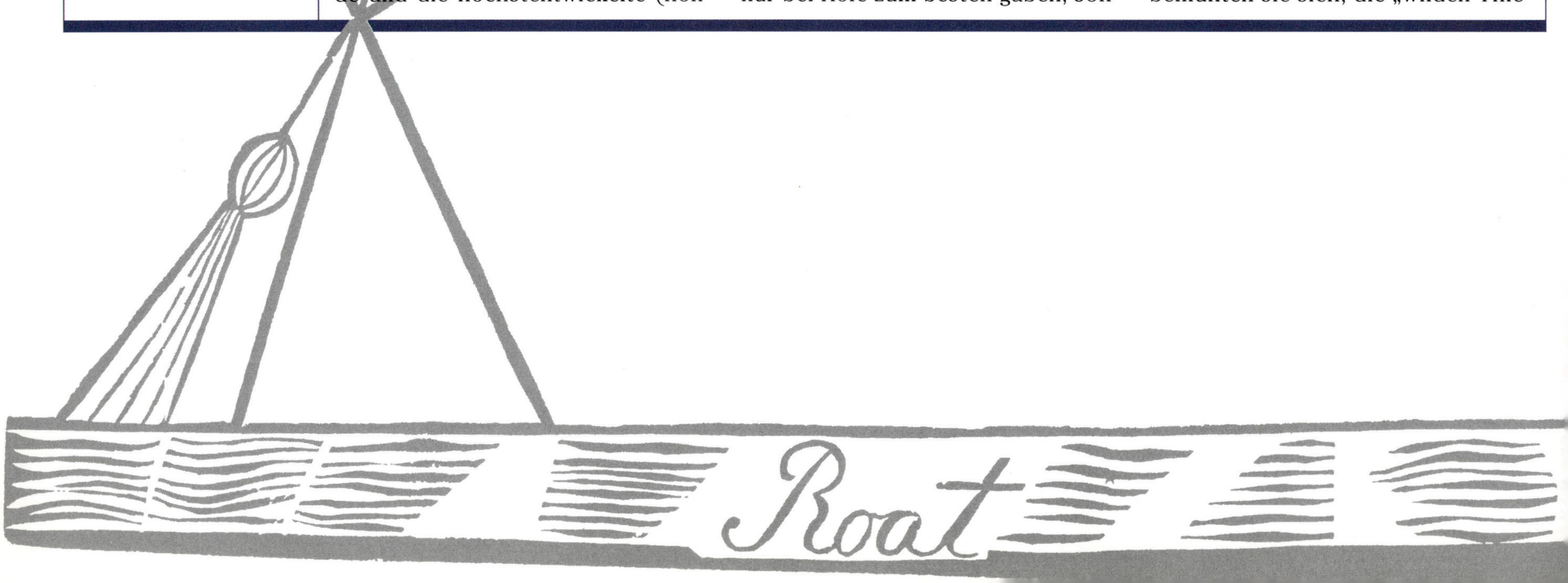

re" in „Positiones" darzustellen, was bedeutet: gezähmt oder gar dressiert. Wobei die Altvordern empirisch offenbar mehr von Tierpsyche verstanden, als ihnen Carl Hagenbeck (1844-1913) attestierte. Dieser behauptete pro domo, die „zahme Dressur" erfunden zu haben. Der Franzose Henri Martin (1793-1882) und der Deutsche Gottlieb Kreutzberg sen. (gest. 1874 zu Leipzig) zumindest widerlegen ihn, da sie die Methode schon lange vor ihm praktizierten. Hagenbeck begründete seine weltberühmte Dressurschule erst im Jahre 1888.

Auf dem Jahrmarkt begann sich das Puzzle Circus zusammenzusetzen. Im Grunde genommen bestand die Kunst, die neue Kunst zu kreieren, allein darin, Bekanntes in einer Show zu harmonisieren. Circus ist Einheit der Vielfalt, nicht Vielfalt an sich. Und jene Einheit bedarf einer Idee.

Dies praktizierte als allererster in Perfektionalität und Professionalität Mister Philip Astley aus England.

DAS SPANISCH' PFERD „GIBRALTAR" IST AN ALLEM SCHULD

Der Siebenjährige Krieg machte einen bescheidenen Sergeant-Major Ihro britischen Majestät zum bekanntesten Soldaten des Empires. Der Unteroffizier in General Elliots Troupe of Light Horses hatte Kühnheit bewiesen. In der Schlacht bei Friedberg rettete er durch ein einzigartiges Husarenstück den Kronprinzen von Braunschweig hinter den feindlichen Linien. Wofür er hochdekoriert wurde.

1766 nahm der Held von Friedberg plötzlich seinen Abschied von der glorreichen Armee. Sein in die Geschichtsbücher eingegangener General schenkte ihm generös ein Pferd, das Spanisch' Pferd „Gibraltar". Damit zog Philip Astley (1742-1814), gelernter Tischler, in London ein – seinen Ruhm auskostend. 1768 gründete er auf dem Glowers Halfpenny Hatch genannten freien Feld in Lambeth zwischen Blackfriars und Westminster eine Riding School, die nach vormittäglichem Reitunterricht am Nachmittag Schauvorführungen bot. „Gibraltar" schrieb mit dem Huf den Namen seines Herrn in den Sand, klopfte Stunde und Tag des Monats auf die Erde und zeigte auf den Besitzer des Tuches, das man ihm ins Maul gelegt hatte. „Zum Schluß mimte es einen Krankken, legte sich auf die Erde und tat so, als stürbe es. Doch wenn sein Herr rief, daß Krieg gegen die Spanier geführt werde, schnellte es plözlich hoch." So nahm der „Vater des Circus" seinen Anfang.

Daß daraus The New Art wurde, ist Astleys Gespür für den Zeitge-

Das mittelalterliche Europa war der Hort der Vaganten, der Spielleute und Bankisten, die ihre Kunst auf den Marktplätzen der Städte zeigten

Zwischen Kirchturm und Rathaus spannten die Seiltänzer im Mittelalter ihre Seile. Sie galten schon damals als die Aristokraten unter den Gauklern

1807 gründeten die Franconis in Paris ihren Cirque Olympique und prägten damit so etwas wie einen Gattungsbegriff

Cirque Franconi. Franconi's circus.

Philip Astley (1742-1814) gilt als der „Vater des modernen Circus" und erlangte mit seinem Pferd „Gibraltar" seinerzeit ungeheuren Ruhm. Er begann mit der systematischen Errichtung von festen Circusbauten

schmack zu danken. Und dem Ehrgeiz, diesem besser zu entsprechen als alle anderen – um dem militärischen den künstlerischen Ruhm hinzuzufügen, höchste Reputation zu erlangen und „box-office success" zu haben. Damit dies gelinge, mußte die neue Kunst demokratisch sein, für jedermann offen, doch nicht vulgär, den kleinen Mann wie den allergrößten begeisternd. Astley wollte in die Geschichtsbücher eingehen. Ein aufsehenerregendes Buch zumindest schrieb er selbst: Astley's System Of Equestrian Education, das im Jahre 1801 erschien.

Sein Siegeszug begann, als er 1769 einen neuen Platz an der Westminster Bridge kaufte, ihn mit überdachten Galerien versah und das, was er bei dem einen oder anderen Mitbewerber gelegentlich erlebt hatte, zum System erhob: die Einheit der Vielfalt. Von 1770 an sind hier – noch unter freiem Himmel und ohne die Rundung der Manege, später noch offensichtlicher in festen Häusern – dramaturgisch inszenierte Shows mit Kunstreitern, Akrobaten und Seiltänzern, mit komischen Szenen, Pferdesketchen und Pantomimen, sogar Zauberkünstlern, Vogelstimmenimitatoren, Bauchrednern, Wunderkindern, früh auch schon dressierten Tieren wie Schweine, Hunde, Affen, bereits 1780 ein Zebra, mit Feuerwerk und Wasserspielen zu sehen.

Astley machte Mode!

Übrigens: Von 1770 an präsentierte er Clowns. Sein erster Protagonist hieß Fortunelly. Die Idee bescherte dem Meister Reichtum. Und also expandierte er. 1779 erstes luxuriöses Theater in London, 1782 erstes Theater im Ausland, in Paris, das Amphitheatre Anglois, dann 1788 Royal Grove, welches tatsächlich einem königlichen Hain ähnelte, 1795 New Amphitheatre of Art, 1806 Olympic Pavilion... Das Geheimnis seines bemerkenswerten künstlerischen wie wirtschaftlichen Erfolges bestand darin, daß Astley es verstand, dem arrivierten Theater des Hörens ein Theater des Sehens gegenüberzustellen. Statt schwergewichtiger Philosophie Illustration von Neuigkeiten, lebendige, nach-

erlebbare Geschichte, artifiziell genauso gebaut wie am snobistischen Theater.

Ein Beispiel mag dies verdeutlichen: Am 14. Juli 1789 wurde in Paris die Bastille gestürmt und damit die Französische Revolution eingeleitet. Während die traditionellen Theater auf einen Autor warteten, der das Sujet zu verarbeiten vermochte, brachte Astley bereits einen Monat danach die Pantomime „Das von Unruhen heimgesuchte Paris oder die Erstürmung der Bastille" heraus. Wobei er sich gar die Wachsabdrücke der beiden abgeschlagenen Köpfe der Bastille-Kommandanten zu beschaffen verstand und seinem Publikum präsentieren konnte! Ein volles Haus war die logische Folge.

Das historische Kuriosum bei der ganzen Angelegenheit ist, daß Astley den Circus zwar erfunden hat, bis zu seinem Lebensende aber den Begriff Circus bekämpfte! „Ich spiele Pferdetheater!" Die Übernahme des altrömischen Wortes für die neue Kunst erschien ihm suspekt. Zumal es die Konkurrenz eingeführt hatte!

Astleys Musterschüler und designierter Nachfolger Charles Hughes war nach Streitigkeiten von der Truppe geschieden, hatte sich mit dem Dramatiker und Komponisten Charles Dibdin arrangiert und 1782 ein eigenes Unternehmen gleichen Stils eröffnet. Um sich wenigstens im Namen zu unterscheiden, firmierten die beiden ansonsten wenig schöpferischen Herren als Royal Circus and Equestrian Philharmonic Academy. Der Volksmund verkürzte den umständlichen Namen auf Royal Circus.

So sehr Astley auch dagegen ankämpfte und Gerichte bemühte, er konnte nicht verhindern, daß sich die Wortschöpfung weltweit durchsetzte und Amphitheatre verdrängte. Bereits 1793 führte ihn John Bill Ricketts in der Neuen Welt ein. 1807 folgten die Astley-Nachfolger Franconis in Paris mit der Kreation Cirque Olympique – was in Kontinentaleuropa jahrzehntelang als Gattungsbegriff anzutreffen war. Die Deutschen allerdings übernahmen lieber Christoph de Bachs Circus Gymnasticus.

Unstrittig bleibt das Verdienst des Kavalleristen, den Stein ins Wasser geworfen zu haben, welcher auf der Oberfläche immer größere Kreise zieht. Astleys Idee war die revolutionärste und einträglichste im Showgeschäft des 18. und 19. Jahrhunderts. Und da Großbritannien noch die Weltmacht war, ist es nicht verwunderlich, daß sie rasch auch in den Kolonien Fuß faßte, zumal die Kunstreiter stets als besonders reisefreudig galten. Sie verbreitete sich quasi nach dem Schneeballprinzip und erreichte beispielsweise schon 1849 Australien.

DIE ERSTEN CIRCUSKÖNIGE

Die Residenz der Herzöge von Kurland galt als das Ende der Welt. Ausgerechnet hier wurde der Gründervater des deutschen Circus geboren.

Mitau, Hauptstadt der durch Jahrhunderte umstrittenen Ostseeprovinz, mal lettisch, mal deutsch, mal polnisch, mal russisch, muß unter Vaganten allerdings als Geheimtip gegolten haben. Wie die Akten des Kurländischen Museums nachweisen, gaben sich hier die Gaukler die berühmte Klinke in die Hand – wie sonst nur in Weltstädten. Die Hochburg des Showgeschäftes dürfte den deutschen Beamtensohn geprägt haben. Statt zur Feder des Vaters griff

Schon früh erkannte Astley die Faszination exotischer Tiere auf das Publikum. Er etablierte auch als erster Clowns in seinem Programm

Christoph Bach (das noble „de“ fügte er dem Namen erst später hinzu) zur Reitgerte. Nicht eines tolerierbaren Hobbys, sondern einer schockierenden Profession wegen. Er verließ die enge Heimat und avancierte binnen weniger Jahre als Noname zum berühmtesten deutschen Kunstreiter des Jahrhunderts, zum ersten „teutschen Englisch Reiter“, zum „Kunst-Bereiter zu Stuttgart“, zum „Kaiserl. Königl. Kunst- und Schul-Bereiter von Wien“, zum „Ehrenstallmeister des Herzoglichen Hauses Parma“…

Schon damals bedeuteten Titel auch Mittel. Und diese ermöglichten es ihm, das erste deutsche Circusgebäude zu schaffen, damals in Wien. Christoph de Bach (1768-1834), von der deutschen Circusgeschichtsschreibung bis in unsere Zeit ignoriert, war der Primus inter pares, der deutsche Astley. Nicht einmal nur im übertragenen Sinne. In sein feines Haus auf der Circuswiese südlich der Hauptallee des Praters holte er auf-

Exotische Tiere waren zur damaligen Zeit schwer zu beschaffen. Also bediente man sich der heimischen Tierwelt: Berühmt wurden die Hirschdressuren des Christoph de Bach

Mit hoher Bewilligung
wird
Herr Christoph de Bach,
k. k. privilegirter Kunst- und Schulbereiter von Wien, und Eigenthümer des großen Circus gymnasticus alldort, Ehrenbereiter Ihrer Majestät der Frau Maria Louise, Herzogin von Parma ꝛc. seine

Vorstellungen in der edlen Reitkunst

heute Sonnabend den 6. August 1825 zum Erstenmale
mit seiner ansehnlichen
Kunstreiter-Gesellschaft
zu geben die Ehre haben.

Der Anfang beginnt mit dem beliebten Damen- und Männer-Contretanz zu Pferd, worauf ununterbrochen mit verschiedenen Vorstellungen in der edlen Reitkunst abgewechselt werden wird.

Herr Alexander Guerra,

der berühmte Römer, welchem allenthalben das Prädicat eines vollendeten Künstlers ertheilt wurde, sowohl als die Herren Wenzel Pfau, Fiol, Gaigner, Citatini, Carl Mohr, Alexander Price d. j., wie auch die Mesdames de Bach, Guerra geborne de Bach, Price, so wie Herr Dûpuis als Komiker und Feuerwerker werden alle ihre Kräfte aufbieten, um sich den bisher erworbenen Beifall auch in dieser Stadt zu bewahren.

Herr de Bach selbst, bekannt durch seine Geschicklichkeit in der Pferde-Dressur, wird die Zwischenräume während den Vorstellungen mit seinen gut dressirten Hirschen und Pferden ausfüllen.

Verehrungswürdigstes Publikum!

Während einem Zeitraume von 24 Jahren besuchte ich die bedeutendsten Plätze Europas, und hatte allerorts das Glück, Beifall und Ehre einzuärndten; nur Nürnberg vermißte ich bisher unter jenen Hauptstädten, deren angenehme Rückerinnerungen meinem Gedächtnisse nie entschwinden werden. Ich entschloß mich daher auf meiner jüngsten Reise über Neapel, Rom, Mailand, Florenz, Turin und Parma ꝛc., vor meiner Rückreise nach Wien, auf eine kurze Zeit Nürnberg zu besuchen. — Ich werde keine Kosien sparen noch Mühe scheuen, um den verehrten Bewohnern Nürnbergs, welche mich mit Ihrer Gegenwart beehren werden, die meinen Vorstellungen gewidmeten Stunden so angenehm als möglich zu verkürzen.

Dero ergebenster
Christoph de Bach.

Um Störungen zu vermeiden ersucht man keine Hunde mitzunehmen.

Preise der Plätze:

Ein gesperrter Sitz 48 kr. Erster Platz 36 kr. Zweiter Platz 24 kr. Gallerie 12 kr.

Der Schauplatz ist in dem neuerbauten Circus Gymnasticus, auf dem sogenannten Plerrer vor dem Spittlerthor.

Der Anfang ist precis 6 Uhr. Die Casse wird um 4 Uhr eröffnet.

fallend häufig Astleysche Koryphäen! Daß er sich am britischen Vorbild orientierte und nicht am inzwischen Furore machenden pompösen französischen Theatercircus mit seinen Schau-Spielen vornehmlich des Napoleonkults, mag auch familiäre Gründe gehabt haben.

De Bach hatte die Witwe des englischen Kunstreiters und Astley-Freundes Price, Rosalie, geborene Masson (Repräsentantin eines der ältesten Kunstreitergeschlechter), geheiratet. Wie Astley orientierte sich de Bach an den Wünschen und Erwartungen seines Publikums, wollte diesen jedoch stets einen Schritt voraus sein. Zur Vervollständigung seiner Programme, die seinerzeit meist täglich wechselten oder variierten, verpflichtete er Akrobaten und Seiltänzer aller Art, bildete sie auch selbst aus, bezog die Pyrotechnik ein (berühmt wurde sein im Feuer stehender Hirsch), gestaltete heitere Szenen mit und auf Pferden, dressierte Tiere – so schon 1812 eine Gruppe von Hirschen – und übernahm sportliche Neuheiten wie das Stockschlagen.

Ab 1811 präsentierte er naive, spannende oder heitere Pantomimen, wobei er seinen größten Erfolg wohl mit „Die Abentheuer des bekannten weisen Ritters Donquixotte von Mancha nebst seinem treuen Schildknappen Sancho Pansa" errang. Der Eipeldauer 1812: „Der Herr Vetter sieht also, daß aus dem Circus gymnasticus nach und nach ein Theater wird, das muß der brave Entreprenör tun, wenn er sein Haus weiterhin habn will, denn an den wirklich schönen Reitkünsten, wo man Pferd und Reiter bewundern muß, hat sich das wetterlaunische Publikum schon satt gesehn."

Anders als Astley hielt de Bach nach der Eröffnung seines angesehenen Circustheaters an den traditionellen „Kunstreisen" (so nannte er sie selbst) fest. Von Wien aus zog er kreuz und quer durch Europa, über Prag und Wien, seine bevorzugte Gastspielstätte, bis hinauf nach Finnland, nach Rußland, in den Vorderen Orient. 1830 stellte er seinen Circus Gymnasticus in seiner Geburtsstadt Mitau vor.

Durch ihn und mit ihm wurde der neue Begriff Circus nicht mehr nur für ein sogenanntes Festes Haus, sondern sukzessive ebenso für die Wandershow angewandt, vorsichtshalber mit dem Untertitel, der als bekannt vorausgesetzt werden konnte: privilegierte Kunstreitergesellschaft. Die Reiseprogramme freilich waren weniger aufwendig, mußten es sein, da die Möglichkeiten in den angemieteten Holzbauten (das Circuszelt war in Europa noch nicht bekannt) naturgemäß geringer waren. Immerhin jedoch verzichtete de Bach auch auf Tournee nicht auf Pantomimen, welche die abschließende optisch eindrucksvolle Präsentation der gesamten Gesellschaft ermöglichten. Literarische, mythologische, antike oder aktuelle Stoffe wurden adaptiert, neben der Geschichte des gegen Windmühlenflügel kämpfenden spanischen Ritters von der traurigen Gestalt etwa der dramatische Tod des populären britischen Heerführers Marlborough oder schlicht „Der Triumph-Ritt im Colliseum zu Rom", den der Prinzipal erstmals für seine Mitauer ritt.

Und Spaß gehörte selbstverständlich auch im Circus Gymnasticus dazu. Jedes Programm, ob im Wiener Haus oder unterwegs,

Pferde wurden im Europa des frühen 19. Jahrhunderts überall als Haus- und Nutztiere gehalten. Das Publikum war überaus fasziniert, zu welch artistischen Kunststücken sie fähig waren

enthielt „komische Intermedien" oder „Scenes", meist in Verbindung mit dem Pferd und ausgeführt von Reitern. Zur damaligen Zeit hieß der Clown im deutschen Sprachraum schon Bajazzo und de Bachs berühmtester Bajazzo Filhol, ein Filou auch als Groteskreiter. Filhols publikumswirksamste Nummer: „Bajazzo mit seiner Großmama".

OHNE CLOWN IST CIRCUS NICHT CIRCUS

Das wußten schon die Gründerväter, wenngleich sie den Begriff Clown noch nicht kannten – der setzte sich erst um 1860 durch. Sie rekrutierten ihre lustige Person aus den eigenen Reihen und nannten sie Komiker. Dieser war programmimmanente Figur, die nicht zuerst mit speziellen Szenen brillierte, sondern überall „mitmischte", als Bandeauhalter bei der Primaballerina zu Pferd ebenso wie als Assistent des Seiltänzers, als Störenfried oder Neunmalklug. Die Eskapaden der Komiker waren vielfältig und meist einfältig.

Anregungen holten sie sich von der Schaubude, vom Theater, aus Überlieferungen, am häufigsten wohl von der Konkurrenz. Ideenklau gehörte schon damals zu den Usancen. Nicht verwunderlich, daß

Der betrunkene Matrose auf dem Pferd war eine der beliebtesten Pantomimen seiner Zeit

Das klassische Clowntrio ist heute nur noch selten zu sehen. Im Circus Roncalli erlebt es mit Bernhard Paul, Francesco Caroli und Fumagalli eine Renaissance

man die erfolgreichsten Szenen – „Der betrunkene Matrose zu Pferde“ etwa – bei allen Circussen zwischen London und St. Petersburg findet!

Eine der allerersten Nummern, welche noch heute beliebt ist, waren wattierte Pferdekörper, die auf den Beinen ihres schrillen Reiters durch die Manege traben, ein Menuett tanzen oder in kuriosen Gefechten aufeinander losstürmen!

Clown, das ist ein Sammelbegriff. Versuche, ihn mit dem englischen claune für Bauer, das gleichgesetzt wird mit Tölpel oder Rüpel, zu erklären, halten keiner Analyse stand. Lustige Gestalten

Der Begriff Clown ist ein Sammelbegriff für viele lustige Gestalten aus verschiedensten Kulturkreisen

verschiedener Nationen und unterschiedlichen Typus verschmolzen zu dem, was man heute Clown – im Fachjargon gesprochen: Klohn – nennt. Nicht von ungefähr ist der Clown das auffälligste Bindeglied zwischen Theater und Circus.

Die Formung des Clowns begann lange vor den Kunstreitergesellschaften, ja, noch vor Shakespeare – die Indizien sind noch immer erkennbar!

Als Clown galt ehedem allein der Weißgesichtige („Weißclown“). Sein kalkweißes Gesicht mit den roten Ohren geht auf die altenglischen Mysterienspiele des Mittelalters zurück, wo es die „abgeschiedenen Seelen“ verkörperte. Dazu war der Haarschopf zu drei roten Büscheln, welche nach oben und den Seiten strebten, gebündelt – die Flammen des Fegefeuers symbolisierend.

So trat der Clown in die Arena, in England, Frankreich, Deutschland, auch in Spanien,

Der langwierige Schminkvorgang mag dazu geführt haben, daß der dreiteilige Haarschopf des Weißclowns im Laufe der Entwicklung erst zu einem Schopf gebündelt wurde und später durch die weiße Mütze ersetzt wurde

Der Clown ist das Bindeglied zwischen Circus, Theater und Pantomime

Italien und Rußland. Und wohl niemand dachte an anderes als an Exzentrik. Vielleicht kannten nicht einmal mehr die Clowns die tiefere Bedeutung ihrer Maske und Haartracht. Mit der Zeit kam es zu Nuancierungen. Die Franzosen zum Beispiel statteten ihr Weißgesicht, den Grotesque oder Farceur, mit elegant gepuderter oder feuerroter Perücke mit spitz in die Höhe gezwirbelten Stirnschopf aus – ein Flammenkopf anderer Art.

Irgendwann müssen die Spaßmacher den täglichen Streß mit dem Hairstyling satt gehabt haben. So erfanden sie die weiße zuckerhutförmige „Tüte“, die sie auf den Kopf stülpten, das Stirnhaarbüschel hervorziehend.

Der deutsche Bajazzo trug sie bereits. Nur: Sein Deutschtum erscheint etwas fragwürdig; denn seine erste Beurkundung erfolgte durch einen Engländer – in Wien. 1791 avisierte der Kunstreiter John Hyam in seinem seit 1786 „Royal Circuit“ geheißenen Holzbau: „Der berühmte lustige Bajazzo, der noch nie in dieser Hauptstadt sich zu zeigen die Ehre hatte, wird heute sich zum ersten Mal auf dem gespannten Seil zeigen.“

Bis dahin war im deutschsprachigen Raum allein von Pojatz die Rede. Die Novität, vom italienischen „Strohsack“ abgeleitet, machte rasch Mode. Als tatsächlich erster deutscher Bajazzo gilt Wilhelm Qualitz (1819-1870).

Was nicht verhinderte, daß der dienstälteste Weiße mit seinen drei auffälligen Haarbüscheln auch in Deutschland Karriere machte. Dessen paillettenübersätes prunkvolles Kostüm allerdings ist späteren Datums. Auffällige Kleidung trug er zwar schon immer, doch die pompöse Besonderheit resultierte erst aus seiner Vormachtstellung, welche nur mit Partnern wirksam werden konnte, von denen er sich nicht nur geistig, sondern auch optisch abheben wollte.

Die wachsende Beliebtheit des Clowns – es gab Zeiten, da wurde die Reputation eines Circus nach der Anzahl seiner Clowns bemessen – führte rasch zur Differenzierung des Genres und zu seiner Verselbständigung. Es bildeten sich Sparten heraus:

Sprechclown, Springclown, Akrobatikclown, Musikalclown, Dressurclown, Exzentrikclown... Und gleichermaßen Hierarchien. Auf der obersten Sprosse der Prestigeleiter der Entreeclown, der nichts weiter als seine einstudierte(n) Darbietung(en) zeigte.

Ihm folgten absteigend der Repriseclown (der die Programmnummer komisch nachbereitete), der Teppichclown, der das umständliche Legen des Teppichs „auf dem geharkten Sande“ – die Sägespäne kamen erst mit dem Amerikaner James W. Myers 1872 nach Deutschland – überbrücken mußte, und der Interakt-Clown, der die unvermeidlichen Luftholepausen während equestrischer oder gymnastischer Darbietungen auszufüllen hatte.

Der einschneidendste Schritt wurde im deutschen Circus Renz getan. Die „Erfindung des Dummen August“, des Vulgärpendants zum noblen Weißclown. Die Legende erzählt folgendermaßen: „Der Komiker Belling

Der „Dumme August“, erstmals im Circus Renz durch Tom Belling verkörpert, stellt das anarchische Pendant zum noblen Weißclown dar

hat wieder einmal zuviel getrunken, woraufhin ihn Renz in die Garderobe sperrt. Hier vertreibt er sich die Zeit, indem er diverse Kostüme ausprobiert. Am besten gefällt ihm eine alte, abgeschabte, viel zu große Stallmeisteruniform. Dazu wählt er eine struppige Perücke. So verkleidet befreit er sich aus dem Gefängnis und läuft dem Prinzipal in die Arme. Renz wittert blitzschnell die publikumswirksame Komik der abenteuerlichen Gestalt, treibt den widerstrebenden Belling mit erhobenem Krückstock zur Manege und befördert ihn mit einem kräftigen Stoß über den Pistenrand. Belling stolpert und landet mit einem Purzelbaum im Sand. Die Besucher sind zunächst verblüfft, dann jedoch erschallt von der Galerie ein Zuruf: ‚Aujust, du bist ja doof!' Andere Quellen geben den Spruch der Menge etwas anders wieder: ‚Aujust, dummer Aujust!'"

Es darf bezweifelt werden, daß es sich so zutrug, zumal schon Hlperson eine gänzlich andere Variante erzählt. Bekannt ist inzwischen auch, daß vor Tom Belling (1834-1900) die Clowns James Guyon und Chadwick in derangierter Stallmeisteruniform Heiterkeitserfolge errangen. Gleichviel! Renz' „Dummer August" wurde nicht nur Zugnummer, machte nicht allein Schlagzeilen in der Presse. Der Begriff, Inbegriff des doofen, letztendlich aber durch Schlitzohrigkeit triumphierenden Simpels, wurde zu einem Gattungsbegriff, welcher sich weltweit durchsetzte.

Von nun an war der Kontrapunkt des Clowns der August. Später gesellte sich ein zweiter, „noch dümmerer" als Contre-August hinzu. Und seither gilt das Trio als Inkarnation klassischer Clownerie, wie sie par excellence von den „3 Fratellinis" praktiziert wurde. Wo keine drei zur Verfügung standen, wurde der Sprechstallmeister einbezogen. Das Triumvirat, so oder so, spiegelte auf heitere Weise die Machtverhältnisse im Lande wider, ohne politische Akzentuierung. Den Clowns ging es nicht um Satire, sondern um Comedy.

Eine der typischsten Clownnummern dieser Konstellation, noch heute erlebbar, ist „Bienchen, gib mir Honig". Tristan Remy zeichnete sie 1920 nach mündlichem Bericht des Clowns Dario auf. Dario hatte sie von seinem Lehrmeister übernommen, der wiederum ... Wahrscheinlich handelt es sich um eins der ältesten Drei-Personen-Stücke, das offen für jede Aktualisierung ist.

Der Mann, der den Umbruch in der Clownerie bewirkte, war in vielerlei Hinsicht ein Revolutionär der Circuskunst. Im Gegensatz zu den meisten Vorgängern im Direktorenamt erlernte er beide Hauptfächer, Akrobatik und Equestrik, unter anderem als Eleve und Pflegesohn de Bachs, von der Pike auf und brachte es zu anerkannter Meisterschaft als Seiltänzer, Athlet, Tremplinspringer, Pferde-

Die „3 Fratellinis", eines der berühmtesten Clowntrios seiner Zeit, galten als Markenzeichen der klassischen Clownerie

dresseur, Stehend- und Schulreiter, genauso als Pantomimendarsteller. Als geistig beweglicher, wenn auch des Lesens und Schreibens unkundiger Universalartist beobachtete er kritisch die Wirkung der englischen wie der französischen Spielart des Circus und kam zu dem Schluß, daß die Erwartungen des deutschen Massenpublikums viel ausgeprägter auf größere Vielfalt gerichtet sind.

Mit dem Moment, da er Macht und Geld dazu hatte, krempelte er die tradierte „Künstler-Gesellschaft" um zum modernen „Institut", dem Circus mit aller Konsequenz den historisch bedingten Geruch des Arme-Leute-Vergnügens nehmend, welcher diesem, von Gastspielen pompöser Franzosencircusse abgesehen, anhing. Sein Circus sollte auch die feine Welt faszinieren, verblüffen, begeistern und fröhlich machen. Deshalb war er stets auf der Suche nach Neuem, Originellem, Ungewöhnlichem, die Qualität und Wirksamkeit der eigenen Jugend zum Kriterium machend. Deshalb überließ er selbst das kleinste Detail nicht dem Zufall und verlangte von seinem Personal absolute Disziplin. Deshalb öffnete er seinem Publikum den Marstall, goldblitzend, mit Teppichen ausgelegt …

Jener Mann, der die Bohème organisierte, hieß Ernst Renz.

War de Bach der erste deutsche Circusfürst, stieg Schüler Renz auf zum ersten deutschen Circuskönig. Sechzehnfacher Millionär, Preußischer Kommissionsrat, Träger des Kronenordens; die schon vorgesehene Erhebung in den Adelsstand macht sein plötzlicher Tod nach einer harmlosen Influenza zunichte. Er war einer der erfolgreichsten deutschen Unternehmer der Gründerjahre, der ein ganzes Circusimperium schuf.

Der prononcierte Berliner, eigentlich Württemberger, eröffnete sein erstes (steinernes) Circustheater 1854 in Wien. Nach diversen Gastspielen in angemieteten Holzbauten bezog er 1855 den ersten Steinbau in Berlin, welchen er 1863 für 120 000 Taler kaufen konnte. 1879 übernahm er hier Salamonskys Prachtbau, den sogenannten Markthallencircus, den er 1888 zum größten Circus Europas mit 8000 (!) Plätzen erweitern ließ. In Hamburg etablierte er sich 1864 und

Ein frühes Plakat des Circus Renz aus dem Jahre 1843. Deutlich zeigt sich hier die Dominanz der Reitkunst im Programm des Circus, der zu dieser Zeit noch in gemieteten Räumen gastierte

1878 (Eigenbau) noch hölzern, 1889 dann in einer zwölfeckigen Stein-Eisen-Konstruktion. Die erste urkundliche Erwähnung seines Breslauer Circustheaters stammt aus dem Jahre 1877.

Ernst Renz (1815-1892), durch Bücher und Filme in persona zur Legende erhoben, wobei man ihm gar die Erfindung des Circuszeltes andichtet, obgleich dieses erst 1872 mit Myers aus den Staaten nach Deutschland kam und hier von Carl Merkel erstmals, 1881 in Wismar, angewandt wurde, war Circusmanager par excellence. Sein „Verdienst liegt vor allem darin, die spezifischen Wirkungskomponenten der Zirkuskunst erkannt und zielstrebig genutzt zu haben – als Beispiel für alle Zirkusse, die ihm folgen sollten. Neben der qualitativen Ausformung der Pferdedressur und der Reiterei ... räumte er der Akrobatik einen hervorragenden Platz im Programm ein, legte großen Wert auf die Clownerie und stellte als erster auch die Raubtierdressur im Zirkus vor."

Ernst Renz (1815-1892)

Die künstlerische Arbeit mit und auf Pferden war Renz' und seiner Familie Spezialität, wobei sie größte Vielfalt, Qualität und Originalität erreichten. In jener Zeit bildete die Pferdekunst Dreh- und Angelpunkt des Circus. Und Renz verließ sich keineswegs allein auf die eigene Kraft, was gut und populär war. Sehr früh ist Friederike Krause, als Mademoiselle Adeline eine der schönsten und kühnsten Springreiterinnen, nachmalige Frau Loisset, nicht nur in die Circus-, sondern (gemalt u. a. von Kaiser und Straßgschwandtner in Wien) auch in die Kunstgeschichte eingegangen. Oder Elise Petzold, von 1867 an „Zierde des Renz'schen Instituts" wurde von Kaiserin Elisabeth von Österreich zur Reitlehrerin erwählt und erhielt dafür als Geschenk zum Dank das Jagdpferd „Lord Byron". Baron de Blanchére nahm sie zur Gemahlin.

Mit dem Pferd war die New Art in die Geschichte eingegangen. In den seither vergangenen hundert Jahren erreichte die Pferdekunst ein heute nur noch schwerlich vorstellbares Niveau. Höhepunkt der Bewegung: die Ausprägung der Hohen Schule und die Erfindung der Freiheitsdressur.

Die Schule „auf und über der Erde" kam aus dem höfischen Tattersall in den Circus. François Baucher (1796-1843) gilt als der Begründer der circensischen Variante, James Fillis (1834-1899) als ihr Vollender. Die erste Frau, die sie im Damensattel ritt, 1833 in Paris, heißt Caroline Layo.

Die Freiheit, welche deshalb so heißt, weil die Pferde ohne Reiter, Longe und sonstige Hilfsmittel in ihren natürlichen Gangarten und Bewegungen vorgeführt werden, freilich in künstlerischer Ordnung, wozu eine „Tete", ein kluges Führungspferd nötig ist, wurde von dem Franzosen Laurent Franconi (1776-1849) eingeführt und erreichte im deutschen Circus ihre größte Ausformung. Mode werdende Rekordsucht ließ gar Massendressuren mit 60 und mehr Tieren (in 13-Meter-Manege!) entstehen. Eduard Wulff und Renz-

Ernst Renz gründete das erste deutsche Circusimperium. Sein Leben wurde in unzähligen Büchern und Filmen zur Legende erhoben. Sogar ein „Renz-Marsch" wurde ihm zu Ehren komponiert

Auf Ernst Renz berufen sich viele, die vom klassischen Circus sprechen. Er verblüffte sein Publikum schon sehr früh mit exotischen Tieren und Themen. Für seine Verdienste erhielt er im Jahre 1886 vom Kaiser sein Patent als „Commissions-Rath“

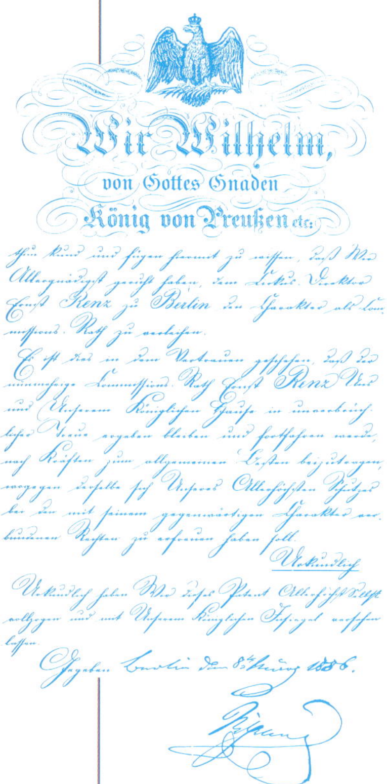
Wir Wilhelm, von Gottes Gnaden König von Preußen etc.

Sohn Franz wetteiferten darin um die Meisterschaft.

In gleicher Weise ließ sich Renz' Institut die Akrobatik etwas kosten, verpflichtete alles, was Rang und Namen hatte in Europa und der Welt, produzierte aber auch eigenes. Und hinsichtlich der Clownerie behauptete der Institutsdirektor selbstbewußt: „Meine Klohns macht mir keiner nach.“

Astleys wie de Bachs Bestreben, dem Publikum auch „abgerichtete Thiere“ zu zeigen, erfuhr durch Renz Perfektion. Bereits 1853 verblüffte er mit berittenen Straußen, 1855 mit einem „Wunderelefanten“, 1856 mit der ersten Raubtiernummer (Löwe und Tiger, vorgeführt von einem Herrn Uhlmann), 1863 mit Thomas Battyjis berühmter Gruppe von fünf Löwen...

Dennoch ist Renz nicht, wie häufig behauptet, der „Erfinder der Raubtierdressur im Circus“. Die ersten Raubtiere wurden in den Menagerien gezähmt und dressiert, und 1831 führte der Menageriebesitzer Henri Martin im Pariser Cirque Olympique in der Pantomime „Die Löwen von Mysore“ zumindest einen Löwen und einen Geparden vor.

Auf alle Fälle formierte Renz, was heute im mitteleuropäischen Raum als Circus angesehen wird: die optimale Einheit der Vielfalt. Auf ihn berufen sich alle, die vom klassischen Circus sprechen.

Gewiß vollendete der Übervater das, was sein Lehrmeister im deutschsprachigen Raum eingeführt hatte. Gewiß stellte er dem überfeinerten französischen Theatercircus, damals dominant in Europa, seine Alternative des Circus gegenüber. Gewiß konnte er höchste Leistung, größte Publikumswirksamkeit und „prima Kassa“ kombinieren. Jedoch: Die Illusion, er habe „reinen Circus“ gespielt, platzt wie eine Seifenblase, wenn man in die Tiefe seiner Programmgestaltung vordringt.

Renz' historische Größe bestand vielmehr darin, daß er bewußt und in einer für die Zeit einmaligen Weise sein Institut – die Bezeichnung stammt von ihm selbst – den Gegebenheiten, selbst den politischen, anpaßte und konsequent auf die „Stimme des Volkes“ hörte. Dieser zu entsprechen, war ihm, wie anhand erhaltener Programmaufzeichnungen nachweisbar, jedes Mittel recht. Gleichviel, ob durch Ringkämpfe, Wettrennen, Damenkapellen, Cancaneusen, Instrumentalisten, Sängerinnen, Abnormitäten (1870 gar die Siamesischen Zwillinge Chang & Eng), Wasserspiele, Eiskunstlauf, das elektrische Licht... Selbst vor den einst von ihm verfemten Manegenopern, den Glanz- und Gloria-Pantomimen, machte er nicht halt. „Borussias Wappenfest“ von 1852 stellte zum erstenmal die Ausstattung über den Inhalt. Und der Erfolg veranlaßte ihn zu Steigerung und Übersteigerung. 1873 ließ er mit „Aschenbrödel“ die erste Divertissement-Pantomime inszenieren.

Saltarino räsonierte schon 1895: „Die Glanzzeit des Circus Renz begann mit dem Siege über Déjean (Ergebnis des Konkurrenzkampfes mit

Der Umzug der Königin von Abyssinien im Circus Renz.
Nach der Natur aufgenommen von H. Leutemann.

dem Franzosen um die Vorherrschaft in Berlin, d.V.) und ... sie endete mit dem Erscheinen der Pantomime Aschenbrödel auf dem ‚geharkten Sande' des Circus Renz. Von dem Erscheinen dieses an sich reizenden und als vereinzeltes kleines Extra-Divertissement gar nicht zu verwerfenden Miniatur-Schaustückes ab begann die künstlerische Decadence des Circus Renz."

Nach Renz' Tod führte Franz das Imperium fünf Jahre in diesem Stil fort, bis er in Konkurs ging. Ende der Legende Renz am 31. Juli 1897 zu Hamburg. Zwar versuchte Neffe Ernst mit einer Neugründung im selben Jahr ein Comeback, doch 1899 kam in Brüssel auch für ihn das Aus.

Ernst Renz' Thronfolger heißt Paul Busch. Ein Mann ohne circensische Vergangenheit, Gardekürassier und Herrenreiter, doch der cleverste deutsche Circusmanager des beginnenden Säkulums. Busch war Kapitalist reinsten Wassers, der in seiner Frau die begnadete Künstlerin an der Seite wußte. Die beiden ergaben ein ideales Gespann für die Zeit des Wertewandels.

Paul Busch (1850-1927), gebürtiger Berliner, vermarktete nach dem Krieg 1870/71 sein reiterisches Können. Renz' früherer Partner und zuletzt schärfster Konkurrent Albert Salamonsky (1839-1913), der sich neuerdings nach Rußland hin orientierte, in Moskau den noch heute existierenden Circus am Blumenboulevard erbaute, engagierte Busch als Pferdetrainer und Reiter. In Odessa lernte dieser die bejubelte Schul- und Parforcereiterin Miss Constance, d. i. Barbara Grabe, in erster Ehe mit Renz-Regisseur Alexander Neiss verheiratet, kennen und lieben. Und nachdem er sie vor dem Revolverattentat ihres Ex-Gatten errettet hatte, nahm sie ihn zum Mann. Zugleich Tochter Maria Doré, equestrisches und gymnastisches Multitalent, in die Familie einbringend.

Am 29. Juni 1884 wurde im dänischen Svendborg der Circus Busch ins Leben gerufen. Er expandierte erstaunlich rasch. 1891 erstes eigenes Circusgebäude in Hamburg-Altona. Das zweite 1892 in Wien (von den Gebrüdern Drexler umgebautes Panorama). 1895, nur sechs Jahre nach seinem schon aufsehenerregenden Debüt in der deutschen Reichshauptstadt, eröffnet er am Berliner Bahnhof Börse sein respektables Circustheater mit 4300 Plätzen. 1902 kauft er Renz' Hamburger Circus, 1903 Renz' Circus in Breslau.

Busch setzte wohlkalkuliert dort an, wo Renz aufgehört hatte – bei der Inszenierung der Einzelleistung zu

Renz war ständig auf der Suche nach Sensationen und Attraktionen, die von ihm in optimaler Weise zu einer einheitlichen Vielfalt zusammengefügt wurden

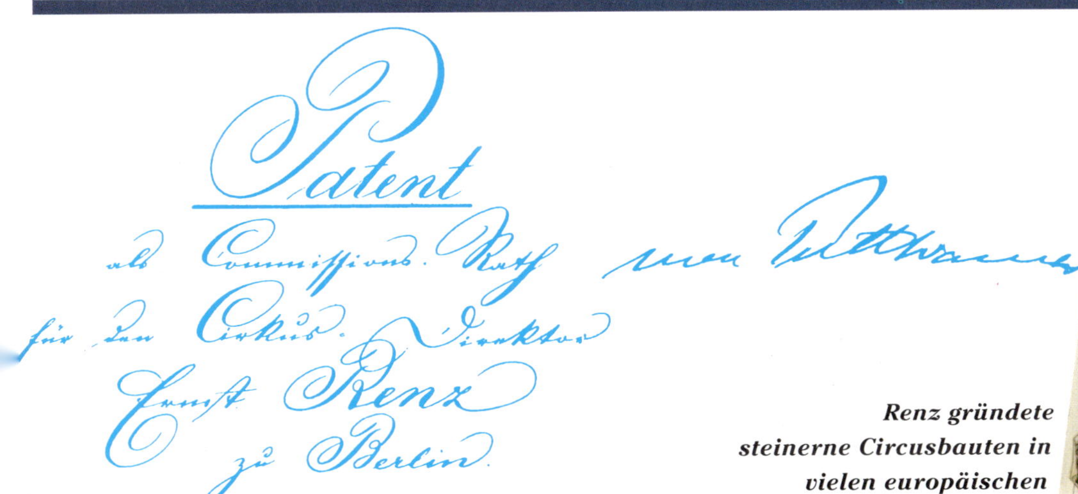

Renz gründete steinerne Circusbauten in vielen europäischen Großstädten. Sein Berliner Bau bot über 8000 Zuschauern Platz

Franz Renz führte das Imperium seines Vaters nach dessen Tod weiter. Im Jahre 1897 ging der Circus in Konkurs, und Paul Busch kaufte den Circusbau in Breslau

gigantischen volkstümlichen Manegenschaustücken, der deutschen Variante des französischen Theatercircus, übertraf diesen jedoch bei weitem in Inhalt, Form und Aussage.

Zwar begegnete man bei ihm allen circensischen Attraktionen, die modischen

Sensationsnummern eingeschlossen, und er verfügte nach eigenen Angaben über 180 Pferde, 20 Kamele und 25 Elefanten (altes Qualitätskriterium!), doch trat dies zurück hinter einem vielbeinigen Corps de Ballet, einem Wasserballett, Schauspielern und Statisten, Chören und Blumencorsi, Licht und Musik in nie gekannter Fülle und Farbigkeit, Exotik und Erotik, den neuesten technischen Erfindungen bis hin zu beeindruckendem künstlichem Gewitter und Schneefall – es gab nichts, was es bei Busch nicht gab! Und das alles vereint in pompösen Shows „patriotischen“ oder romantischen Inhalts. Kino live, bevor es Kino gab! Und: Suggestion von Lifestyle für den kleinen Mann.

Constanze Busch, erste Hauptautorin der Pantomimen, formulierte das Anliegen in einem Gespräch mit ihrem Sekretär folgendermaßen: „Aktuell sein, lieber Freund! Unser Publikum will große oder kleine Weltgeschichte im Zirkusspiel erleben! Neuruppiner Bilderbogen! Aber in Großformat und sozusagen mit Beene! Und mit Musik! Und neben dem Amüsement und der Sensationslust wollen die Leute auch ihren Wissensdurst befriedigen. … Je mehr stumpfsinnige Maschinenarbeit ihre Tage ausfüllt, desto mehr wollen sie am Abend ihren Geist mit neuen Eindrücken, mit neuen Kenntnissen von der großen Welt nähren! Überall gibt’s jetzt starkbesuchte Volksbibliotheken, Arbeiter-Bildungsvereine, Debattierklubs! Und darum können wir nicht sorgfältig genug unsere Vorarbeiten erledigen, um wirklich echt zu sein: in der Szenerie, in den Kostümen, in der Charakteristik der handelnden oder fremdländischen Personen.“

Realisiert wurde das in Stücken wie „Ein Traum in den norwegischen Gebirgen“, „Die Helden von Jalu“, „Aus unseren Kolonien“, „Schwarz-Weiß-Rot“, „Unsere Marine“, „Zeusch oder das

Im Circus Busch wurde der Aufwand bei einzelnen Nummern ins Unermeßliche gesteigert. So verfügte der Circus zeitweise über 180 Pferde, 20 Kamele und 25 Elefanten sowie einen enormen Kostümfundus

Paul Busch (1850-1927) ging neue Wege und löste Ernst Renz als Leitfigur des deutschen Circus ab. Er inszenierte als erster gigantische Schaubilder mit riesigem Personaleinsatz, mit denen er sich von der Idee des klassischen Circus allerdings entfernte

Waldmädchen" (nach einer Zeitungsnotiz von einem Kind, welches von einer Orangfamilie aufgezogen worden sein soll), „Auf der Hallig", „Klondike", „Jagd nach dem Glück", „Dahomey", „Farmerleben", „Arminius", „Der Graf von Monte Christo", „Nach Sibirien"...

Kritische Zeitgenossen urteilten schon 1905: „Mit ihren jetzigen Pantomimen ist die Zirkuskunst über ihre Grenzen hinausgegangen, sich freiwillig vom eigenen Wesen lossagend."

Nichtsdestotrotz rettete Circus Busch diesen für die deutsche Circusgeschichte einmaligen Stil über den Ersten Weltkrieg in die Goldenen Zwanziger. In die Fußstapfen ihrer klugen Mutter war längst Tochter Paula getreten, studierte Philosophin und Germanistin und produktive Schriftstellerin – 29 Bücher! Paula Busch (1886-1973), seit 1917 Mitdirektorin, nach dem Tod des Vaters Alleininhaberin, hielt mit Ideenreichtum (Muttererbe) und Geschäftssinn (Vatererbe) das vom Zerfall bedrohte Imperium nicht nur am Leben, sondern auf hohem künstlerischen Niveau. Autorin, Regisseurin, Actrice auf der einen, geachtete Chefin, umgänglicher als der Vater und stets nur mit „Madame Paula" angesprochen, auf der anderen Seite, suchte sie die unruhigen Zeiten zu zwingen. 1935 startete sie nach über 40 Jahren Abstinenz des Hauses wieder einen Zeltcircus, mit welchem das Busch-

Die Inszenierungen im Circus Busch wurden mit großem technischem Aufwand betrieben: Wasserfälle und Lichtspiele schufen perfekte Traumwelten

Image zu Grabe getragen wurde. Getragen werden mußte; denn ein Wandercircus kann niemals den Aufwand eines stationären Theaters betreiben. Als dann 1937 der Berliner Bau „der Verschönerung der deutschen Reichshauptstadt“ – ohne ihr Einverständnis – geopfert wurde und Hermann Göring die Intervention mit einem lakonischen „Ich bin zufrieden, daß der alte Schinken weg ist“ beantwortete, fielen quasi nur die letzten Hände voll Erde ins Grab.

Davon erholte sich Circus Busch, Berlin, nie. Allerdings muß man bedenken: Die große Zeit der massigen Circustheater war tatsächlich vorbei. Auch wenn hie und da noch einzelne existierten.

DIE GROSSEN DYNASTIEN

Keine andere Kunst ist so sehr auf die Gunst der Epoche angewiesen wie der Circus. Die „hehre“ Kunst, selbst das introvertierteste Experiment, erfreut sich staatlicher Förderung und gesellschaftlicher Anerkennung, zumindest der Absicherung gegen relevantes Desinteresse. Nur der Circus nicht. Er wird trotz erwiesener künstlerischer Potenz und massenhafter Wirksamkeit – einziges Familienvergnügen, generationsübergreifend! – von der Administration einzig als Geschäftsbetrieb gesehen. Man mag das bedauern und Änderung einfordern. Doch solange es so ist, gilt Werner Fincks auf den Conférencier gemünztes Bonmot: Man muß mit der Zeit gehen, sonst muß man mit der Zeit gehen.

Circusgeschichte ist Familiengeschichte. Unternehmensgeschichte. Die Geschichte großer Namen. Frappierend, daß selbige noch immer Anziehungskraft besitzen, obgleich ihre Träger oft inzwischen ganz andere sind und vielfach die Basis, welche jene Namen berühmt machte, verließen. Von den vielbeschworenen Circusdynastien blieb in Deutschland wenig. Kein Zufall.

Wilhelm Carré (1817-1873), alter Bankistenfamilie entstammend und Renz-Intimus, gründete 1854 in Belgrad ein eigenes Unternehmen. Die alte Heimat nahm ihn zwar begeistert auf,

Schon früh setzten die Direktoren der großen Häuser auf die Mittel „moderner Reklame“.

Es gab nichts, was es nicht gab im Circus Busch: Hans Röhrl konnte eine Wasserfontäne 4,5 Meter weit speien

„Wir alle spielen Circus Busch“, wie Heinrich Zille seine Berliner Milieustudie nannte, die als Plakat für den Circus Busch diente

Der Circus der Gebrüder Strassburger wurde erst als Zwei-, später dann als Drei-Manegen-Circus im amerikanischen Stil geführt

doch die Konkurrenz war übermächtig. So zog er 1864 nach Holland, errichtete ein Jahr später in Amsterdam einen Holzcircus und ließ sich naturalisieren. Sein Sohn Oscar (1846-1911) führte das Werk fort, errang 1870 von Willem III. das Privileg als „Koninklijk Nederlandsch Circus" und eröffnete am 3. Dezember 1887 in Amsterdam eines der luxuriösesten Circustheater der Zeit. Selbst Albert Salamonsky kapitulierte vor König Renz und wandte sich Rußland zu. Carl Magnus Hinné, wie er Renz' „Kunstgenosse", folgte ihm über Warschau und Königsberg nach.

Gotthold Schumann (1825-1908), Begründer der weltumspannenden Schumann-Dynastie, ehedem Weimarischer Hofsattlermeister, hatte sich samt Bruder 1843 der Compagnie des Herrn Renz angeschlossen. 1871 erstes eigenes Geschäft. Als er 1878 im Kopenhagener Tivoli gastierte, fand er derart Resonanz und behördliches Entgegenkommen, daß er beschloß, hier sein Stammhaus zu schaffen. 1881 konnte er den Panoramabau in der Kopenhagener Jernbanegade als „Königlich dänischer Circus Schumann" beziehen. 115 Jahre später, im Jahre 1996, gastierte der Circus Roncalli in diesem Bau.

Schumanns Söhne Max, Albert, Willi, Ernst, Oskar und Adolf strebten nach eigenem. Max orientierte sich nach Dresden hin und hatte die Option für ein Gelände, als ihm Sarrasani zuvorkam. Also zog er sich

Im Jahre 1996 gastierte der Circus Roncalli mit sensationellem Erfolg im Schumann-Bau in Kopenhagen, genau 115 Jahre nach dessen Einweihung

Ekstra Bladet

Fumagalli er en stritháret oplevelse. Han er ekspert i nærkontakt med publikum, her morgen-tv-værtinden Annette Heick. (Foto Morten Bjørn Jensen)

FANTASIEN TIL HEST

… akrobat-oh i 1983. … datter, Pauline … og hendes … Albert

gengæld også verdensklasse: tre sorte frisere og ti hvide arabiske fuldblodshingste fra det kendte schweiziske Cirkus Knie, her fremført af 7. generation, den … erende og ham- … Geraldine- …

Carl Hagenbeck (1844-1913) perfektionierte die Kombination aus Circus und Menagerie, in der vor der Schaustellung die Dressur rangierte

nach Kopenhagen zurück, wo er sich mit seinen Brüdern zum Circus Gebrüder Schumann zusammenschloß. Nur Albert machte eine eigene Direktorenkarriere. 1865 begann er in Malmö, wollte es jedoch auch in Deutschland wissen. In Löbtau vor den Toren Dresdens baute er einen Circus, der jedoch letztlich der Eingemeindung in die sächsische Residenz zum Opfer fiel. Unverdrossen kämpfte Albert Schumann weiter und avancierte zum Interims-König zwischen Renz und Busch. 1898 kaufte er den Hamburgischen Circus Renz, 1899 den Berliner Bau. Circustheater in Frankfurt/Main und Wien folgten.

Das Eingangstor zu Hagenbecks Tierpark in Hamburg

Sogar: Als Paul Busch 1913 urplötzlich (und für kurze Zeit) demissionierte, zog Schumann in dessen Circus! Am Ende nützte es ihm wenig. Der Krieg machte alles zunichte. Die Geschichte der Dynastie Schumann – ein deutsches Paradigma.

Die letzten Auswanderer aus der Riege der tonangebenden Circusse Deutschlands waren, nicht mehr freiwillig, die Strassburgers. Eine Vagantenfamilie, die auf das Jahr 1770 zurückgehen soll. Nachweisbar ist: Der Stammvater der Dynastie, Adolph Strassburger, wurde 1812 geboren. Sein Sohn Salomon gründete um 1860 eine „Künstlergesellschaft", die sich später Circus nannte. Dessen Sohn Abraham (der sich Adolf nannte) heiratete 1899 in die Kunstreiterfamilie Kossmeyer ein, trat 1902 mit dem Circus Adolf Strassburger in Erscheinung und vereinigte diesen 1904 mit Bruder Leopold zum Circus Gebr. Strassburger, welcher von 1921 an zum ersthaften Konkurrenten der neuen Könige Sarrasani und Krone wurde, erst als Zwei-, dann als Drei-Manegen-Circus amerikanischen Stils.

Möglicherweise in Vorahnung des Kommenden emigrierten die Senioren Adolf, Leopold und Hugo 1931 nach Holland, wo sie sich einbürgern ließen. Adolfs Sohn Karl bot den Mitbewerbern Paroli, bis ihn die Nazis zur Aufgabe zwangen. Bevor Repressionen wirksam werden konnten, kaufte Paula Busch 1935 das Unternehmen und setzte Emil Wacker als Geschäftsführer ein. So gingen auch die letzten Strassburgers in die Niederlande und – begannen von vorn.

Damit endet übrigens die Geschichte des bedeutendsten jüdischen Circus Deutschlands. Ein anderer bekannter, Blumenfeld, ab 1893 als „Großer Internationaler Karawanen-Circus E. Blumenfeld Wwe." reisend, später mit festem Haus in Magdeburg, wurde von den Nazis zerschlagen. Zahlreiche Familienmitglieder wurden in Konzentrationslager verschleppt und überlebten den Holocaust nicht.

Von den noch in Deutschland verbliebenen Dynastien schrieben die Hagenbecks Weltcircusgeschichte. Früh die weittragende Bedeutung der in den USA schon 1830 praktizierten Kombination von Circus und Menagerie erkennend, perfektionierten sie das System zum Zoo-Circus, welcher eine neue Qualität darstellte, weil nunmehr vor der Schaustellung die Dressur rangierte. Ihre einmalige Dressurschule lieferte „fertig gemachte" Tiergruppen samt Vorführer in alle Welt.

Die Brieftasche von Carl Hagenbeck weist die vielfältigen Aktivitäten ihres Besitzers aus

1899 beispielsweise wurde ein „zu Pferd reitender Tiger" für 10 000 Mark offeriert, „Lieferung incl. Tiger, Rotschimmel, Dogge, Käfig, Zentralkäfig". Eine Gruppe von „vier weiblichen indischen Elephanten und drei Windhunden" kostete mit allem Drum und Dran 30 000 Mark. Allerdings mußte der Lieferant auf Namensnennung verzichten; denn es war Usus, daß der kaufende Circusdirektor sich öffentlich als „Herr der Tiere" brüstete. Wobei es vorgekommen sein soll, daß dieser, wenn er die Einarbeitung nicht so schnell bewerkstelligte, den mitgelieferten Vorführer entsprechend verkleiden ließ.

Der Hamburger Fischhändler Gottfried Clas Carl Hagenbeck (1818-1887) war der erste geschäftstüchtige Protagonist der Familie. Er stellte zufällig erworbene lebende Seehunde aus, was so einträglich gewesen sein muß, daß er sich fortan auf den Tierhandel spezialisierte. Sohn Carl (1844-1913) weitete das Geschäft aus und fügte diesem ab 1874 „das Menschengeschäft" (Schaustellung exotischer Volksgruppen) hinzu. 1887 rief er „Carl Hagenbecks Internationalen Circus und Singhalesenkarawane" ins Leben, den er selbst nie leitete. Vielmehr initiierte er 1888 eine Dressurschule. Sein Bruder Wilhelm Hagenbeck (1850-1910) hatte bereits 1879 die „größte und renommierteste Dressur-Anstalt für wilde Tiere" ins Leben gerufen, jene, von der die Circusse der Welt kauften und kauften. Die Brüder müssen sich nicht sonderlich verstanden haben. In Carls Buch „Von Tieren und Menschen" wird Wilhelm eher am Rande

Die Hagenbecks spezialisierten sich auf den Verkauf ganzer Tiergruppen und unterhielten Geschäftsbeziehungen zu allen Circussen der Welt. Bei der Eisbärenrutsche, einer Erfindung von Willy Hagenbeck, rutschten bis zu 70 Eisbären in die Manege

Auch die Schaustellung exotischer Volksgruppen gehörte zu den Sensationen bei Hagenbeck

erwähnt. Gleichviel, auch er avancierte zum Circusgründer – 1910 mit „Wilhelm Hagenbecks größter Raubtierdressurschau der Erde".

Beide Impresarios, Prinzipale waren sie nie, steuerten ihre Unternehmen bei aller künstlerischen Klasse allein marktwirtschaftlich. Rechneten sie sich nicht mehr, wurden sie geschlossen und später wiedereröffnet, oder man schickte sie in einträglichere Gegenden. Carl zum Beispiel das seine 1893 nach dem ungeheuren Erfolg bei der Weltausstellung in Chicago durch die Vereinigten Staaten und 1910 als ersten deutschen Circus nach Argentinien. Seine Nachfahren steuerten den Circus ab 1933 nach Japan, China, Indien und Afrika.

Den Circus Wilhelm Hagenbeck führten dessen Söhne Carl und Willy fort. Willy, der sich einen Namen machte als Eisbärendresseur – er brachte 70 Eisbären auf einmal in die Manege und erfand die Eisbärenrutsche –, gründete 1914 ein eigenes Unternehmen.

Nach dem Zweiten Weltkrieg reisten vier Circusse Hagenbeck: Willy, Wilhelm, Friederike, Carla, von denen jedoch keiner die Zeiten überdauerte.

Die beständigste, älteste und weltweit verbreitetste deutsche Circusdynastie ist jene der Althoffs. Fast unüberschaubar in der Personenzahl und mit 28 renommierten Circusfamilien Europas versippt, gründeten die Althoffs im Laufe der Zeit 72 Circusse! Die Althoff-Saga beginnt 1660 im niederrheinischen Freialdenhoven mit Michael. Belegbar ist

Die Althoffs stellen die beständigste und älteste deutsche Circusdynastie mit weltweiter Verbreitung dar. Dominik Althoff, dessen Zelt hier zu sehen ist, war der Vater u. a. von Franz, Adolf und Carola Althoff

Helene Althoff bei einer Dressurnummer mit Elefant und Pony. Aus der Althoff-Familie gingen viele bedeutende Circusse hervor

die Familiengeschichte aber erst achtzig Jahre später mit Johann Althoff, der als Seiltänzer arbeitete. Dessen Sohn Franziskus soll sich der Kunstreiterei zugewandt haben. Einer seiner zahlreichen Enkel, Wilhelm, habe 1807 den ersten Althoff-Circus gegründet. Ferdinand, der Zweitgeborene, sei ihm drei Jahre später darin gefolgt – da wäre er drei Jahre alt gewesen. Legenden sind halt Legenden.

Der erste Althoff-Circus von Belang ist französisch-deutschen Ursprungs. Pierre Corty (1814-1888) heiratete gegen den Willen des Schwiegervaters Louise Dejean, Tochter des Renz-Konkurrenten Louis Dejean, Bankier und nicht Prinzipal, aber absoluter Kenner im Fach. Beider Tochter Adele nahm den Kunstreiter Dominik Althoff zum Mann. Deren Sohn hieß wieder Pierre und nannte sein Geschäft Corty-Althoff…

In der jüngeren deutschen Circusgeschichte spielen – unabhängig von der Zugehörigkeit zu diesem oder jenem Zweig des Stammbaums – diverse Althoff-Circusse eine Rolle: Wilhelm Althoff, Franz Althoff (Rennbahncircus), Carola Williams (geb. Althoff), von der später noch die Rede sein wird, Adolf Althoff, Helene Althoff (spätere Hoppe), Carl Althoff, Elfriede Althoff (Plötz-Althoff, Rudy Althoff, schließlich Österreichischer Nationalcircus Elfi Althoff-Jacobi), Giovanni Althoff, Corty Althoff, Franz Althoff d. J. (Williams-Althoff).

So faszinierend die Verflechtungen der großen Circusfamilien sein mögen: Signifikanz und Relevanz der Dynastien werden für den deutschen Circus meist überbewertet. Kaum einer der Circuskönige ging aus einer Dynastie hervor! Zufall oder nicht?

Als Astleys New Art Mode wurde und „lobi“ (in der Sprache der Fahrenden: Geld) versprach, schwenkten nicht nur jene, die Pferde besaßen, die Kunstreiter, sondern auch jene, die sie erst erwerben mußten, die Himmelreicher, Gymnastiker etc., darauf ein. Von denen waren die wenigsten in der Lage, über die Elementarinvestition hinauszugehen, und suchten darum die (bescheidene) Einheit der Vielfalt aus eigenen Kräften zu schaffen, in Familie. Galten den Bankisten von jeher Kinder

Einer der ersten, der Berühmtheit erlangte, war der Circus Corty-Althoff

Die Abenteuer des Circus Sarrasani fanden in Form gedruckter Heftchen in den zwanziger und dreißiger Jahren reißenden Absatz und erreichten eine Gesamtauflage von mehr als 10 Millionen Exemplaren

als sicherstes Kapital und beste Lebensversicherung, so nahm in der zweiten Hälfte des 19. Jahrhunderts die Kinderzahl geradezu unheimlich zu. Zwölf bis zwanzig Kinder waren nicht die Ausnahme. Franz Knie gar brachte es auf 34!

Unschwer auszurechnen, wie sich die Personenzahl einer Großfamilie in nur drei Generationen multiplizierte! Daraus auf das Alter der Dynastie zu schließen, wie oft geschehen, führt in die Irre.

Sarrasani und Krone – der Kampf um den Superlativ

„Der bekannte Mister John Talker vom Weltkurier", Amerikas Starreporter Nr. 1, kam vom Einsatz im Kaukasus direkt nach Dresden, um den berühmten Circusdirektor Hans Stosch-Sarrasani ausgiebig zu interviewen und der ganzen Welt dessen sensationelle „Fahrten und Abenteuer" in dramatischen Worten mitzuteilen. Diese erschienen denn auch in unzähligen Heftchen „zur Erbauung der Jugend" mit einer Gesamtauflage von zehn Millionen Exemplaren. Noch heute schwören die glücklichen Besitzer dieser Heftchen Stein und Bein auf deren Qualität.

Jedoch: Besagten journalistischen Supermann und die wortreich beschriebenen Sarrasani-Erlebnisse zwischen Grönland, China, Afrika und Amerika hat es nie gegeben. Alles dachte sich der aus Meißen stammende Kolportageschriftsteller Matthias Blank aus. Im Auftrag des Circusdirektors, welcher hierin einem aktuellen Amerikatrend folgte. In den Staaten brachte Buffalo Bill 557 Hefte mit seinen Erlebnissen heraus, ohne ein einziges selbst geschrieben zu haben. Die Trivialliteratur machte auch in Deutschland Furore: Billy Jenkins, Jerry Cotton, um nur die populärsten zu nennen. Warum also nicht auch Hans Stosch-Sarrasani? Der Erfolg gab ihm recht.

Überhaupt orientierte sich der neue Stern am deutschen Circushimmel mit Vorliebe an den Yankees. Hans Stosch (1873-1934) entstammte keiner der zahlreichen Circusfamilien, sondern war, wie man in Circuskreisen naserümpfend zu sagen pflegte, ein „Gahtsch", ein Bürgerlicher. Als Junge von daheim durchgebrannt, diente er sich in kleinen Unternehmen hoch zu einem der erfolgreichsten Dressurclowns. „Clown Sarrasani with his Funny Family", wobei sich selbige aus Affen, Hunden, Schweinen, Ziegenbock und Braunbär zusammenfügte. Zwischen

Hans Stosch-Sarrasani (1873-1934) brannte als kleiner Junge zum Circus durch und schuf ein gigantisches Circusimperium. Sein Credo, den Circus als Gesamtkunstwerk zu konzipieren, wurde von Bernhard Paul schon in den ersten Konzepten zu Roncalli zum zentralen Leitsatz erhoben

Rußland und Spanien engagiert und gut bezahlt, beobachtete er kritischen Auges die europäische Circussituation und zog daraus den Schluß, ein eigenes Unternehmen zu gründen, das „den Geist der neuen Zeit“ atmet. „Ein Circus ist kein Museum“, pflegte er anzumerken.

Jenen „Jetztzeitgeist“ brachten die Amerikaner mit ihren Gastspielen zum Jahrhundertende auch nach Deutschland, allen voran Buffalo Bills Wild West and Congress of Rough Riders und Barnum & Baileys Größte Schaustellung der Erde. Mit Chapiteau, Menagerie und Sägespänen, mit Völkerschaften, Sensationen und Side-Shows, mit Massenaufgeboten an Technik und Menschen in drei Manegen gleichzeitig, einer militärisch straffen Organisation, einer gigantischen Reklame krempelten sie das Circuswesen der Alten Welt um.

Der Sarrasani-Bau in Dresden war seinerzeit der größte, modernste und schönste Circusbau Europas

Ihre gelehrigsten deutschen Schüler heißen Hans Stosch-Sarrasani und Carl Krone. Allerdings unterscheiden sich beide durch die Methode der Umsetzung des Lernstoffes gravierend.

Sarrasani bereitete seinen Start über mehrere Jahre äußerst planvoll vor, testete vor dem Start seines Circus die geschäftliche Selbständigkeit und die Zusammensetzung des Programms. Im Winter 1901/02 vollendete er in Radebeul bei Dresden das Puzzle. Am 30. März 1902 fand in Meißen die Weltpremiere des Circus Sarrasani statt – in einem Chapiteau mit 3600 Plätzen, elektrisch beleuchtet. „Größter Circus der Jetztzeit“ firmierte dieser im Untertitel.

„Binnen kurzem avancierte Sarrasani tatsächlich zum modernsten europäischen Zirkus, getreu dem amerikanischen Vorbild primär auf Technik, Tiere und Organisation setzend und alles mit ausgeklügelten Reklameeffekten, die man bis dahin im deutschen Zirkuswesen nicht kannte, an den Mann bringend. Er wurde wohl auch zum größten…“ Am 22. Dezember 1912 weihte er in Dresden sein „Circus-Theater der 5000“ ein, das damals als größter, modernster und schönster Circusbau Europas galt; am 24. Januar 1928 in Chemnitz den einzigartigen transportablen Wintercircus aus Holz und Stahl, ein „Wunderwerk der Technik“.

Die Technik war für den modernen Wandercircus ein wichtiges Wirkungselement geworden. Also konzentrierte sich Sarrasani darauf, schuf mit 175 Kraftfahrzeugen, auf dem Platz stets akkurat ausgerichtet, den „größten Automobilcircus der Welt“, dem nicht einmal die Amerikaner Paroli bieten konnten.

Am Beginn seines direktoralen Weges ließ sich Sarrasani d. Ä. (sein ihm nachfolgender Sohn trug den gleichen Vornamen) anonym einen Drei-Manegen-Circus aufbauen. Er beobachtete die Publikumsreaktionen ausgiebig und kam zur Erkenntnis, daß die mechanische Übertragung dieses amerikanischen Prinzips auf Deutschland untauglich war, da die Menschen hier anders gewohnt waren zu sehen. So begnügte er sich mit einer Manege, die alle Blicke auf sich zieht, erweiterte jedoch deren Durchmesser auf 17 Meter. Und kreierte, durch Krieg und Inflation zeitlich verzögert, einen Circus neuer Dimension. Einen neuen Circusstil, adäquate Antwort auf die Evolution des Varietés, des Showgeschäfts überhaupt, die, wie er selbst sagte, „totale Schau“.

Deren entscheidende Charakteristika: Statt der Aneinanderreihung von Einzeldarbietungen wurden große Gruppen von Menschen und Tieren, oft aus mehreren Nummern, gebildet und künstlerisch inszeniert, dabei auch die Vielseitigkeit des Artisten für Effekte nutzend, die dieser in seiner Darbietung nie

Schon früh setzte Hans Stosch-Sarrasani auf den Einsatz modernster Technik in seinem Circus

anwandte; den ethnografisch-exotischen Aspekt in neuer Qualität hervorhebend – neben den berühmten Indianertruppen insbesondere die vielseitigen Japaner, verkörpert hauptsächlich durch die Yutoka-Sawada-Truppe, die jahrzehntelang engagiert blieb und „Das Hoftheater des Mikado" gestaltete; ein großes Ballettensemble, teils mit Solisten von den Theatern; zwei Riesenorchester, die sogar Wagner spielen mußten; im festen Bau auch Wasserspiele...

„Das schönste aller visuellen Spiele" (Théophile Gautier) – hier wurde es neue Realität. „Kaleidoskopartig wechseln die Manegenbilder, unaufhörlich flutet am Publikum eine phantastische Fülle optischer und akustischer Eindrücke vorüber, die Augen ‚trinken von dem goldenen Überfluß der Welt', und die Musik untermalt die Bilderflut: der große Zauberer nimmt alle Sinne, den ganzen Menschen gefangen, entrückt, entführt ihn, löst ihn los von der Wirklichkeit, läßt ihn in das Traumland wunschlos beglückender Romantik hinübergleiten. Sarrasanis Fülle ist eine künstlerisch durchkomponierte Symphonie, nicht einfach Rohstoff, sondern Organisation, Gestaltung, Formung, abgestuftes, abgetöntes, abgestimmtes Kunstwerk."

Mehr noch! So großen Wert Sarrasani auf seine neuartige Programmform legte (und deswegen von Traditionalisten attackiert wurde), sein Credo, welches Sohn Hans jun. und dessen Ehefrau Trude unter den Bedingungen ihrer Zeit fortzuführen suchten, hieß: Der Circus ist als Gesamtkunstwerk zu komponieren! Alles, auch das Profanste, muß ins Bild passen; nicht das kleinste Detail, etwa ein herumstehender Wassereimer, darf den Besucher von Vorstellung oder Tierschau aus der Illusion reißen, die eine Imagination ist. Eine Uniform mit einem fehlenden Knopf wäre bei Sarrasani undenkbar gewesen; die Messingbuchstaben an den Wagen waren jeden Tag zu putzen... Die sogenannten Nebensächlichkeiten, darauf beharrte Sarrasani zeitlebens, sind genauso wichtig wie das Programm und bilden zusammen mit diesem das „künstlerische Gebäude, welches Sarrasani heißt". Wenn der Circus seiner Verantwortung als Theater des Volkes, als Kultur- und Bildungsstätte Nummer eins, gerecht werden will, muß er unangreifbar perfekt sein.

Krone war weniger Bohemien als Buchhalter und ein kluger, umsichtiger Kaufmann. Er arbeitete planvoll wie ein Fabrikbesitzer oder Banker und vermied unkalkulierbares Risiko. Im Gegensatz zu seinem Kontrahenten investierte er die Gewinne nicht in die unzuverlässige Show,

Dank seiner qualitätvollen Programme rückte Circus Krone vor dem Krieg in die Spitzengruppe der deutschen Circusse auf

Carl Krone (1870-1943)

Krone und Sarrasani lieferten sich lange Zeit einen erbitterten „Circuskrieg" um den Titel des schönsten, besten und größten Circus

sondern in zeitstabile Grundstücke. Sicherheit und Rendite schätzte er höher als Spekulation. So ging er mit einem Vermögen von 25 bis 30 Millionen Reichsmark in die Geschichte ein als reichster deutscher Circusdirektor der ersten Jahrhunderthälfte.

Carl Krone (1870-1943) war Sohn eines Schaustellers, der den Zug der Zeit erkannte. Nach Hagenbecks gigantischen Völkerschauerfolgen ersetzte Krone sen. die Schießbude durch eine „Negerschau" und letztendlich durch eine Menagerie, welcher er den Namen „Continental" gab. In dieser wurde Krones Sohn als Tierlehrer geprägt. Mit 15 debütierte Carl als Wolfdresseur, mit 18 als Löwendompteur Monsieur Charles. Verliebte sich „in eine vom Rummel", Ida, Tochter des Affentheaterbesitzers Benoit Ahlers, später als Dompteuse Miß Charles bekannt. Beide Betriebe warfen ihr Kapital zusammen, und so entstand 1902 „Dompteur Charles weltberühmte Wandermenagerie und beste Raubtierschaustellung der Welt". Daraus wurde am 28. Mai 1905 Circus Charles, 1914 der Circus Krone.

Dank seiner qualitätvollen und originellen Programme stieg das Unternehmen noch vor dem Krieg in die Spitzengruppe deutscher Circusse auf und blieb dem Circus Sarrasani stets dicht auf den Fersen. Sieben Jahre nach diesem, am 10. Mai 1919, eröffnete Krone in München seinen stationären Circus für 4000 Zuschauer, zunächst Holzbau, später mehr und mehr befestigt. Krieg und Inflation überstand Krone nahezu unbeschadet. Und nachdem sein Gegner nach Südamerika ausgewichen war, setzte er zum entscheidenden Schlag an. 1924 präsentierte er seinen Circus vollkommen neu: „6-Manegen-Colossal-Circus mit kombinierter Renn- und Kampfbahn", 120 Meter Fassade, dahinter drei Manegen, zwei Bühnen, Hippodrom; im Drei-Stunden-Programm 127 Darbietungen! Die perfekteste Kopie des amerikanischen

In Sachen

KRONE gegen SARRASANI

ist nunmehr — vom Oberlandesgericht München — in dritter und letzter Instanz die einstweilige Verfügung des Amtsgerichtes Bautzen bestätigt worden, nach der es dem Direktor Carl Krone

verboten

ist, sein Unternehmen weiterhin als

„größten Circus Europas"
„gewaltigstes Unternehmen seit Menschengedenken"

oder mit ähnlichen Schlagworten zu bezeichnen, wie sie während meines Fernseins in Amerika üblich geworden sind.

Ich habe den zeitraubenden und opferreichen Kampf geführt, nicht so sehr zum Schutze gegen die Angriffe, die mir und meinem Unternehmen galten, sondern im Interesse unseres Gewerbes überhaupt, das durch eine Verwilderung der Propaganda-Sitten noch schneller vernichtet werden muß, als es ohnehin durch die bitteren Zeitläute in Existenzgefahr schwebt. Obwohl meine Rechtslage in jedem Stadium unantastbar stark war, und obwohl mir mein Gefühl sagte, daß ich in jeder Instanz obsiegend bleiben mußte, habe ich doch noch im letzten und entscheidenden Termine zweimal einen Vergleichsvorschlag angeboten, beide Male auf loyalster Basis: daß zur Vermeidung aller Reibungen beide Unternehmen, Sarrasani und Krone, alle Superlative aus ihrer Propaganda ausschalten sollten. Aber Herr Krone wollte nicht gutwillig darauf verzichten, sein Unternehmen als den „größten Circus Europas" zu bezeichnen. So haben die Gerichte ihm das nun endgültig verbieten müssen, und wenn er dieses Verbot nicht beachtet, so verfällt er der fiskalischen Geldstrafe oder der Haftstrafe.

Immer habe ich versucht, meinen eigenen, geraden, korrekten Weg zu gehen und den Geist der Versöhnlichkeit praktisch wirken zu lassen. In diesem Falle haben alle meine Vorschläge zur Güte taube Ohren gefunden. Ich kümmere mich nicht um die Gehässigkeiten und Verleumdungen, die gegen mich auch bei dieser Gelegenheit explodierten und wohl auch weiter explodieren, alles das steht tief unter dem, was ich für wichtig halte. Das Wichtigste für unser Gewerbe ist, daß — unbeschadet eines gesunden Wettbewerbes und Unternehmer-Ehrgeizes — jener Ballast von gehässigem Zwiespalt endgültig über Bord geworfen wird, der uns alle in unserem Kampfe gegen die gemeinsamen Feinde hemmt, von denen wir wahrhaftig übergenug haben. Ich bin imstande gewesen, mich nach meiner Rückkehr nach Deutschland mit zahlreichen meiner Kollegen auf der Basis gegenseitiger Achtung, Förderung und Rücksichtnahme zu finden. Ich habe auch Herrn Krone zu wiederholten Malen ähnliche Vorschläge gemacht. Ich bedauere es, daß er, weniger seinem eigenen Herzen als den Einflüsterungen seiner unverantwortlichen Berater folgend, meinen guten und ihm wohlgesinnten Willen nicht erkannt hat. So belasten ihn nun die Verbote von drei Instanzen, des Amtsgerichtes Bautzen, des Landgerichtes München, des Oberlandesgerichtes München.

Und dennoch bin ich bereit, auch jetzt noch den Ausgleich mit ihm zu finden.

Für den Augenblick liegt mir daran, der Fachwelt Mitteilung zu machen von dem Ausgange eines Rechtskampfes, nachdem die höchste, letzte und endgültige Instanz gesprochen hat.

Halle (Saale), 3. August 1926.

Hans Stosch-

SARRASANI

Ab 6. August Erfurt. Ständige Adresse: Dresden-N. 6

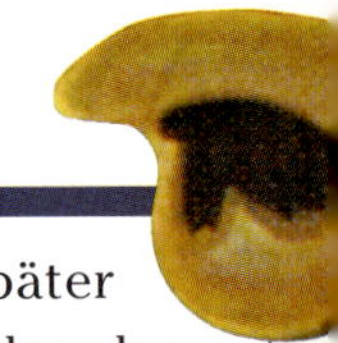

Vorbilds, die es je in Deutschland geben sollte. Damit errang er die Vorherrschaft im Circuskrieg.

Als Sarrasani heimkehrte, nahm er den Fehdehandschuh auf, modernisierte und vergrößerte sein Geschäft binnen kurzem und realisierte sein originäres Konzept mit allergrößtem Aufwand. Was folgte, ist beispiellos geblieben: der verbissenste Konkurrenzkampf, der Kampf um den Superlativ in Annoncen, auf Plakaten, in Presseerklärungen, vor Gericht. Da jeder größer und besser sein wollte als der andere, kaufte man Technik, Tiere und Menschen en masse. Die Unternehmen nahmen unvernünftige Ausmaße an, wurden regelrechte „Übercircusse", „Mammutcircusse", „Dinosaurier des Circus".

1929 machte der von beiden Direktoren bevorzugte Berliner Künstleragent Robert Wilschke dem kostspieligen Titanenkampf ein Ende. Im Hamburger Luxushotel Atlantic führte er Kro-

Der Circus Krone war seit jeher berühmt für seinen großen Tierbestand, aus dem heraus viele Dressuren entwickelt wurden

Von Österreich gingen viele Impulse für die Circuswelt aus: Der große Bogen reicht von Christoph de Bach über die berühmten Circusse Kludsky, Zentral und Medrano bis hin zu Roncalli

ne und Sarrasani endlich an einen Tisch, und diese begruben ihren geschäftlichen Streit ein für allemal. Einigten sich auf zwei Superlative: Krone durfte sich fortan „Der größte Circus Europas“ nennen, Sarrasani „Die schönste Schau zweier Welten“.

Die Geschichte des sächsischen Heimatcircus Sarrasani, der übrigens noch eine zweite Südamerikatournee absolvierte, endet am 13. Februar 1945, da das Dresdner Circus-Theater im Bombenhagel unterging. Die Fortsetzung der

ZIRKUS ZENTRAL
WIEN II.
AM PRATERSTERN

PROGRAMM

1–3 Musik Ouverture
4 Frl Jenny Avender, elast. Wunder
5 Mmle. Coquette, kom. Reitszene
6 2 Willys, Balance-Akt
7 Gäste aus Liliput, Musikal-Künstler
8 Freiheitsdressuren, Henrik Gautier
9 10 Riffkabylen, Orig. Araber
10 Adolf u. Leo, Manege-Komiker
11 Henrik Gautier, Schwed. Schulreiter
12 Wary, Zahnkraft-Gladiator
13 Gebrüder Kühn, lustige Fußballspieler
14 Eton, der Mann am toten Punkt
15 Bären-Gruppe, Dompteur Schmitz
16 2 Samots, komische Radfahrer
17 Berberlöwen, Dompt. Schmitz
erst seit 8 Wochen in Dressur
18 Schlußmarsch

Programmänderungen vorbehalten

Atelier Berth. Rohler ~ Tel. 47247

Traditionslinie begann drei Jahre später in Buenos Aires. Trude Stosch-Sarrasani, Witwe des Juniors und Alleinerbin des klangvollen Namens, betrieb von 1948 bis 1972 den bedeutendsten Circus Südamerikas, von der legendären Evita Peron, der noch heute wie eine Heilige verehrten Präsidentengattin, in den Stand des Argentinischen Nationalcircus erhoben.

Pflegte man in der alten Heimat zu sagen: „Sarrasani gehört zu Dresden wie der Zwinger“, hieß es in der neuen: „Sarrasani gehört zu Buenos Aires wie der Tango.“

In Deutschland entstand ein neuer Sarrasani 1956 durch Fritz Mey, lizensiert von Trude Stosch-Sarrasani. 1976 adoptierte diese Meys Lebensgefährtin, die Artistin Ingrid Wimmer, als Ingrid Stosch-Sarrasani. Deren Sohn André steht heute an der Spitze des Unternehmens, welches nach rund 70 Jahren auch die Sarrasani-Traditionsfarben Weiß-Grün ablegte.

Krone ist dagegen stets Krone geblieben. Carls Tochter Frieda (1915–1995) heiratete den Dompteur Carl Sembach und führte zusammen mit diesem, nach seinem Tod allein, die Tradition in die neue Zeit, 1956 mit dem „Krone-Festival“ eine publikumswirksame Verknüpfung von Circus und Revue, damals geradezu sensationell, arrangierend. Überhaupt war es stets Anliegen der Chefin und ihrer Tochter und Nachfolgerin Christel Sembach-Krone, Dressur, Artistik und Clownerie, die drei Grundsäulen eines Circusprogrammes, so zu mischen und zu präsentieren, daß bei aller Dominanz des Traditionellen dem Empfinden der Zeit entsprochen wird, ohne das Ganze zu revolutionieren. Dem Image des Hauses getreu, behielt Krone stets einen bewundernswert großen

Ein typisch gemütlicher österreichischer Circus war der Zirkus Zentral von Jakob Staub mit festem Gebäude im Wiener Prater

Tierbestand, aus welchem nachgerade selbstverständlich die meisten Dressuren entwickelt werden. Sowohl für die Reisesaison- wie auch für die Winterprogramme, die im 1962 eingeweihten Münchner Krone-Bau präsentiert werden, werden Spitzendarbietungen aus aller Welt, vielfach Festivalpreisträger, engagiert.

Der Kampf um den Superlativ, nach dem Zweiten Weltkrieg neu entbrannt und nicht mehr nur von zwei Parteien geführt, ist längst entschieden. Krone, „der Hort des klassischen Circus“, gilt als „Flaggschiff deutscher Circusunternehmen“, mit einem Jahresumsatz von zirka 20 Millionen Mark auch als potentestes. Kontinuität und Stabilität auf der Grundlage des von Carl Krone geprägten und eigentlich für die gesamte Branche gültigen Mottos: „Eure Gunst unser Streben“.

Der Circus Medrano war der erste österreichische Circus, der weitläufige Auslandstourneen veranstaltete

Das stille Wien

Walzer, Sachertorte und Sissi waren ihm wohl wichtiger. Wien hat nie die circensische Werbetrommel gerührt wie Berlin. Dabei hätte es weit mehr Grund dazu gehabt. Hier stand die Wiege des deutschen Circus. Hier gaben sich die bedeutendsten europäischen Unternehmen die Klinke in die Hand – seit dem ersten Auftreten des Englischen Reiters Potts im Jahre 1770. Hier wurden die ersten stationären Circusse im deutschsprachigen Raum errichtet.

Von Österreich gingen wesentliche Impulse für Formierung und Erneuerung der Manegenkunst aus. Das historische Schweigen Wiens in der Circusgeschichte – selbst im Milleniumsjahr! – mag verschiedene Ursachen haben, vielleicht hängt es damit zusammen, daß die bekanntesten Circusbetreiber aus den Nachbarländern kamen. Was bei der Vergangenheit Österreichs als Vielvölkerstaat alles andere als verwunderlich ist und zumindest für Toleranz spricht. Im Schmelztiegel Wien fragte man weniger nach der Herkunft als nach dem Erfolg. Vielleicht auch haben jene recht, die meinen,

Die Schwestern Medrano waren eine der großen Attraktionen des Circus Medrano

das Matthäus-Wort besitze hier größere Bedeutung als anderswo: „Der Prophet gilt nirgends weniger denn in seinem Vaterland."

Jedenfalls kam unter diesen Bedingungen eine national eigenständige Entwicklung nur schwer in Gang. Als erstes österreichisches Unternehmen von Belang gilt der Wiener Circus Zentral des jüdischen Prinzipals Jakob Staub, der sich 1920 gegenüber dem Busch-Gebäude etablierte und respektable Programme mit erstklassiger internationaler Besetzung bot. Staub kam vermutlich aus Böhmen; 1911 ist ein Gastspiel in Leitmeritz bezeugt. 1937 stellte er, die politische Entwicklung offenbar voraussehend, das Geschäft ein und emigrierte in die USA.

Erster österreichischer Chapiteaucircus: Medrano. Am 3. Juni 1904 von Ludwig Swoboda als Circus Lajos gegründet, seit 1920 unter der Firma Medrano auf der Reise, später versehen mit dem Untertitel „Wiener Circus". Swoboda begann seine Direktionskarriere in Niederösterreich, heiratete 1912 die einer böhmischen Komödiantenfamilie entstammende Therese Karfiol, erweiterte und sanierte das Geschäft, so daß es ohne nennenswerte Einbußen über den Ersten Weltkrieg kam. 1920 begann er eine langjährige Tournee durch Osteuropa, von 1933 an blieb er in Österreich, wo er große Volkstümlichkeit erlangte. Berühmt durch Gastspiele in den größten Circussen der Zeit wurden die „Drei Schwestern Medrano" (Swoboda-Töchter) mit einem einmaligen Reit-Balance-Akt.

Nach dem Zweiten Weltkrieg – Österreich war wie Deutschland geteilt und besetzt – suchte Medrano neues Glück. Noch 1947 schien es ihm bei einer Gastspielreise durch die westlichen Bundesländer Österreichs so hold zu sein, daß er am 16. Dezember in Graz einen Festbau aus Holz eröffnen konnte. Leider begann damit der Niedergang.

Da zwei Töchter nach Italien geheiratet hatten, wandte sich das Unternehmen dorthin und – stieg auf wie Phönix aus der Asche. Als Sechs-Masten-Zeltcircus bereiste es gar den Orient. Dem Hoch sollte jedoch bald ein neues Tief folgen... Zweimal noch kehrte Medrano für kurze Zeit nach Österreich zurück. Ende 1968 ging der Name an die italienische Circusfamilie Leonida Casartelli über.

Anders abenteuerlich die Geschichte des Circus Kludsky, des einzigen reisenden Großcircus Öster-

Der Circus Kludsky war der einzige Reisecircus im k. u. k. Österreich, der es mit der deutschen Konkurrenz aufnehmen konnte: Das Drei-Manegen-Zelt des Circus faßte 10 000 Personen

reichs, der es mit der deutschen Konkurrenz aufnehmen konnte. Der Legende nach soll er auf den Generaladjutanten des Königs Johann Sobiesky zurückgehen, der 1683 an der Befreiung Wiens teilnahm …

Die Kludskys sind böhmischer Circusadel. Dynastiebegründer Anton war Puppenspieler und erwarb einen Affen und einen Papagei. Anton II. machte mit erweiterter Tiergruppe daraus eine Menagerie. Er hatte 21 Söhne: Dompteure, Musikanten, Puppenspieler, Schausteller. Anton III. übernahm als Ältester einen Teil der Menagerie, wurde jedoch am Abend seines Hochzeitstages, als er angeheitert den Käfig betrat, von seinen fünf Löwen zerfleischt.

Jetzt sprang Bruder Karl, Student der Theologie, in die Bresche. Er vereinigte die beiden Kludsky-Menagerien (die zweite führte die Mutter) und – begründete 1902 einen Circus. Dank seiner zahlreichen Tiere und eines geschickten Managements fand dieser große Resonanz bis hin nach Italien. Bereits 1908 konnte Karl I. in Pilsen einen hölzernen Festbau errichten.

Die Glanzzeit des Circus Kludsky begann 1922. Vom tschechischen Winterquartier Görkau aus startete er mit einem Zwei-Manegen-Circus (eine Synthese von amerikanischem und deutschem Prinzip suchend), welchen er dann 1925 durch einen Drei-Manegen-Circus „reinsten Wassers“ im 10 000-Personen-Zelt ersetzte. Mit neuer Quantität und alter Qualität (geschätzt waren insbesondere Kludskys Raubtierdressuren und seine einmalige Elefantenherde mit 25 indischen und afrikanischen Tieren!) brach er in die Phalanx der Sarrasani und Krone ein und machte der Konkurrenz ernsthaft zu schaffen.

Kludskys besondere Liebe gehörte Österreich. Schon Karl I. verfolgte als Ziel, „k. u. k. Hofcircus“ zu werden. Nach mehreren Gastspielen orientierte sich das Unternehmen ab 1925 verstärkt auf Wien. Als es 1933/34 – infolge der Weltwirtschaftskrise erheblich abgespeckt – im Circus Zentral spielte, wurde Österreich von Aufständen und Putschversuchen erschüttert, was ein Verbot der Vorstellungen zur Folge hatte. Das ehedem gigantische Geschäft brach wie ein Kartenhaus zusammen. Die Kludskys zogen sich nach Görkau zurück, wo sie Ende 1934 den Circus auflösten. Karl II. wagte später in der ČSSR einen Neuanfang, wurde vielfach staatlich geehrt und

Jahrzehntelang galt der Circus Rebernigg als „der Wiener Circus“ reinster Prägung, was immer unter diesem Begriff zu verstehen war

Diese Freikarte erhält Bernhard Paul als kleiner Junge für das Stühlerücken im Circus Rebernigg, als dieser in Wilhelmsburg gastiert

schrieb seine Memoiren „Leben in der Manege“, die leider nie auf deutsch erschienen. Bruder Rudolf setzte sich im österreichischen Schillingsdorf fest und lebte von der Hühnerzucht. Er hatte bereits 1936 seine Erinnerungen zu Papier gebracht, die jedoch erst 1950 erschienen: „Könige der Manege“.

Österreichs bekanntester und beliebtester Heimatcircus, der erste des Titels „Österreichischer Nationalcircus“, war der Circus Rebernigg.

Auch dessen Anfänge werden mit einer Legende verklärt – Mr. Talker läßt grüßen! Der Leibarzt Ludwig XVI., de Cortie, sei vor der Französischen Revolution aus Paris nach Kärnten geflohen, wo sein Töchterlein einen Müller namens Rebernig geheiratet habe. Beider Sohn Luis sei der eigentliche Circusgründer gewesen, während sein Bruder zum Domherrn von Klagenfurt avancierte. Offenbar mußten es seinerzeit stets Titelträger der oberen Gesellschaft sein, möglichst nahe der weltlichen und kirchlichen Macht, die sich den Luxus eines Circus leisteten, diesen so eher hoffähig machend.

Die Fakten sprechen auch in diesem Fall eine andere Sprache. Stammvater der Dynastie ist Alois Rebernik (1810-1888), der mit einer kleinen Menagerie begann. Sein Sohn Carl (1851-1920), der die später gültige Schreibweise Rebernigg wählte, heiratete in die weitverzweigte böhmische Komödiantenfamilie Stipka ein und machte aus der Menagerie einen Circus. Das Ehepaar hatte 20 Kinder. Von diesen war es Karl (1880-1958), der das Unternehmen von 1924 an zu nationaler Bedeutung und internationalem Ansehen führte. Jahrzehntelang galt Rebernigg als Inbegriff des „Wiener Circus“, wie immer man diesen Begriff auch interpretieren mag.

Karl und Wilhelmine Rebernigg, die gleichfalls einer böhmischen Familie entstammte, hatten drei Söhne: Karli, den Löwendompteur, Emil, Reiter und Dresseur von Pferden und Elefanten, Rudi, den Clown. Kinder, Schwiegerkinder und Kindeskinder, vielseitig begabt, bestritten die Eckpunkte jedes Programms. Das Unternehmen spielte bis zur Ausrufung des „totalen Krieges“ 1944 und dann wieder, kriegsbedingt arg dezimiert, ab 1947. Über 20 Jahre hielt es sich am immer härter umkämpften Markt, bis Karli Rebernigg am 27. Oktober 1969 den Betrieb gänzlich einstellte. Kurze Zeit reiste der deutsche Circusdirektor Carl Althoff unter dem Namen, dann verschwand er von der Bildfläche.

Da tritt 1972 Elfi Althoff-Jacobi auf dem Plan. Die leidenschaftliche Circusfrau, die künstlerisch wie administrativ in den Manegen Europas und Amerikas tätig war, kauft den Rebernigg

Von 1993-1996 führte Bernhard Paul in der Wiener Stadthalle bei „Artisten – Tiere – Attraktionen" die Regie

kurzentschlossen die Reste des Circus ab. Ihr Plan steht fest, und systematisch setzt sie ihn in die Tat um. 1973 erwirbt sie in Merkersdorf ein großes Anwesen und baut es zum Winterquartier aus, gleichzeitig die Vorbereitungen für einen Neubeginn einleitend. 1974 erhält sie die österreichische Staatsbürgerschaft und den Titel Österreichischer Nationalcircus regierungsoffiziell. Stockerau erlebt im April jenes „Glücksjahres" die Weltpremiere des Österreichischen Nationalcircus Elfi Althoff-Jacobi.

Zwanzig Jahre lang prägte Elfi Althoff-Jacobi (1914-1995) mit einem Unternehmen großer Dimension das Gesicht des neuen österreichischen Circus. Künstlerisch setzte sie stets

Elfi Althoff-Jacobi, Direktorin des Österreichischen National-Circus
Elfi Althoff-Jacobi, mit Bernhard Paul

auf „klassischen Circus", den sie mit Spitzenkünstlern aus aller Welt realisierte, früh auch solchen aus den Ländern hinter dem berüchtigten Eisernen Vorhang. Das Bundesland dankte ihr dies Engagement durch eine Vielzahl von Auszeichnungen und Ehrungen.

Elfi Althoff-Jacobi verstand Circus als Handwerk, nicht als Kunst. Und auch aus diesem Grund hielt ihr das Publikum 20 Jahre lang die Treue. Nach ihrer krankheitsbedingt letzten Saison 1993 verkaufte sie ihren geliebten Circus an Louis Knie, Sproß der berühmtesten Schweizer Circusdynastie, der sich selbständig machen wollte. Seit 1994 reist nun der „Österreichische National-Circus Louis Knie" nicht nur mit neuer Ausstattung, sondern auch in neuer Qualität, künstlerischer Vielfalt und Aufgeschlossenheit für zeitgemäße Circuskunst.

Doch die große alte Dame will es noch einmal wissen. Auf der Party zu ihrem 80. Geburtstag kündigt sie die Neugründung eines Circus an. Von einem Sondergastspiel in Wien (mit „Schneewittchen") im Dezember 1994 abgesehen, kann diesen ihren letzten Willen der langjährige Lebensgefährte und Erbe Adolf (Andy) Lehner erst nach ihrem Tod erfüllen. In Gemeinschaft mit der populären Schauspielerin, Regisseurin und Theaterdirektorin Sissy Löwinger startet er 1996 den Circus Elfi Althoff-Jacobi.

Wien hat also durchaus keinen Grund, sein Circuslicht unter den Scheffel zu stellen. Zumal es hier 36 Jahre lang etwas gab, das nur in Berlin längere Tradition besitzt, den alljährlichen Hallencircus. 1959 begründete die neue Wiener Stadthalle, dem Beispiel von „Menschen – Tiere – Sensationen" folgend, die Reihe „Artisten – Tiere – Attraktionen". In jedem Februar/März gab sich der Weltcircus ein Stelldichein. Spiritus rector und Regisseur der letzten vier Programme war übrigens Bernhard Paul, der 1975 von Österreich aus mit dem Circus Roncalli seinen Siegeszug antrat.

Der Schweizer Nationalcircus Knie

Mitunter schreibt das Leben Kitschromane, für die jeder Autor gescholten würde. An allem war die Liebe schuld. Der Studiosus Friedrich Knie aus dem fernen Erfurt hatte sich auf Wunsch des prominenten Vaters – ehedem Leibarzt der Kaiserin Maria Theresia zu Wien – in Innsbruck einschreiben lassen. Medicus sollte er werden. Mit außerordentlichem Fleiß folgte er Hippokrates' Spuren, bis, ja, bis eine „Teutsch-Englische Kunst-Reitergesellschaft" und mit ihr Demoiselle Wilma, die Glutäugige, in die Stadt des Goldenen Dachls kam.

Francesco Caroli, der Weißclown des Circus Roncalli

Friedrich war hin- und wurde fortgerissen. Ließ sein Studium Studium sein und zog mit der Schönen und ihrem Troß vondannen. Mußte sich als Raglo, als Knecht verdingen, wollte aber partout Kelle pangri, fahrender Künstler, werden und erprobte sich auf dem straffen Seile.

Rasch verflog die große Liebe (von Seiten der Dame), rascher, als es sich der 19jährige Naivling dachte. Er wäre nicht ein Knie gewesen, hätte er die Segel gestrichen. Der Ehrgeiz verbot ihm ein Retour. Vielmehr vervollkommnete er sich in der Kunst der Himmelreichmänner und brachte es, nun selbständig, zu einer in halb Europa bestaunten Profession.

Die Macht des Schicksals zieht ihn 1807 wieder nach Innsbruck. Hier verliebt er sich erneut – in die Bader-Tochter Antonia Stauffer, die er vom Fleck weg heiraten möchte, jedoch nicht darf. Der starrsinnige Papa sperrt die Tochter in ein geheimes Kloster. Friedrich macht sie ausfindig, entführt sie nach Böhmen und erzwingt die Heirat auf natürlichem Wege – durch ein Kind. Glückliches Ende der Geschichte? Längst noch nicht!

1809 wird Friedrich zum Militärdienst einberufen, kämpft bei Aspern und Wagram gegen Napoleon, schlägt sich dann auf die Seite des Tiroler Volkshelden Andreas Hofer, steht sogar in der Völkerschlacht zu Leipzig seinen Mann. Mit der glücklichen Heimkehr vermochte er seine künstlerische Vergangenheit noch zu übertreffen. 1825 gastierte Friedrich Knie am Hofe des Preußenkönigs in Potsdam; 1835 begeisterte er Kaiser Franz I. von Österreich; 1845 erbat Herzog Maximilian von Bayern eine Privatvorstellung…

Friedrich Knie hatte es zu etwas gebracht. Daß er, der sich gern als Wiener bezeichnete, Begründer der höchst angesehenen Schweizer Dynastie der Knies werden sollte, konnte er allerdings nicht ahnen. Wenngleich er schon 1814 sein erstes Gastspiel in der Schweiz gab und 1828 den Gesellenbrief der Stadt Rapperswil erhielt.

„Unser Feld ist die Welt", lautet von altersher die Maxime der Fahrenden. Die sich gegen Ende des 19. Jahrhunderts verändernden Bedingungen – insbesondere die Ausprägung von Nationalstaaten – ließen es vielen nun angeraten erscheinen,

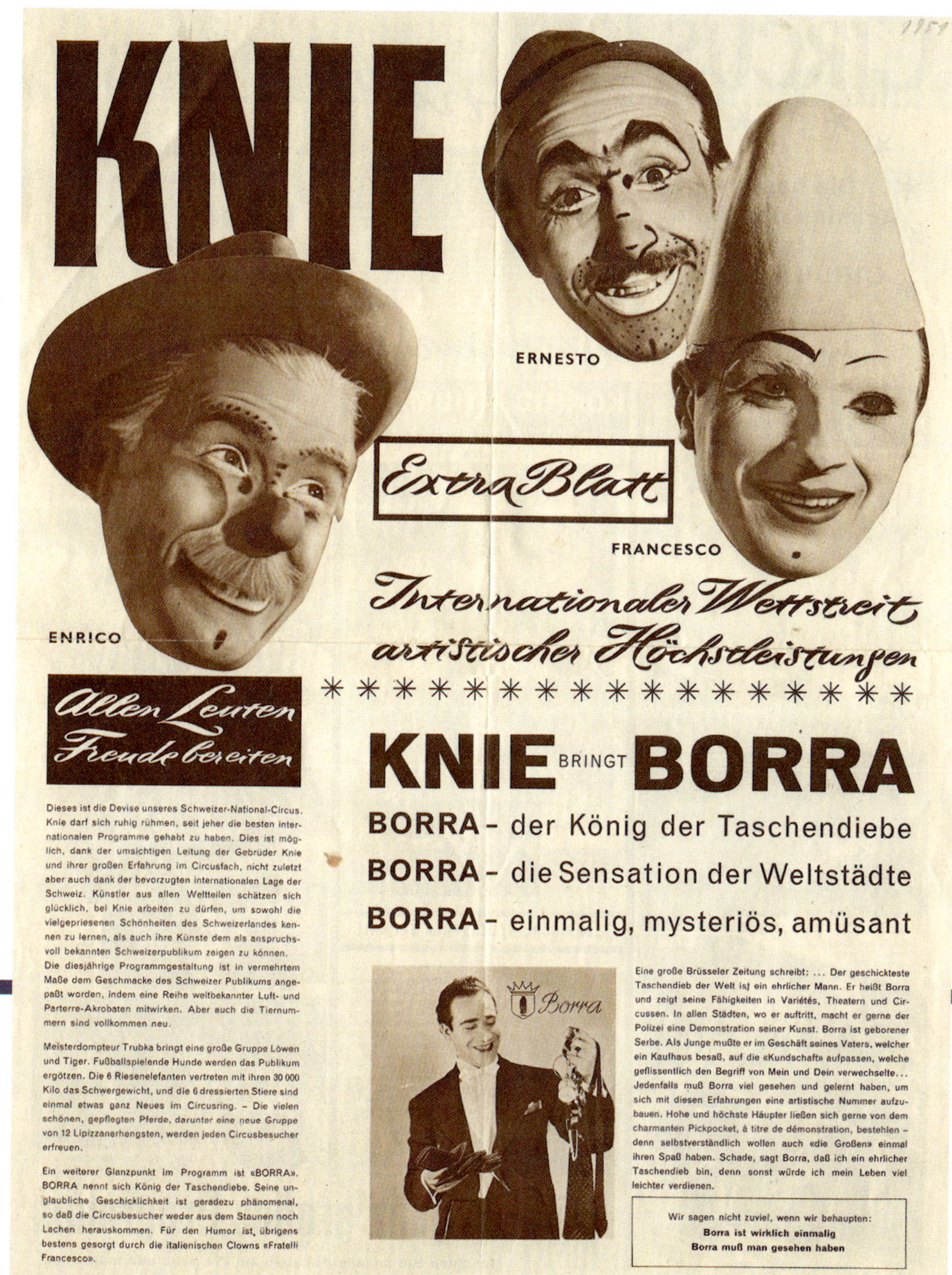

Schon 1952 trat Francesco Caroli im Programm des Schweizer National-Circus Gebrüder Knie auf, wie heute als Weißclown im klassischen Clowntrio, einer Rolle, der er sein Leben lang treu geblieben ist

Die ursprünglich aus Österreich stammende Familie Knie erhielt im Jahre 1900 das Bürgerrecht der Schweiz, wo sie im Jahre 1919 den Schweizer National-Circus Gebrüder Knie gründeten. Zu dieser Zeit schaute die Familie Knie schon auf eine über hundertjährige Tradition zurück

Friedrich Knie (1884-1941)

sich eine Heimat zu suchen. Die Knies orientierten sich hin zur Schweiz, wo sie 1900 das Bürgerrecht erhielten.

Die Geschichte des Schweizer National-Circus beginnt mit der vierten Knie-Generation. Rudolf (1885-1933), Charles (1888-1940), Friedrich (1884-1941) und Eugen (1890-1955) überraschten die Fachwelt nur sechs Monate nach Ende des Ersten Weltkrieges, der nahezu alle europäischen Unternehmen beeinträchtigt hatte, am 1. Juni 1919 mit einem „Grand Cirque National Suisse Frères Knie". Nicht von ungefähr bezeichneten sie ihn als Cirque Varieté. Die Brüder setzten ganz bewußt auf die neue Trumpfkarte Varieté, die zu stechen versprach, und wollten beide unterhaltenden Künste zu einer publi-

Fredy Knie senior führte den Circus Knie zu großem internationalem Ansehen

kumswirksamen Synthese führen.

Schon immer hatte die große Seiltänzer- und Akrobatenfamilie aktuelle Trends aufgegriffen. François, Friedrichs Jüngster, führte das Trampolin ein. Rudolf, der Älteste, nannte seine Gesellschaft Théatre Academique und beendete sein Programm mit den modischen „bioplastischen Vorstellungen". Karl Knie wählte die Bezeichnung „Grand Cirque Acrobatique" und bot zum Beispiel mit „Non plus ultra! Der Merkur auf der Weltkugel" eine Sensationsnummer, vorgeführt von Schwiegersohn Eugen Blondin, Sohn des Niagarafälle-Überquerers. Ludwig Knie sah sein Geschäft als Kunst-Arena, später als Varieté-Arena. Doch die Knies folgten nicht sklavisch jenen Trends, sondern suchten stets, diesen wenigstens ein Stück voraus zu sein.

Im Fall des neuen Circus ging die Rechnung nicht ganz auf. Die Brüder mußten erkennen, daß es bei allen Gemeinsamkeiten von Circus und Varieté doch gravierende Unterschiede gibt. Begonnen bei den Erwartungshaltungen potentieller Zuschauer, welche im Circus Tiere sehen wollen. Sie reagierten prompt. Friedrich Knie war fortschrittlich und konservativ in einem und trug die künstlerische Hauptlast des Circus. Dabei wollte er Neues wagen und doch die Erfahrungen der Vergangenheit nicht gering achten, wie es Alfred A. Häsler beschreibt. So kaufte er für die zweite Saison Pferde, welche er selbst vorführte, und engagierte die angesehene deutsche Schulreiterin Therese Renz, die gleich noch zwei Elefanten mitbrachte.

Die circensischen Elemente erhielten das Prä; die Firmenbezeichnung wurde abgewandelt in „Bühnen- und Manegen-Gross-Circus Knie". In den zwanziger Jahren, da das Unternehmen expandieren konnte, nahm sich das Knie-Quartett wie andere Zeitgenossen die Amerikaner zum Vorbild, gelangte jedoch zur gleichen Erkenntnis wie Sarrasani: daß man von diesen zwar im Detail viel lernen kann, daß aber in Mitteleuropa der Circus nur eine Manege haben sollte. Möglicherweise unter dem Eindruck der Kapitalkraft amerikanischer Circusse entschloß sich Karl Knie, welcher die Geschäftsführung innehatte, 1934 zum geschäftlichen Status einer Aktiengesellschaft, was zwar zu Zerwürfnissen in der Familie führte, sich jedoch offenbar bewährte. Knie gilt heute als wirtschaftlich bestfundierter, solidester und potentester Circus des Kontinents.

Geraldine-Katharina Knie und ihr Bruder Fredy feierten große Erfolge bei Auftritten im Circus Roncalli

Sein internationales Gewicht erlangte der Schweizer National-Circus Gebrüder Knie, welcher grundsätzlich nur im eigenen Land reist und lediglich den Winter über gelegentlich Dressurgruppen ins Ausland schickt, unter der Ägide von Fredy (geb. 1920) und Rolf (geb. 1921), die administratives und kaufmännisches Geschick mit überragendem Können als Tierlehrer verbanden.

Fredy Knie sen. ist ein weltweit geschätzter hochdekorierter Pferdefachmann, der mit eigener tiergemäßer Dressurmethode Spitzen-

Bis zum Krieg gab es in Deutschland zahlreiche bedeutende jüdische Circus- und Artistenfamilien: Blumenfeld, Lorch, Danner, Strassburger und viele andere

leistungen erreichte. In seine Fußstapfen traten Fredy jun. (geb. 1946), seine Frau Mary-Jose und Tochter Geraldine-Katharina – würdige Nachfolger des „Grandseigneurs der Peitsche“, für ihr künstlerisches Gesamtwerk beim 20. Festival International du Cirque Monte Carlo mit dem „Goldenen Clown“ geehrt. Rolf Knie sen. war der Elefantenspezialist des Hauses. Seit er 1941 mit dem ersten seillaufenden Elefanten debütierte, dressierte er mehr als 50 indische und afrikanische Elefanten und verzeichnete auch bedeutende Zuchterfolge. Sein Können vermittelte er den Söhnen Louis (geb. 1951), der darüber hinaus Raubtiere dressiert, 1993 jedoch aus dem Unternehmen schied, um sich in Österreich selbständig zu machen, und Franco (geb. 1954).

Fredy Knie jun. und Franco Knie stehen heute an der Spitze des Circus, der gern als Schweizer Institution apostrophiert wird.

Das immer wieder hinterfragte „Geheimnis des Knie-Erfolges“ dürfte drei Komponenten haben: die Solvenz des Unternehmens; die seltene Kontinuität einer Dynastie, die sich ständig zu regenerieren vermag und immer wieder aufsehenerregende Tiernummern hervorbringt; künstlerische Aufgeschlossenheit und Wagemut, wobei auch Experimente nicht gescheut werden, beispielsweise die Einbeziehung des Pantomimenclowns Dimitri (1970), des Komikers Emil Steinberger (1977), der Maskenspieler der Gruppe Mummenschanz (1988) ins Programm. Früh reflektierten die Knies ebenso aktuelle internationale Tendenzen in der Circuskunst, etwa bereits 1984 mit dem Engagement einer chinesischen Akrobatentruppe, 1985 mit einem hochkarätigen Ensemble des Moskauer Staatscircus, 1992 mit Darbietungen des kanadischen Cirque du Soleil… Usus ist mittlerweile, daß die Hauptpreisträger des monegassischen Circusfestivals (meist zuerst) im Schweizer National-Circus der Gebrüder Knie zu erleben sind. So wurde Knie ein Paradebeispiel für die Synthese von Tradition und Innovation.

Als Papp-Machépanzer in die Manege rollten

Das Thema Circus und reale Geschichte wird gern überschlagen. Es stört das schöne Bild vom unpolitischen Circus, der allein Träume realisiert. Daß Träume auch Herrschaftsträume sein können, davon

schweigt des Sängers Höflichkeit gern.

Daß tatsächlich Pappmachépanzer in die Manege rollten, daß U-Boote „mit Mann und Maus“ von einem Torpedo in die Luft gejagt wurden, daß im Roten Ring Krieg gespielt wurde, daß beim Finale die gesamte Direktorenfamilie in SA-Uniform paradierte, daß der Holocaust auch vor dem stets völkerverbindenden Circus nicht haltmachte – das alles wollen die wenigsten wahrhaben.

Doch auch dieses Bild hängt in der Ahnengalerie des deutschen Circus. Circus und Politik, ein Kapitel für sich!

Da der Circus wie keine andere Kunst von der Gunst der Epoche abhängig ist und stets up to date sein muß, liegt bei den „Machern“ ein Eingehen auf die Denkweisen der Zeitgenossen ebenso nahe wie ein Anbiedern an die Macht. Freilich ist es nicht so simpel, wie da einst ein philosophierender Historiker behauptete: autoritäre Systeme hätten autoritäre Circusse zur Folge. Circusse wurden und werden stets autoritär geleitet, unabhängig von der sie umgebenden Gesellschaftsform.

Das Problem, wenn es denn ein solches sein soll, liegt woanders. Als auf Kommerz angewiesene Kunst muß der Circus Anpasser sein, im positiven wie mitunter auch im negativen Sinne. Das tat schon Old-Astley mit seiner New Art, allerdings verhältnismäßig naiv. Die Franzosen mit ihrem auf Napoleon geprägten Theatercircus engagierten sich politisch und parteilich exorbitant. Renz sekundierte ihnen in den späten Jahren. Paul und Paula Busch übertrafen die Vorbilder durch bewußtes und betontes Arrangement mit der Macht. Paula Busch in ihren Memoiren: „Von einer psychologisch richtigen Betreuung der ‚Heimatfront‘ hatte man damals in den Generalkommandos keinen blassen Schimmer. Lediglich langweilige Durchhaltebroschüren wurden gedruckt und auch mir zentnerweise zugestellt zur Ver-

Die nationalsozialistische Rassenpolitik führte zum fast völligen Niedergang ganzer Circusfamilien, deren Mitglieder in Konzentrationslagern umkamen oder emigrieren mußten

Schon früh erkannten Politiker und Militärs die positive Wirkung von circensischen Darbietungen auf die Moral der Truppe. So entstanden regelrechte Frontcircusse

Noch strömte das Publikum im Nachkriegsdeutschland scharenweise in die Circusse, ausgehungert von den Entbehrungen der Kriegszeit. Doch schon bald zeigte sich der stärker werdende Einfluß des Fernsehens: Die Krise des Circus begann

teilung im Zirkusfoyer... Da ging ich hin und pflanzte die Blaue Blume der Romantik in den Roten Ring. ... Zur nervenberuhigenden Traumwiese soll die Manege werden, ein Buen Retiro für die müden, alleingelassenen Frauen, für die verwundeten Soldaten und Urlauber, für die Kinder. ...waren auch die mißmutigsten Landser baff. Und die Frauen gingen nach Haus in der stillen Hoffnung, daß doch noch alles gut werden, daß der verfluchte Krieg durch irgendein Wunder zu Ende gehen könnte.“

Erst kurz vor dem Untergang ihrer Schreckensherrschaft entdeckten sie den Circus als „Instrument der psychologischen Kriegführung“ und suchten rasch noch Kapital daraus zu schlagen – mit Revuen einer heilen Welt, die suggerierten, „daß der verfluchte Krieg durch irgendein Wunder zu Ende gehen könnte“. Dennoch begann mit Hitlers Machtantritt – erstmals in der deutschen Circusgeschichte – der Eingriff des Staates ins Circuswesen. Abgesehen von der allgemeinen Gleichschaltung trafen die Circusse vom 1. Mai 1933 bis zum 1. September 1944 Dutzende immer neue Anordnungen und Verbote für den künstlerischen wie für den wirtschaftlichen Bereich. Musik, Kostüme, Artistennamen, Titel und Gagen wurden reglementiert, die Zulassung zum Beruf vom Ariernachweis abhängig gemacht, Ausländer ausgesperrt, die Teilnahme von Juden an Darbietungen der deutschen Kultur ebenso verboten wie das Auftreten von „Negern“ und „Negermischlingen“.

Dies alles ging beträchtlich an die Substanz; der deutsche Circus verlor seine Bedeutung; die Direktoren, namentlich der Großunternehmen, mußten zunehmend Alternativen suchen, die oftmals falsch waren. Viel Spielraum hatten sie nicht; denn die in Gestalt der „Nationalsozialistischen Betriebszellenorganisation“ allgegenwärtige „Partei des Führers“ suchte mit allen Mitteln die totale Überwachung. Die „Deutsche Arbeitsfront“ tat ein übriges.

Trotz alledem ließen sich viele Direktoren nicht restlos vom Regime vereinnahmen. Obgleich sie, mehr oder weniger exponiert engagiert, dem Grundsatz folgten: „Wes Brot ich ess', des Lied ich sing'“, bewahrten sie Zivilcourage. Das bekannteste Beispiel ist das von Adolf Althoff und seiner Frau Maria, welche den jüdischen Artisten der Lorch-Danner-Familie Zuflucht, Schutz und Hilfe gewährten und dafür 1995 mit der höchsten Auszeichnung des Staates Israel für Nichtjuden als „Gerechte unter den Völkern“ geehrt wurden.

Es ist nicht das einzige Beispiel. Jacob Busch, Direktor des 1912 gegründeten Circus Busch, Nürnberg, früh NSDAP-Mitglied, verbarg ungarischen Quellen zufolge den ungarisch-jüdischen Zwergclown Zoh (Karoly Morgenroth), bis dieser durch Denunziation den Nazis doch noch in deren Hände fiel, nach Auschwitz deportiert und dort im April 1942 ermordet wurde. Von Hans Stosch-Sarrasani d. Ä. ist bekannt, daß er bei seiner zweiten Südamerikatournee 1934 zwölf Juden ausschleuste, darunter den verfolgten Präsidenten der Internationalen Artistenloge, Alfred Fossil, und Hugo Strassburger. Acht wählten das Exil. ... Sarrasanis Sohn und seine Schwiegertochter gewährten bis zur Zerstörung Dresdens am 13. Februar 1945 mehreren Halbjuden und Homosexuellen (die von den Nazis in ähnlicher Weise verfolgt und in Konzentrationslager verschleppt wurden) Unterschlupf, so daß diese sämtlich überlebten. Paula Busch unterstützte ins Ausland emigrierte Juden unter geschickter Umgehung der Devisenbestimmungen mit erheblichen Geldsummen.

Als am 8. Mai 1945 das zwölfjährige „Tausendjährige Reich“ mit der Kapitulation vor den Alliierten endlich zu Ende ging, war Deutschland wie nie zuvor ein einziges Trümmerfeld. Und wie nie zuvor das deutsche Circuswesen total zerschlagen.

Wunder dauern etwas länger: Die Suche nach einer neuen Circusidee

„Ich hab’ eine Idee.“
„Eine was?“
„Eine Idee.“
„Aha. ... Und wo?“
„Im Kopf.“
„Tut das weh???“

Der kleine Dialog der Jocos, große Clowns aus Hamburg, brachte den Direktor des Circus X. in Rage. „Seid ihr verrückt? Ihr macht mir meinen Werbeslogan kaputt!“ wetterte er.

Heinz und Jonny sahen sich entgeistert an. Wütend zeigte jener auf sein Plakat. „Oder könnt ihr nicht lesen?“ Natürlich konnten sie. In großen Lettern stand da: „... DIE Circus-Idee der 70er Jahre“.

Als am ersten Weihnachtsfeiertag des Jahres 1952 das NWDR-Fernsehen die ersten Sendungen über die damals noch wenigen Bildschirme in die gute Stube daheim schickte, hatte sich der Circus gerade von der Währungsreform erholt. Hochmütig verkündete so mancher Prinzipal angesichts 3000 besetzter Chapiteauplätze: „Das lächerliche Geflimmer, bei dem man die Augen in die Hand nehmen muß, kann dem guten alten Circus nicht das geringste anhaben.“ Der Irrtum kam teuer zu stehen.

Schneller, als von jedermann erwartet, gesellte sich in den deutschen Haushalten zu Nierentisch, Musiktruhe und Eisschrank die Flimmerkiste, der Fernseher, die Glotze, das Pantoffelkino. Das Wirtschaftswunder machte möglich, daß man sich wieder „was leisten“ und das

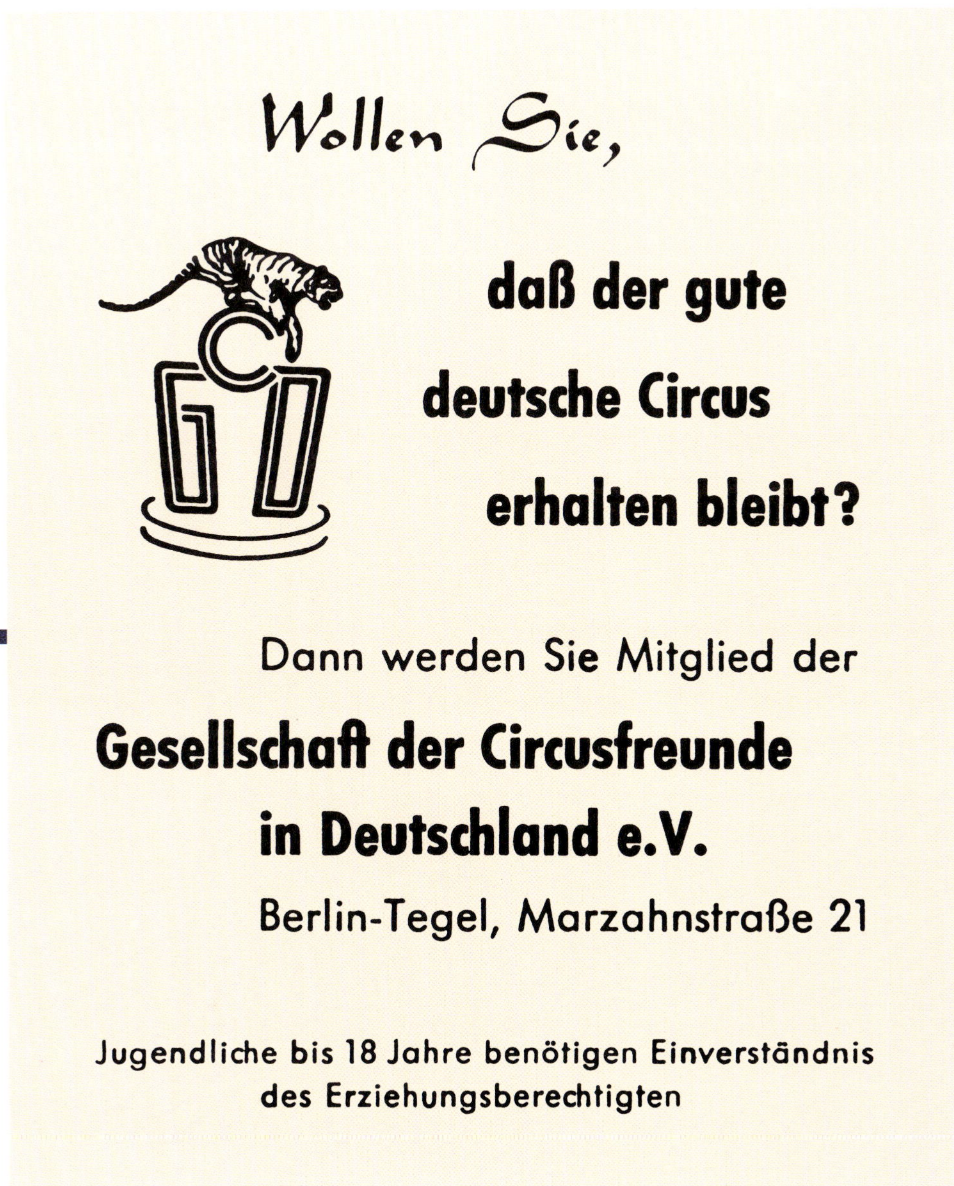

Mit allen Mitteln, geeigneten und weniger geeigneten, versuchte man dem drohenden Tod des Circus entgegenzusteuern

Der Circus Williams versuchte sich dem Zeitgeist mit einem moderneren Nummernprogramm anzupassen

auch zeigen konnte. Gefüllte Brieftaschen wurden in Autohäuser, Reisebüros und Restaurants getragen. Das große Amüsieren war angesagt – in den Varietés, die eine kurze Blüte erlebten, bis sie von den Striplokalen verdrängt wurden; in den Tanzlokalen, Bars, Nightclubs, in denen amerikanische und deutsche Schlager sich den Rang abliefen; schließlich in den Diskotheken, den Tempeln einer perfektionierten Musikindustrie. Einer solchen Entwicklung stand „der gute alte Circus" hilflos gegenüber. Mußte zusehen, wie die Zelte leerer wurden, wie seine sowieso bescheidene Lobby das sinkende Schiff verließ.

Indem der renommierte Circus Carl Hagenbeck 1953 das Handtuch warf, setzte er das Fanal. Fortan sollte das Lied vom Circussterben, mal lauter, mal leiser angestimmt, nie mehr verklingen. Klagen gehört zum Handwerk wie Klappern. Trotz Wehgeschreis entstanden immer neue Circusse. 1956 beispielsweise Fritz Meys Sarrasani, welcher die Branche mehr veränderte, als ihr lieb sein konnte. Da er nur einen großen Namen und die nötige Circusausrüstung besaß, auf eigene Tiere und Hausartisten aber verzichtete, wurde er spöttisch „Circus garni" genannt. Was den einen oder anderen nicht hinderte, dem Beispiel still zu folgen. Die Tendenz führte letztlich zum „Circusmanager" von heute, der selbst die Technik nur anmietet.

Innovation? Kunstproduktion?

Das verbreitetste Argument gegen den Circus der Zeit: Circus ist immer wieder dasselbe; die Namen der Unternehmen wie die der Artisten können willkürlich gewechselt werden – keiner merkt's! (Daß es nicht prinzipiell zutreffen muß, erfährt man aus der Geschichte der New Art, die dort am wirkungsvollsten war, wo sie tatsächlich Neuigkeitswert besaß.) Bereits 1968 konstatierte Horst W. Cekan: „Ein Durchschnittsbesucher sieht in seiner Stadt im Jahr zwei Circusprogramme und kann schon eine gewisse Programmgleichheit feststellen. Im Winter sehnt er sich wieder nach Circus. Er fährt zu einem Hallengastspiel oder gar in einen festen Bau. Was sieht er dort? Beide Programme, die er im Sommer im Zelt sehen konnte, auszugsweise zu einem Programm vereint." Noch deutlicher Gerhard Eberstallers Resümee 1983: „Im Laufe der späten fünfziger Jahre verlor der Circus der westlichen Hemisphäre mehr und mehr an Farbigkeit und Ausstrahlung und fügte sich einem Gleichmachungsprozeß. Die Programme begannen einander mehr und mehr zu ähneln, wurden immer schematischer, austauschba-

Seit den Anfängen des Circus gab es den Zusammenschluß zwischen Kunst und Kommerz, um nie gewährte Subventionen zu kompensieren

rer, was sich in der Bundesrepublik Deutschland vielleicht am deutlichsten zeigte. Die Zeiten, in denen die tonangebenden Unternehmen ein unverwechselbares Profil vorwiesen und jedenfalls auch etliche der Mittelbetriebe ein individuelles Gepräge erkennen ließen, schienen schon fast der Vergangenheit anzugehören, die denn auch immer wieder träumerisch schwelgend oder elegisch beschworen wurde."

Dennoch: Es gab durchaus Versuche, den Strom der Nivellierung aufzuhalten, ihm gar entgegenzuschwimmen.

Schon einmal ging vom Neurather Weg in Köln-Mülheim, dem heutigen Winterlager des Circus Roncalli, ein Circusexperiment aus. Carola Williams (1903-1987) engagierte den österreichischen Choreographen Otto Czap, der ihr traditionelles Nummernprogramm dem Zeitgeist anpassen sollte. Nach einem ersten Versuch 1952 überraschte Circus Williams 1953 mit einer Revue, in welcher weder original Pariser Kostüme noch ein attraktives Ballett, noch Eiskunstlauf fehlten.

Das Bekenntnis zur Show, noch beschränkt auf den Schlußteil des Programms, in der Folgezeit ausgebaut und anders akzentuiert, verdient die Anerkennung einer Pioniertat, die

Von Carola Williams kaufte der Circus Roncalli das Winterlager am Neurather Weg in Köln-Mülheim. Auch der Salonwagen von Carola Williams befindet sich heute im Besitz von Bernhard Paul

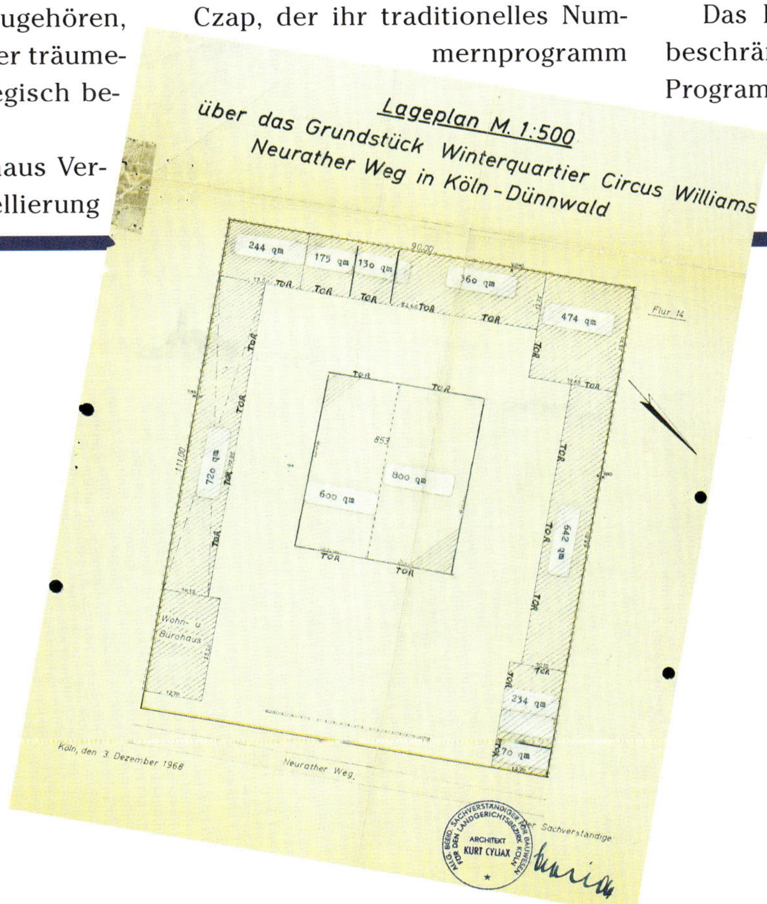

sogleich die Mitbewerber auf den Plan rief. Gar der auf „klassischen Circus" eingeschworene Circus Krone entdeckte Ballett, Choreographen und revueartige Inszenierung. Im Winter 1955 kreierte er sein vielgerühmtes „Circus-Festival", die „Circus-Schau im Rhythmus der Zeit". Selbst der Gründer der Gesellschaft der Circusfreunde Fritz Dillenberg jubelte: „Der neue Circus ist geboren!" Wenn es so einfach gewesen wäre! Die Suche nach einer neuen Circusidee erwies sich als dornenreicher Weg, der durch das Gestrüpp wachsender geschäftlicher Belastungen und künstlerischer Konventionen führte, das dem Baum Circus immer mehr Nährboden entzog und viele seiner Äste verdorren ließ.

Und: Während das moderne Marketing mittels empirischer Marktforschung schnell herausbekam, wie etwa ein Waschmittel oder eine Zahnpasta aussehen, verpackt sein, beworben werden mußte, um gekauft zu werden, tappte der Circus, was die Bedürfnisse seines potentiellen Publikums anlangte, im dunkeln, probierte dieses und jenes empirisch und oft voreilig, rührte die alte Reklametrommel, die längst hätte neu bespannt werden müssen und – zahlte drauf. Auch mit seinem Ruf. Der eine versuchte es mit einer Wiederbelebung des Drei-Manegen-Rennbahn-Circus (Franz Althoff), der andere mit einem Varieté-Circus (Collien/Grock), ein dritter mit einer „Circovision" (Rudolf Sokol)… „Raubtier-Circus" und „Wassercircus" fehlten nicht.

Alles dies zeigte nur relativ kurz Wirkung. Etwas tatsächlich Neues, das Geist und Gefühl der jüngeren Generationen zu entsprechen vermochte, war nicht dabei. Das Image des Circus verstaubte.

Zur Ehre bemühter Direktoren muß allerdings auch festgestellt werden: Nie zuvor in der deutschen Geschichte sah sich der Circus einem so großen und so differenzierten Spektrum von Unterhaltungsangeboten gegenüber. Darin dem Circus einen Platz zu sichern, war alles andere als leicht. Zumal die meisten die Ursachen falsch einschätzten. Nicht das Wirtschaftswunder, wie zumeist behauptet, war schuld an der „permanenten Circuskrise" – es gab genügend Circusbetreiber, welche dabei ihren Schnitt machten, sondern der erneute Wertewandel, totaler noch als der erste. „Das wetterlaunische Publikum", schon 1812 von Eipeldauer beklagt, die Ignoranz der Politik, die sich weigerte, den Circus kulturell anzuerkennen, vor

Grock ist das große Vorbild von Bernhard Paul. Der Nachlaß von Grock befindet sich heute im Besitz von Bernhard Paul

Der legendäre Grock, hier mit seinem Partner Max van Embden, gründete in den fünfziger Jahren einen eigenen Circus, geführt von Kurt Collien

allem aber wohl die Kostenexplosion taten ein übriges.

„Unsere führenden deutschen Circus-Unternehmen – oft mit Recht in der Presse als ‚Theater des Volkes' bezeichnet – stehen in einem verzweifelten Kampf um ihre Existenz", stellte der Sprecher des Circus-Direktoren-Verbandes, Will Aureden, zur Jahreswende 1968/69 in einem offenen Brief an die Deutsche Presse-Agentur fest. „Obwohl sie alle im Verlaufe einer einzigen Saison unter ihren Zeltdächern mehr Besucher vereinen als sämtliche städtischen und privaten Bühnen in der Bundesrepublik zusammen oder die Bundesliga in ihren besten Zeiten [damals zirka 8 Millionen Besucher, d. Verf.] und damit beweisen, daß für den echten Circus trotz Film und Fernsehen stärkstes Interesse besteht, haben die sich fast ständig steigernden Unkosten für die Erhaltung der Betriebe ein Ausmaß erreicht, daß selbst bei gut besuchten Vorstellungen keine Rücklagen

In dieser Villa in Imperia lebte Grock, der mit bürgerlichem Namen Adrian Wettach hieß, bis zu seinem Tod im Jahre 1959

für den Winter mehr geschaffen werden können, ja, die Tournee sehr oft nur mühsam durchgehalten wird."

Will Aureden wußte, wovon er sprach. Betrieb er doch einen der erfolgreichsten deutschen Circusse der fünfziger und sechziger Jahre, den Circus Roland, welcher – nach einem Arrangement mit Paula Busch (1963) – unter dem Namen „Doppelcircus Busch-Berlin mit Roland-Bremen" firmierte.

Aureden, Journalist und einst Sarrasani-Pressechef, war mit dem Unternehmen am 2. Mai 1948 in Erscheinung getreten. Dank künstlerischer Flexibilität und geschickten Managements brachte er seinen Circus durch die stürmische Zeit. Als erster erkannte er die Notwendigkeit des gemeinsamen Vorgehens führender Circusdirektoren und rief eine entsprechende Arbeitsgemeinschaft ins Leben. Diese hätte tatsächlich etwas bewirken können (wie die analoge in Italien), wenn, ja, wenn nicht der Konkurrenzneid so ausgeprägt gewesen wäre!

1970 erwarb Auredens engster Mitarbeiter Heinz Geier das Unternehmen und für sich persönlich den Namenszusatz Busch. Heinz Geier-Busch fühlte sich der großen Tradition, welche mit diesem Namen verbunden ist, verpflichtet. Schon längst darauf bedacht, Busch wieder in Berlin zu etablieren, kaufte er 1992 von der Treuhandanstalt Namen und Material des Ost-Busch, damit es künftig „nur noch einen, den Busch in der deutschen Hauptstadt" gibt, und wollte dies gar mit der Errichtung eines neuen Gebäudes manifestieren. Das von Senat und Presse bejubelte Vorhaben scheiterte, und der Direktor, der zuviel in seine Idee investiert hatte, mußte Konkurs anmelden. Wenig später starb er. Die Rettung des Geschäftes gelang mit größter Mühe. Eine Alfelder Circus GmbH wurde gegründet, Geier-Sohn Oliver trat ans Ruder. Busch-Roland konnte seinen Weg fortsetzen.

Wäre jene „permanente Circuskrise", die es ja wirklich gab, vor allem primär auf den wirtschaftlichen Wiederaufstieg Deutschlands zurückzuführen gewesen: Hätte es dann immer wieder Circusneugründungen gegeben?

Eine der nachhaltig bedeutendsten: Circus Barum-Siemoneit. Der „Stardompteur des Deutschen Fernsehens", „eine Mischung von Tarzan und Grzimek", jedenfalls weltweit anerkannter Meister der auf tierpsychologischen Erkenntnissen basierenden modernen Domptur, gründete sein Unternehmen 1970.

Gerd Siemoneit, bürgerlicher Familie entstammend, entschied sich,

Gerd Siemoneit war der „Stardompteur des Deutschen Fernsehens". Seine Sendereihe „Safari" begeisterte Millionen. Heute ist sein Circus Barum-Siemoneit einer der erfolgreichsten Circusse Deutschlands

von Sarrasani enthusiasmiert, als 15jähriger für die Circuslaufbahn. 1952 debütierte er im Circus Kreiser-Barum mit seiner ersten Raubtiernummer. Zehn Jahre später erklomm er mit einer „Großen Gemischten" die oberste Sprosse der Erfolgsleiter. Markenzeichen: Der aus drei Meter Höhe in seine Arme springende schwarze Panther Onyx.

Da entdeckte ihn das junge Fernsehen; denn er konnte nicht nur Tiere zu erstaunlichen Leistungen führen, sondern zugleich seine Methoden wissenschaftlich fundiert und allgemeinverständlich erläutern. So avancierte er zum Star von Dokumentar- und Lehrfilmen, später auch von Serienfilmen.

Seinem ersten eigenen Circus gab Siemoneit den Namen jener Fernsehserie, die ihn bekannt gemacht hatte: Safari. Zum Erstaunen des frischgebackenen Direktors aber fand im realen Leben keine Fortsetzung der Fiktion statt. Die Kunstfigur Jens Claas zog die Leute an den Bildschirm, deren Interpret Gerd Siemoneit nicht gleichermaßen Publikum in seinen Circus. Nachdem er bereits 1969 von seiner Erstdirektorin Margarete Kreiser-Barum Circusausstattung und Winterquartier gekauft hatte, konnte er 1972 von der Erbengemeinschaft den berühmten Namen erwerben und seinem eigenen hinzufügen. Anfang einer Erfolgsstory, die 1975 den ersten Höhepunkt erreichte, als der Direktor beim Festival International du Cirque Monte Carlo einen „Silbernen Clown" für exzellente Raubtierdressuren errang.

Hat tatsächlich der alteingeführte Name so viel bewirkt? Circusnamen waren zu keiner Zeit Schall und Rauch. Das Phänomen besteht nur darin, daß Traditionsnamen trotz nachlassenden Traditionsbewußtseins offenbar noch immer wirken, ja vergessen lassen, daß hinter diesem ein künstlerisches Konzept stand, das heute im seltensten Fall noch gilt. Jedenfalls: Nach Meys Sarrasani folgten andere. Circusnamen wurden gekauft, gemietet, durch Spätadoption weitergegeben oder schlicht usurpiert. Manch einer glaubte wohl, darin läge das Geheimnis einer neuen Circusidee! So stieg das Gebot für einen der bekanntesten deutschen Circusnamen binnen weniger Jahre von 1 auf 3,5 Millionen Mark.

Die mühsame Suche nach der zeitgemäßen Circusidee wurde zum Ende der sechziger Jahre sang- und klanglos abgebrochen. Plötzlich predigten die Direktoren, als sei es nie

Der große Erfolg ausländischer Staatscircusse, die in Deutschland auf Tournee gingen, veranlaßte manchen Circusdirektor, auf die kostspielige Entwicklung eigener Programme zu verzichten. (Links im Bild: Die russische Gruppe Gurianov, ausgezeichnet beim Circusfestival in Monte Carlo 1994 mit dem Silbernen Clown)

In den Staaten der ehemaligen UdSSR ist der Circus unzweifelhaft immer Teil der hohen Kultur gewesen. Viele feste Circusbauten belegen den großen Stellenwert bis heute

anders gewesen, das Credo vom „klassischen Circus“ als einzig möglichem und rechtmäßigem.

Auslöser des Umschwungs dürfte der Tourneemanager Heinz Mattner gewesen sein, dem es gelang, den Eisernen Vorhang zu durchbrechen und 1958/59 das erste Gastspiel des Moskauer Staatscircus – im Mittelpunkt „Sonnenclown“ Oleg Popov – zu arrangieren. Das Publikum strömte scharenweise ins Zelt. Exotenbonus, tatsächlicher Neuigkeitswert und eine in Deutschland nicht mehr gekannte artistische Perfektion faszinierten jung und alt. Die Medien überschlugen sich.

Mattner ließ Gastspiel auf Gastspiel folgen, andere sekundierten. Zu Russen gesellten sich Bulgaren, Ungarn, Polen, Rumänen, Tschechen, Ostdeutsche, später Chinesen, Mongolen, Nordkoreaner ... oftmals in verblüffender Kohärenz zu der vom monegassischen Circusfestival ausgelösten Welle.

Was Wunder, daß die Circusdirektoren eine nüchterne Überlegung anstellten: Wozu sich den Kopf um Modernisierung zu zerbrechen, Experimente zu wagen, deren Ausgang ungewiß ist, Riesensummen in eine originelle Programmgestaltung zu investieren, wenn fürs gleiche Geld Spitzennummern des Ostens zu engagieren sind, die offenbar endlos Zuschauer bringen? Wer allein wirtschaftliche Interessen verfolgt, wird jede Hausse ausschöpfen, bevor die

obligatorische Baisse kommt. Zumal, wenn über Sein oder Nichtsein nur noch die Kasse entscheidet. Freilich hat man solches in Deutschland ungern eingestanden, vielmehr stets mit einem künstlerischen Mäntelchen umgeben. Die Amerikaner sind da ehrlicher. Schon der alte Barum soll den Spruch gemacht haben: „Der Star einer jeden Show ist die Kasse."

Das wiederum müssen einige deutsche Direktoren mißverstanden haben. Auf den neuen Automatismus bauend, schränkten sie jedweden künstlerischen Aufwand – für Kostüme, Musik (statt Orchester Tonband!), Präsentation, Regie – ein und gaben dies als Zeitgeist aus. Kritische Stimmen, die da besagten, so werde die Zukunft des Circus aufs Spiel gesetzt, wurden abgetan mit der Floskel: „Circus wird es immer geben, solange es Kinder gibt."

Eine Revolution namens Roncalli

Das deutsche Circuswunder trägt den Namen Roncalli. Er fand die neue Circusidee. Er bewirkte die längst fällige Wende. Er revolutionierte das gesamte Circuswesen – nicht allein in Deutschland. Womit wir am Ende der Ahnengalerie angelangt wären. Allerdings glückte die Revolution, wie so oft, auch nicht auf Anhieb.

Als Circus Roncalli am 18. Mai 1976 in Bonn die historische Bildfläche betrat, hatte er zwar aller-

Im Jahre 1976 gab der Circus Roncalli sein erstes Gastspiel: Ein neuer Stern war geboren, das deutsche Circuswunder hieß fortan Roncalli

Die neue Circusidee von Roncalli trifft den Nerv der Zeit: Ausverkaufte Zelte und ein begeistertes Publikum sind die Folge

größte Medienaufmerksamkeit für sich, doch selbst wohlmeinende Kenner der Circusszene wären nicht auf den Gedanken verfallen, den Erneuerer der überalterten New Art des Mister Astley vor sich zu haben. Die Handschrift André Hellers stempelte ihn eher zu einem extraordinären Theaterexperiment, welches seiner Überspanntheit wegen dem tradierten Circus keine Alternative weisen konnte.

Das hämische Lachen der Konkurrenz verstummte erst 1980. Nach der Uraufführung von Bernhard Pauls „Reise zum Regenbogen" am 4. Juni des Jahres änderte sich alles, und Roncalli wurde zum vielumjubelten Star der deutschen und internationalen Circusszene.

Aber auch andere versuchten sich der Zeit und dem neuen Trend anzupassen. Franz Althoff d. J. realisierte seine neue Circusidee am 12. März 1977 mit der Weltpremiere des Circus Williams-Althoff. Diese suchte an das „Wunder der Technik", das der alte Sarrasani in den zwanziger Jahren zum Wirkungsfaktor erhoben hatte, anzuknüpfen. Statt Autolastzüge Container! Zum erstenmal wurde das Circusequipment auf Container gegründet: Büros, Kasse, Werkstätten, Ställe, Wohnabteile etc., die mit leistungsfähigen Gabelstaplern bewegt und mit Sattelschleppern transportiert werden können. (Was Franz Althoff den Spitznamen „Kisten-Franz" einbrachte.)

Der Technikfan blieb bis ins Detail konsequent. Alle Neuerungen, die zur Disposition standen, integrierte er, beispielsweise die modernste Licht- und Tonanlage. Dazu ein neuartiges Chapiteau, ab 1983 das erste Thermozelt, welches ihn veranlaßte, mit einer weiteren Tradition zu brechen: Während andere Circusse eine Winterpause einzulegen pflegen, entschied er sich für eine Sommerpause.

Wieder riefen Circusfreunde und Journalisten unisono: „Der neue Circus ist geboren."

In diesem Fall mag das besonders leicht gefallen sein; denn Franz Althoff war zum Medienstar geworden. Das Deutsche Fernsehen nutzte ihn als wortgewandten Juror und dezenten Moderator; seine gewinnende Art hatte ihm zahlreiche Anhänger beschert. Die neue Circusidee kann also so oder so sein. Äußerlich oder innerlich. Prosaisch oder poetisch.

Für Franz Althoff spricht, daß er einer der ersten deutschen Circusbetreiber gewesen ist, der bewußt in die künstlerischen Fußstapfen von Roncalli trat. Während zum Beispiel

Sarrasani und Siemoneit-Barum sich mit dem Nachvollzug von Äußerlichkeiten begnügten, suchte Althoff 1983 mit dem Circusmärchen „Das verzauberte Lachen" kreativ Paroli zu bieten. Einen neuen Anlauf nahm er im Oktober 1996, als er in Assoziierung mit Gestütsdirektor Günther Fröhlich einen „Pferde-Palast" und mit diesem das „märchenhafte Pferde-Musical ‚Der Zauberwald'" aus der Taufe hob.

Der unaufhaltsame Aufstieg des Circus Roncalli erklärt sich gewiß aus vielerlei Faktoren, der Kern aber dürfte sein: Die neue Circusidee trifft den Nerv der Zeit. Was es seit dem alten Sarrasani im deutschen Circus nicht mehr gegeben hat, versucht Bernhard Paul: den Circus als Gesamtkunstwerk zu komponieren. Gewiß waren die Bedingungen, Dimensionen und künstlerischen Voraussetzungen, auch die Erwartungshaltungen in den zwanziger Jahren andere, aber das Grundprinzip, eine optimale künstlerische Einheit von Kunst, Technik, Kommunikation zu erreichen, ist nach wie vor gültig!

Wie hieß es doch zu Zeiten des alten Herrn Stosch? „Sarrasanis Fülle ist eine künstlerisch durchkomponierte Symphonie, nicht einfach Rohstoff, sondern Organisation, Gestaltung, Formung, abgestuftes, abgetöntes, abgestimmtes Kunstwerk."

Ja, die Kreativität Bernhard Pauls und seiner Mitstreiter löste einen „Roncalli-Effekt" auch außerhalb der deutschen Grenzen aus. „Der Roncalli-Effekt wird in unterschiedlicher Weise wirksam, und dort, wo er entsprechend den gesellschaftlichen, künstlerischen, materiellen und rezeptionellen Bedingungen schöpferisch angewandt wird, erfährt er mitunter gar selbst eine Bereicherung."

Mit Roncalli ist der gesamte europäische Circus innovativer geworden.

Der Roncalli-Effekt – ein Stein, der, ins Wasser geworfen, von der Stelle seines Auftreffens Kreise zieht, die immer größer werden. Am Ufer sind sie am größten, und niemand, der sie erstaunt zur Kenntnis nimmt, ahnt, wer oder was sie auslöste.

Die Geschichte des Circus Roncalli hat keineswegs erst in den siebziger Jahren, dort vielleicht sogar eher zufällig, begonnen. Hinter ihr steht die Circusbesessenheit des Roncalli-Gründers Bernhard Paul, die ihn schon in frühester Kindheit im österreichischen Wilhelmsburg, seiner Vaterstadt, erwischte und nie mehr loslassen sollte.

Doch alles der Reihe nach ...

Die Geschichte des Circus Roncalli ist die Geschichte des Bernhard Paul: Von frühester Kindheit an mit dem Circus-Virus infiziert, verwirklichte er sein Projekt mit einer Leidenschaft und Besessenheit, die alle Widerstände überwand

1977 bestand die Reklameabteilung des Circus Roncalli aus einem gebrauchten Möbeltransporter

In der kleinstädtischen Idylle von Wilhelmsburg mit seiner alten Porzellanfabrik wuchs Bernhard Paul auf

Als Fünfjähriger wollte Bernhard Paul mit dem österreichischen Wandercircus Belli durchbrennen. Als ihn sein Vater aus dem Circuswagen herausholte, versprach er den Circuskindern: „Ich komme wieder.“
25 Jahre später löste er sein Versprechen ein.

RONCALLI ZUM ERSTEN

von Gerhard Eberstaller

Den Schlüssel vom alten Circuswagen hat BP verloren, was aber kein Hindernis für einen Besessenen darstellt

„Wer sich nichts daraus macht, in den Zirkus oder ins Theater zu gehen, ist weder Christ noch Heide, sondern ein . . . Idiot.“

George Bernard Shaw

Wilhelmsburg, ein Städtchen im westlichen Niederösterreich. Ein Städtchen mit zwei Fabriken. Wir schreiben die Zeit nach 1950. Bernhard Paul erzählt seine Kindheitserinnerungen:

„Punkt 12 Uhr läuten die Kirchenglocken. In das Geläut mischen sich die Sirenen von zwei örtlichen Fabriken, einer Porzellanfabrik (Lilienporzellan) und einer Eisengießerei (Schmiedwerke). Auf dieses Kommando hin ergoß sich ein Pulk von Hunderten von Radfahrern aus den Fabriken. Aus der Porzellanfabrik weiße, auch Gesicht und Hände waren weiß, vom Porzellanstaub. Aus der Gießerei kamen sie in Schwarz wie Rauchfangkehrer.

In der Stadtmitte vermischten sich die Schwarzen und Weißen, um in ihre Häuser zu verschwinden und ein Mittagsmahl einzunehmen. Um 13 Uhr kamen sie wieder heraus, sortierten sich und fuhren, nach Farben geordnet, wieder in ihre Fabriken, um ihrem Tagwerk nachzugehen. Jeden Werktag dasselbe Bild, eine schwarzweiße Welt, in der ich aufwuchs.“

Den mit weißem Porzellanstaub und den mit schwärzlichem Eisenstaub bedeckten Gesichtern der Arbeiter kommt in der Erinnerung Bernhard Pauls nahezu farbsymbolische Bedeutung zu. Schwarz und Weiß sind die dominierenden Farben seiner Kindheit, sie gehen in das Grau, Grauweiß, Schmutzigweiß, in das Braun und Braungrau der Häuser über. Plötzlich aber kommen die Regenbogenfarben Rot, Blau, Gelb, Grün ins Bild. Wir können uns dies wie Sequenzen eines Schwarzweißfilms vorstellen, der auf einmal in einen Farbfilm übergeht. Ein Circus hat in Wilhelmsburg seine Zelte aufgeschlagen. Es ist der österreichische Familiencircus Belli, der nach dem Zweiten Weltkrieg durch die österreichischen Bundesländer gereist war. Der Direktor des Unternehmens, Johann Streicher, war noch so richtig ein Prinzipal der alten Schule, der einst als Schwerathlet seine circensische Laufbahn begonnen hatte. Den Habitus des „Starken Mannes“ konnte er auch im gesetzten Alter nicht abstreifen.

Größter Arbeitgeber in Wilhelmsburg war die Wilhelmsburger Steingut-Fabrik

Der Marktplatz von Wilhelmsburg und die Volks- und Hauptschule, in der Bernhard Paul die Schulbank drückte

Frühe Faszination Circus

Der Jahrmarkts- und Circusplatz von Wilhelmsburg, der Fleschpark, auf dem die Circusse Belli und Rebernigg gastierten

Der Volksschüler Bernhard Paul kommt erstmals mit der so viel zitierten Romantik der Landstraße in Berührung, die bei diesem Circus freilich auch besonders stark spürbar ist. Das Chapiteau, die bunten Wagen, das Stallzelt, in dem neben einigen Pferden, Ponys und Eseln auch ein paar Kamele, Lamas und ein großer afrikanischer Wasserbüffel stehen, graben sich als unauslöschliche Erinnerung ein. Rasch freundet sich Bernhard mit den Kindern des Direktors an, lädt sie auch zu sich nach Hause ein oder liest mit ihnen gemeinsam in einem der Wohnwagen Comic-Heftchen, die von den Helden Sigurd und Akim handeln.

„Es ist, als ob ich meine Familie gefunden hätte", erzählt Bernhard Paul und erwähnt eine Szene, die er in seinen Erinnerungen quasi wie ein Standfoto mit sich herumträgt: Die Circusfamilie auf der Wohnwagenterrasse im nachmittäglichen Sonnenschein, Spaghetti essend, ein Clown geht mit einem Pony vorbei, und im Hintergrund liegen einige Kamele, die vor sich hindösen.

Circuskinderbücher, Circusjugendbücher, Abenteuer-, Kriminal- und Liebesromane im Circusmilieu, einschließlich der sogenannten Gartenlauben- und Dreigroschenliteratur, wurden dereinst durch Dezennien in kaum mehr überschaubarer Quantität publiziert, wobei sich als Stereotyp immer wieder der Ausreißer findet, der von zu Hause wegläuft, um sich einem Wandercir-

Schon als Sechsjähriger legte Bernhard Paul den Grundstock für seine Circussammlung. Hier das Originalplakat seines ersten Circusbesuchs, „selbst von der Plakatwand gelöst"

Cowboys und Indianer waren die Kindheitsidole von Bernhard Paul. Die Abenteuer von Billy Jenkins erschienen in Millionen-Auflagen

Die Großeltern väterlicherseits von Bernhard Paul kamen als Glas- und Porzellanmaler nach Wilhelmsburg und siedelten sich dort an

Josef Weyl, der Urgroßvater mütterlicherseits von Bernhard Paul, war einer der Textdichter von Johann Strauß

cus anzuschließen, fasziniert von der Welt des fahrenden Volkes. Es mag einem Klischee entsprechen, aber auch Bernhard Paul faßt den Beschluß, „durchzubrennen", doch der Vater holt ihn aus dem Wohnwagen heraus.

Bernhard Pauls Großvater väterlicherseits war Glas- und Porzellanmaler, genau wie die Großmutter. Sie hatten neun Kinder und zogen von einer Porzellanfabrik zur anderen, um Prunkservice zu bemalen – feine Miniaturmalerei –, Landschaften, Schlachtenszenen und andere Motive, die zur Jahrhundertwende gewünscht wurden. Sie kamen in der Welt herum. Als sie in der Wilhelmsburger Porzellanfabrik ihre Kunst zum besten gaben, starb das Familienoberhaupt erst 36jährig. So war die Mutter mit den neun Kindern zum Bleiben verurteilt. Eines der Kinder, Karl, erlernte in Wien das Elektrikerhandwerk.

Die Familie

Eines Abends lief im Wilhelmsburger Filmtheater im Bürgerhof der Hans-Moser-Film *Die unentschuldigte Stunde*. Vor dem Kino stand Gertrude, die Tochter des Schuldirektors des Städtchens. Karl Paul fragte forsch, ob sie schon eine Karte hätte, sie verneinte. Das Kino ist ausverkauft, aber ich habe zwei Karten, lautete die Antwort. Um so größer die Überraschung, daß ganze fünf Leutchen im Kino saßen. Aber ohne diese List gäbe es heute den Circus Roncalli nicht. Karl und Gertrude Paul heirateten und gebaren zwei Söhne, Werner und Bernhard (20. Mai 1947). Die Familie war sehr kunstsinnig und musikalisch – Hausmusik, Zeichnen, Basteln waren die Freizeitbeschäftigungen. Bernhard Pauls Vater engagierte sich stark für Heimatkunde, er ließ zahlreiche Häuser unter Denkmalschutz stellen – sehr zum Ärger der örtlichen Baufirmen. Er kümmerte sich um den Erhalt vieler uralter Bäume, gründete den örtlichen Fremdenverkehrsverein, schrieb für österreichische Zeitungen und Rundfunksender heimatkundliche Erforschungen nieder und wurde dafür im Alter vielfach geehrt.

Der Großvater von Bernhard Pauls Mutter, Josef Weyl, war einer der Textdichter von Johann Strauß; er hatte auch den Originaltext der heimlichen österreichischen Nationalhymne, des „Donauwalzers", verfaßt. Seit der Gründung von Roncalli wird dies Stück täglich im Finale gespielt. Josef Weyl war im Hauptberuf hoher Beamter der Wiener Polizeidirektion in der k. u. k. Monarchie, aber am liebsten als Hausliterat und Humorist des überaus renommierten Wiener Männergesangsvereins tätig. Er bekam den fertigen Walzer von Johann Strauß zur Textierung und dichtete: „Wiener seid froh 'oh ho wieso? Der Fasching ist da – ah – so – naja!" Die Anfangsworte waren eine Glosse auf die politische Situation. 1866, im Krieg um die Vorherrschaft in Deutschland, war in der Schlacht bei Königgrätz das Hauptheer von der vereinten Preußischen Armee geschlagen worden. Als der Walzer weltberühmt wurde, verpaßte man ihm einen harmlosen und vor allem zeitlosen Text: „Donau so blau, durch Flur und Au" – von Oberlandesgerichtsrat Franz von Gernerth.

Doch zurück nach Wilhelmsburg: Der Circus war für Bernhard Paul eine Art mythisches Urerlebnis. Die Faszination, die später das filmische Œuvre Fellinis auf Paul ausüben wird, liegt daher auf der Hand. Fellinis Art zu inszenieren, seine Liebe zum malerischen Detail, waren ihm – auch nach eigenen Worten – bei der

Karl und Gertrude Paul, die Eltern von Bernhard Paul

Realisierung des Circus Roncalli ein Vorbild.

Die Musik von Fellinis „Hauskomponisten" Nino Rota – für Paul die Circusmusik schlechthin – wurde immer wieder in Roncalli-Programmen gespielt.

In Fellinis Film *Die Clowns* gibt es die Szene, wo ein Kind nachts durch Lärm geweckt wird, zum Fenster geht und mit großen Augen sieht, wie ein Circus aufgebaut wird. Eine Szene aus Fellinis Leben. Er schreibt darüber: „Als ich als Kind zum ersten Male nachts einen Circus sah, war es wie eine Erscheinung. Eine Art Montgolfière, der nichts vorangegangen war. Am Abend vorher nichts, am Morgen war es da vor meinem Hause."

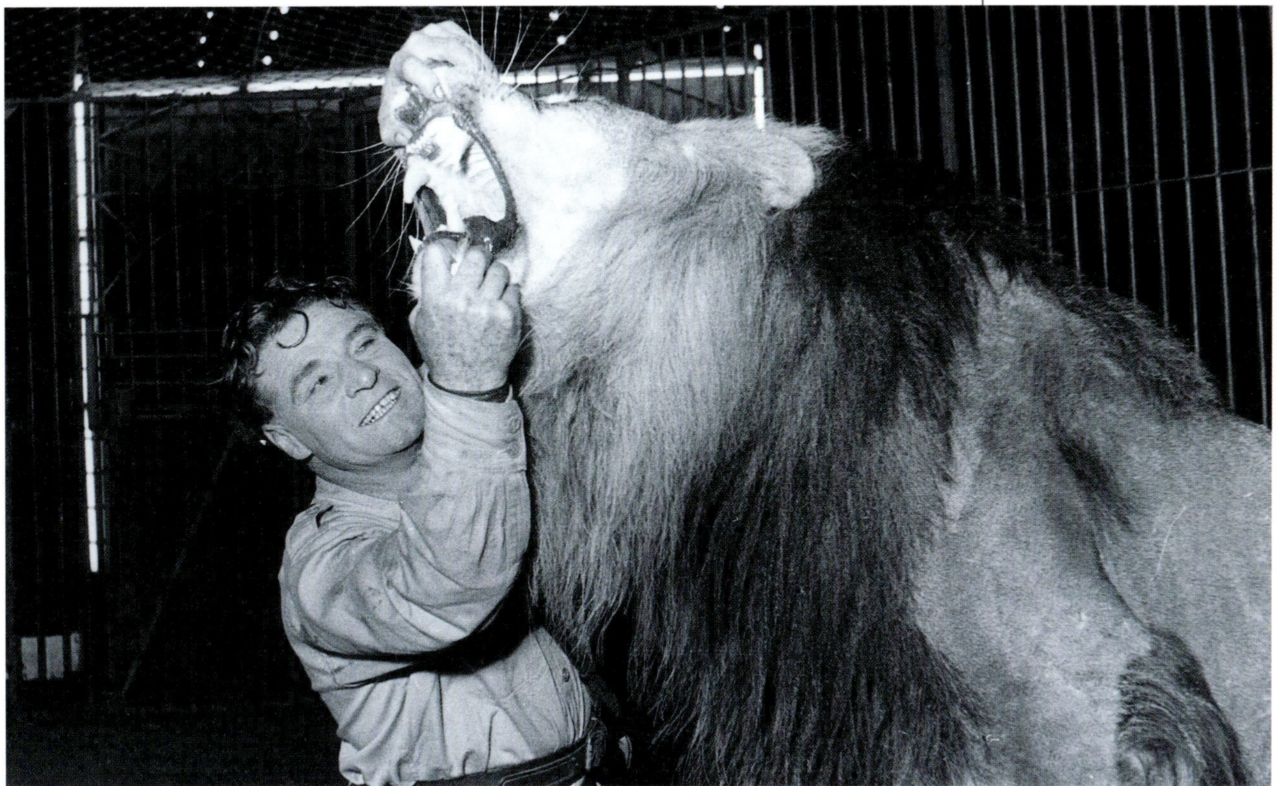

Der Circusdirektor und Dompteur Karli Rebernigg war das große Kindheitsidol von Bernhard Paul

Belli, Rebernigg, Medrano und andere . . .

Als der erwähnte Circus Belli Wilhelmsburg wieder verließ, wurde Bernhard Paul, so erinnert er sich, von tiefster Niedergeschlagenheit befallen, ja, verspürte in der Brust sogar heftige Schmerzen. Es war ein Abschiedsschmerz, wie wenn wir uns von einem geliebten Menschen für längere Zeit verabschieden oder eine Liebesbeziehung ihr Ende gefunden hat. Paul ist noch einige Male zu dem Platz gegangen, auf dem der Circus gestanden war, woran nur zertretenes Gras, die Spuren der Wagen und der Sägemehlkreis der Manege sowie verlorengegangene Pailletten der Kostüme erinnerten. Manche der bunten Plakate klebten freilich noch lange an Zäunen und Wänden von Scheunen, verblichen und vom Winde zerzaust.

Der nächste Circus im Leben des kleinen Bernhard war der Circus Rebernigg, der österreichische Circus schlechthin – die Popularität der Reberniggs war enorm. Etliche Familienmitglieder traten als Artisten in verschiedenen Bereichen hervor, am bekanntesten wurde aber Karl, „Karli", Rebernigg mit seiner Löwendressur. Reberniggs Löwennummer ist uns in Ausschnitten in einigen Spielfilmen erhalten geblieben.

So in *Zirkus Saran* (1935), Regie E. W. Emo. Mit Adele Sandrock, Pat und Patachon und vor allem Hans Moser und Leo Slezak als sich ständig streitendes Direktorenpaar. Gedreht wurde im Circus Rebernigg. Emo führte

Bernhard Paul und sein Bruder Werner im Jahre 1952

Das Gastspiel des Circus Krone in St. Pölten beeindruckte die Paul-Brüder nachhaltig: Sie bastelten den Circus Krone im Modell und druckten mittels Linolschnitt Briefpapier für ihren Modellcircus

Werners und Bernhards Fahrkarten zum Circus Krone sowie Eintrittskarte (41 Jahre aufbewahrt)

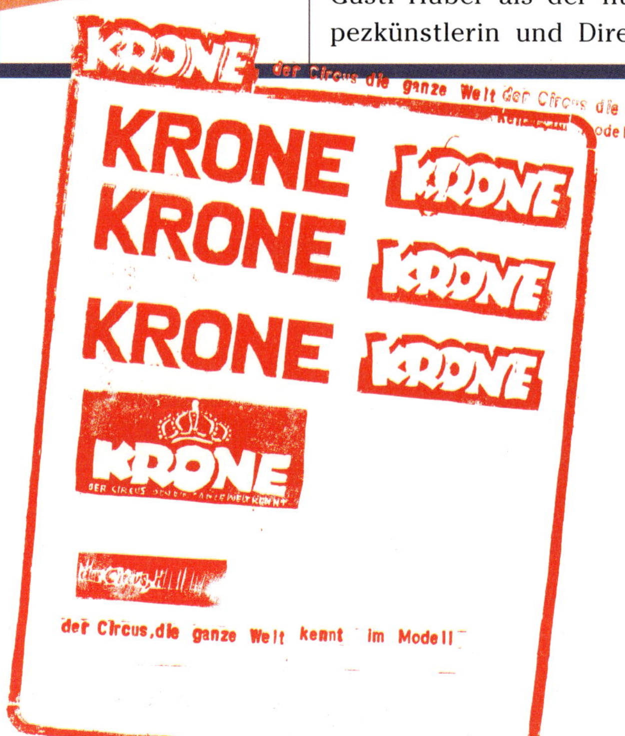

auch Regie in dem Film *Der Mann, von dem man spricht* (1937). Karl Rebernigg mit seiner Löwengruppe tritt als Double von Heinz Rühmann auf. Die Story eines relegierten Studenten, der sich in die Tochter des Circusdirektors verliebt und letztendlich als Löwendompteur reüssiert, zählt zu den besten Lustspielen des deutschen Films und ist neben Rühmann als besagtem Studenten u. a. mit Theo Lingen als dessen Diener, Hans Moser als seinem Onkel und Gusti Huber als der hübschen Trapezkünstlerin und Direktorstochter besetzt. Gedreht worden war in einem der stimmungsvollsten Circusgebäude, dem Renzbau in Wien, der, von Bomben schwerst beschädigt, in der Nachkriegszeit leider abgetragen wurde. Rebernigg formte auch die Liebe zu der österreichischen gemütlichen Version des Circus. Einer der Clowns des Circus Rebernigg hieß Fredi Codrelli und spielte damals mit Partnern das Entree „Auf der blauen Donau schwimmt ein Krokodil“, viel später sollte Codrelli Bernhard Pauls Lehrer und Partner in seiner Clownkarriere werden, und beide spielten im Roncalli eben diese Nummer. Bernhard Paul, der damals kein Geld für die Eintrittskarte hatte, erarbeitete sich diese als Sechsjähriger durch Schleppen von Logen und Stühlen. Durch Zufall belohnte ihn das Schicksal nachträglich damit, daß er 30 Jahre später genau diese Logen geschenkt bekam, die dann die Roncalli-Manege einrahmten. Karli Rebernigg erzählte ihm einmal, daß diese früher dem österreichischen Circus Kludsky gehört hatten. Jugendidol Karli Rebernigg schrieb dann auch noch das Vorwort zum allerersten Roncalli-Programmheft.

Das nächste Circus-Erlebnis ist Medrano, lange als „Der Wiener Circus“ firmierend, der in seiner Glanzzeit kaum geringere Popularität in Österreich besaß als Rebernigg. Der außerordentlich schöne Reitakt der „3 Sisters Medrano“, bei dem die drei Schwestern u. a. auf drei galoppierenden Pferden eine Pyramide bildeten, galt zu Recht als Weltattraktion, die auch an zahlreichen internationalen Häusern gezeigt wurde, etwa im Wintergarten in Berlin oder im Circus Carl Hagenbeck im Renz-Gebäude in Wien.

Im Circus Medrano wurde auch der Film *König der Manege* unter der Regie von Ernst Marischka 1954 ge-

Bernhard Paul im Alter von 13 Jahren beim Auftritt im Internat vor seinen Mitschülern und Lehrern

dreht. Germaine Damar und Rudolf Schock sind die Protagonisten, wobei letzterer einen Opernsänger spielt, den es zum Circus verschlägt, bis ihn die Oper holt, er aber schließlich trotz größter Erfolge zum Circus zurückkehrt. Ein Film, der wie so viele dieses Genres von Erfolg, Liebe und Rache handelt, aber auch voll der köstlichen Situationskomik ist, und in dem neben den Genannten u. a. Elma Karlowa, Fritz Imhoff, Helmut Qualtinger, Heinz Conrads, Theodor Danegger, Hans Richter und Walter Müller spielen.

Der heftigste „Kulturschock" war nach Bernhard Pauls Worten der Besuch des Circus Krone, der so groß war, daß er nicht nach Wilhelmsburg kam, sondern in die größere Stadt St. Pölten. Die Brüder Werner und Bernhard lösten sich in der Haltestelle Kreisbach-Wilhelmsburg zwei Halbe (Karten) St. Pölten retour und besuchten den Circus Krone, und zwar drei Tage hintereinander ganztägig (so lange gastierte der Circus in der Stadt). Tagsüber trieben sie sich in der Tierschau herum. Der Circus beeindruckte sie derart, daß sie bald darauf begannen, den Circus Krone im Modell zu bauen. Man fertigte eigenes Briefpapier mittels Linolschnitt: „Circus Krone, der größte Circus der Welt im Modell" an. Damit schrieben sie mehrmals an den Direktor Carl Sembach-Krone mit der Bitte um Unterlagen. Der antwortete stets prompt und schickte eine Reihe von Dokumenten sowie zu Weihnachten eine Grußkarte.

Bald danach besuchte der Circus Williams aus Köln Österreich. Erneut wurden mehrmals zwei Halbe St. Pölten retour gelöst. Besonders beeindruckt hat Bernhard Paul damals eine Abbildung auf der Rückseite des Programmheftes, ein Foto mit der Bildzeile „Unser Heim in Köln-Mülheim". 35 Jahre später kaufte er just dieses Winterquartier.

Wie im richtigen Circusleben trennten sich die zwei Brüder dann, um jeder seinen eigenen (Modell-) Circus zu betreiben. Bernhard entschied sich für den Circus Williams, um später daraus einen Circus Medrano zu basteln. Auf geheimnisvolle Weise bildeten diese Kindheitserinnerungen später einen Teil seines Schicksals – die Kreise schlossen sich.

Bernhard Paul kaufte zu seinem Neustart in Köln im Jahr 1978 die letzten Wagen des Circus Williams,

Caterina Valente im Gespräch mit Dr. Adrian Wettach (Künstlername: Grock). Im Circus Grock, wo sie ihre ersten Auftritte als Sängerin hatte, wurde sie entdeckt

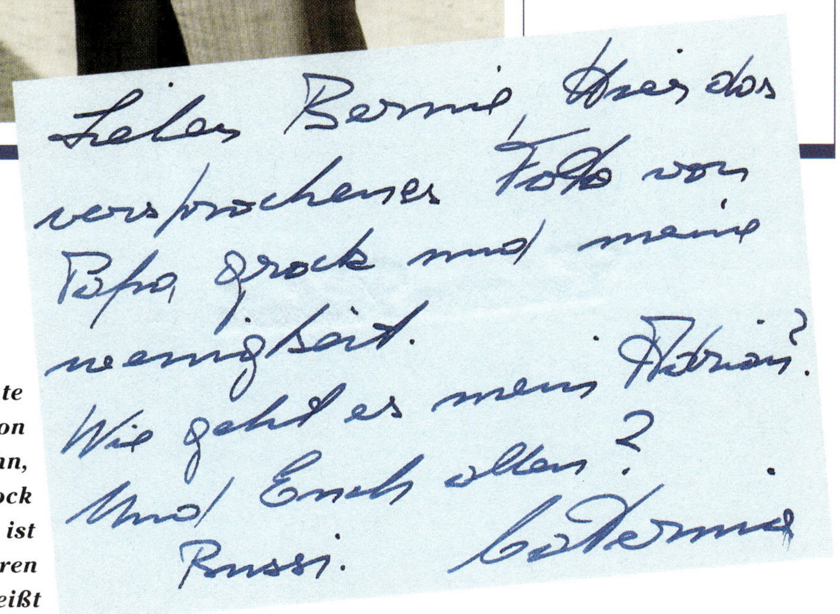
Lieber Bernie, Hier das versprochene Foto von Papa Grock und meine Wenigkeit.
Wie geht es mein Adrian?
Und Euch allen?
Bussi. Caterina

Caterina Valente wurde die Taufpatin von Bernhard Pauls Sohn, der genau wie Grock am 10. Januar geboren ist und ihm zu Ehren ebenfalls Adrian heißt

Trommeln gehört zum Handwerk: Bernhard Paul als Schlagzeuger in den wilden Sechzigern

später dann auch noch, wie eben erwähnt, das Winterquartier in Köln, in dem der Circus Roncalli heute noch sein „Heim“ hat.

Seine Frau Eliana Larible lernte er im Circus Krone kennen, wo sie in mehreren Nummern auftrat. Sie ist die Nichte des italienischen Circusunternehmers Leonida Casartelli, der 1972 den Namen des österreichischen Circus Medrano übernommen hatte.

Ein Film von Grock, den Paul im Alter von acht Jahren sah, überzeugte ihn schon damals, viele Jahre, bevor er an einen eigenen Circus dachte, davon, daß er eigentlich nichts anderes als Clown werden wollte. Der Wunsch wurde seinem Schicksal Befehl. Weißclown Francesco Caroli, den er sowohl bei Krone als auch bei Williams als Kind bewunderte, den er damals als Puppe für den Modellcircus aus Draht, Isolierband und Plastilin formte, ist seit Jahren sein Partner und Lehrmeister.

Grock, der einst ein märchenhaftes Schloß an der italienischen Riviera bewohnt hatte, begleitete Paul all die Jahre als eine Art Übervater. Als Kind malte und zeichnete er ihn hunderte Male. Und verkleidete sich als Grock mittels der Trainingshose des Vaters und des karierten Wintermantels seines Bruders und schminkte sich mit Mutters Collonil-Combiweiß – es war für die Leinenschuhe gedacht – das Gesicht (Bernhard Paul: „Es brannte höllisch auf der Haut“). Bei Grock fügte es das Schicksal, daß Paul später seinen Nachlaß erwarb: sein Kostüm, seine Perücke, seine kleine Geige, seine Dokumente wie Paß, Geburtsurkunde usw., aber auch seine Bilder, Möbel und sonstige persönlichen Dinge.

Nahezu unheimlich wurde es Bernhard Paul, als seine Frau am 10. Januar 1990 mit einem Sohn niederkam. Es war nämlich Grocks Geburtstag. Er taufte ihn natürlich Adrian, denn Grock hieß mit bürgerlichem Namen Adrian Wettach. Taufpatin war Caterina Valente, die einst von Grock in seinem Circus, in dem sie auftrat, entdeckt worden war.

Studium in Wien

Bernhard Paul studierte zunächst an der Höheren Technischen Lehr- und Versuchsanstalt für Hoch- und Tiefbau in Krems, wechselte jedoch dann an die Graphische Lehr- und Versuchsanstalt nach Wien. Hier zählen später bekannte Künstler wie Josef Bramer, Fritz Hechelmann, Gottfried Helnwein und Manfred Deix zu seinen Schulkameraden.

Allmählich beginnt sich Bernhard Paul dem Circus zu entfremden, der ihm nicht nur zu schematisch in seinen Programmabläufen wird, sondern an dem ihm auch sonst zu vieles stört, „die Frauen mit den Farah-Diba-Frisuren, die Männer mit den Glockenhosen, die Fassaden mit dem kalten Neonlicht“.

Paul spielt Schlagzeug in einer Rock-Band, der Sänger der Gruppe heißt Erich Resetarits und ist niemand anderer als der heute so bekannte österreichische Kabarettist Lukas Resetarits. „Gerry & the G-Man“ heißt die Band, und sie tritt in einem Wiener Lokal namens Studio N auf, wobei es einmal auch zur Wahl der „Miß Beat-Oma“ kommt. Bernhard Paul hat dieses Lokal vorher ausgestattet, wie auch ein anderes Lokal in Wien – das „Voom-Voom“. Das Studio N ist heute als „Metropol“ ein über die Grenzen Wiens hinaus bekanntes Etablissement mit einem sehr vielseitigen Programmangebot.

Eines Tages aber lodert Pauls Circusbegeisterung wieder auf, ausgelöst durch das Gastspiel des Circus Willy Hagenbeck in Wien, im Jahr 1974. Im Programm sind übrigens auch die „Rivels“, die dann später

Schulkollege und Karikaturist Manfred Deix sah schon 1964 eine gemeinsame Zukunft der beiden Freunde im Circus voraus

auch auf dem von Jörg Huber gestalteten Roncalli-Plakat zu sehen sein werden, ohne je im Roncalli aufgetreten zu sein. Die „3 Rivels", freilich ohne Charlie Rivel – die Brüder hatten sich bereits 1935 in einem schlagzeilenträchtigen Rechtsstreit voneinander getrennt.

Zu jener Zeit ist Bernhard Paul Art-director der Wochenzeitschrift „Profil", dem damals wohl renommiertesten Nachrichtenmagazin Österreichs mit einer sehr großen Leserschar. Paul ist für das optische Gesamtkonzept verantwortlich. Kaum ein auch nur einigermaßen auf wirtschaftliche Sicherheit bedachter Mitarbeiter hätte diesen Job aufgegeben, wenn ihm nicht ein anderes, lukrativeres Angebot unterbreitet worden wäre. Doch Bernhard Paul kündigte den Posten, um einen Circus zu gründen. Ihm schwebt zunächst ein kleines nostalgisches Circusunternehmen vor, das über die Sommermonate durch das Land zieht und vorzugsweise in Ferienzentren, z. B. im Gebiet der Kärntner Seen, gastiert. Paul kontaktiert den bekannten Clown Fredi Codrelli, dem er im freudigen Vorgefühl auf die in der Phantasie schon durchlebte Wanderschaft sagt: „Wir werden auf der Veranda sitzen und Erdbeeren mit Schlagobers essen." Ein Wunsch, den die verklärten Kindheitserinnerungen an den Circus Belli und die Familie Streicher geformt haben. Fredi

Cover-illustration von Bernhard Paul

Bernhard Paul als Art-director beim österreichischen Nachrichtenmagazin „Profil" mit dem „Chef-Karikaturisten" und besten Freund Manfred Deix

Bernhard Paul als Grafiker in den Siebzigern im Schatten seines Urgroßvaters

Im Jahre 1974 konstruierte Bernhard Paul das Modell eines „Ideal-Circus", wie er es selbst formulierte. Im Jahre 1975 trat er, Mitgliedsnummer 2296, der Gesellschaft der Circusfreunde in Deutschland e. V. bei

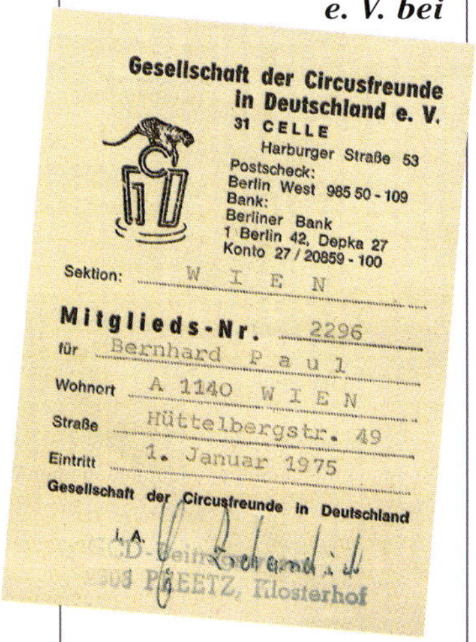

Gesellschaft der Circusfreunde in Deutschland e. V.
31 CELLE
Harburger Straße 53
Postscheck:
Berlin West 985 50 - 109
Bank:
Berliner Bank
1 Berlin 42, Depka 27
Konto 27 / 20859 - 100

Sektion: W I E N

Mitglieds-Nr. 2296
für Bernhard P a u l
Wohnort A 1140 W I E N
Straße Hüttelbergstr. 49
Eintritt 1. Januar 1975

Gesellschaft der Circusfreunde in Deutschland
I. A.
EETZ, Klosterhof

Codrelli wird auch später einer der Stars des Circus Roncalli sein. Zum Erdbeeressen auf der Wohnwagenveranda ist es aber nie gekommen.

EINE CIRCUSGRÜNDUNG

Wir schreiben das Frühjahr 1975. Bernhard Paul sitzt in seinem gemieteten Haus in Wien in der Hüttelbergstraße und beschäftigt sich bereits intensiv mit den Plänen für die Gründung seines Circus, ohne über ein entsprechendes Eigenkapital zu verfügen. Freunden und Bekannten, die ihn aufsuchen, zeigt er sein Circusmodell en miniature, seine – damals schon recht umfangreiche – Sammlung von Büchern, Plakaten u. a.m. Die meisten haben ihn wohl damals als einen – gewiß sehr liebenswürdigen – Phantasten betrachtet.

1974, Circus Willy Hagenbeck, Gastspiel in Wien: Bernhard Paul trifft die legendären „3 Rivels". Kurz darauf kündigt er bei „Profil", um einen Circus zu gründen

Seinen ersten Circuswagen hatte Bernhard Paul dann in der Lobau aufgestöbert. Er hatte bereits seit längerem von dessen Existenz gehört, doch konnte keiner der Befragten nähere Angaben machen. Nach monatelangem Suchen hat er ihn dann gefunden. Der uralte, grün gestrichene, mit blechernen Fensterläden ausgestattete, aber schon recht morsche Wagen gehörte einem ehemaligen Steilwandfahrer. Als sich nach dem Kauf herausstellte, daß der Wagen aufgrund seiner Größe und Breite die Garteneinfahrt nicht passieren konnte, verschenkte ihn Paul vor lauter Wut.

Doch Bernhard Paul, geradezu süchtig nach alten Circuswagen, hat schon bald wiederum drei Wagen beisammen. Eine Leidenschaft, die ihn nie mehr loslassen wird. Mit einer geradezu nachtwandlerischen Intuition hat er so im Laufe der Zeit alte Wagen aufgefunden, bei ehemaligen Artisten oder Schaustellern, in verlassenen Scheunen, alten Bauernhöfen und anderswo.

Bernhard Pauls Circusprojekt hat sich – dank seiner Kommunikationsfreudigkeit – in Wien bald herumgesprochen. Als André Heller davon erfährt, setzt er sich in ein Taxi und kreuzt bei Paul auf – und bietet seine Kooperation an, die Paul begeistert akzeptiert. Selten wohl hat es eine vergleichbare Circusgründung gegeben – mit völlig vagen Vorstellungen und ohne jegliche finanzielle Basis.

Am 8. Oktober 1975 fand am frühen Nachmittag in Graz im Rahmen des Steirischen Herbstes, des österreichischen Avantgarde-Festivals par excellence, die erste Pressekonferenz

Die ersten vier Circuswagen von Bernhard Paul vor . . .

. . . und nach der Restaurierung

Bei der ersten Pressekonferenz des Circus Roncalli beim Steirischen Herbst 1975

des Circus Roncalli statt. Ort des Geschehens: das kleine Restaurantzelt des Circus, umgeben von einigen wunderschön bemalten Wohnwagen, auf dem Platz vor dem Orpheum, einem ehemaligen Varieté.

Das Gedränge ist groß, Festivalbesucher, aber auch vorübergehende Passanten, die mitunter meinen, hier würde schon Circus gespielt werden, finden sich ebenso ein wie offensichtliche Heller-Fans. Auch etliche Kulturkritiker sind erschienen, teilweise aus Wien angereist, und stellen im Laufe des Nachmittags viele Fragen. Als Attraktion wurde Felix Adanos verpflichtet, der einst weltbekannte Gentleman-Jongleur, mit seiner Gattin als Partnerin. Der aus Österreich stammende Wahlberliner, der u. a. mehrere Jahre bei Barnum & Bailey Ringling Brothers engagiert gewesen war, hatte zu den wenigen seiner Profession gehört, die fünf Gegenstände unterschiedlichster Form und Größe jonglierten. Adanos, eine schlanke und elegante Erscheinung, wurde zudem von seinem Filmidol Fred Astaire inspiriert, seine Darbietungen waren von einer tänzerischen Leichtigkeit getragen. Zu diesem Zeitpunkt ist Adanos jedoch bereits 70 Jahre, und seine Künste lassen nur noch erahnen, daß er einst zur Elite gezählt hat. Aber André Heller, der auf einem Postament stehend seine „circensische Botschaft“ verkündet, preist ihn lautstark als den „Jongleur von Ringling Brothers“ an, dem denn auch die Bewunderung des dichtgedrängten Auditoriums nicht versagt bleibt. Als weitere „Attraktion“ wird ein Magier vorgestellt, der eher bescheidene Kartenkunststücke demonstriert, vergleichbar dem, was für Betriebsveranstaltungen engagierte Zauberkünstler bisweilen zeigen.

„Roncalli ist eine Revue, die sich der Mechanismen des klassischen Circus bedient. Ein mobiles Theater wird den Menschen das Staunen, das Lachen und das Weinen vor den Türen ihrer Wohnungen ermöglichen. Das von Literaten, Malern und Psychologen erarbeitete Roncalli-

Felix Adanos, Weltklassejongleur, hat seinen letzten öffentlichen Auftritt bei Roncallis erster Präsentation

Das erste Roncalli-Plakat, stolz präsentiert vom Herrn Direktor

Konzept basiert auf dem Gedanken der Phantasiestimulierung als unabdingbare Voraussetzung jeglicher Kreativität", formulierte André Heller sein Credo. Und Bernhard Paul ergänzte: „Als mir im Lauf der letzten Jahre mehr und mehr bewußt wurde, daß sich der Zirkus, wahrscheinlich gezwungenermaßen, in ein kommerzielles Lager begibt, dabei die kulturelle Funktion und die Kreativität hintanstellen muß und sich unter Umständen totlaufen wird, war es mir klar, daß nur ein Außenstehender, der weder betriebsblind, noch aus Existenzangst nicht die Kraft und den Mut zu neuen Impulsen aufbringen wird, den Zirkus durch Kenntnis seiner Geschichte und seines kulturellen Einflusses wieder dorthinzubringen, wo er sich weiterentwickeln kann."

Eine Pressekonferenz voll großer Sprüche, bei der die Anwesenden den Eindruck gewinnen sollen (und ihn teilweise auch gewinnen), hier fände so etwas wie eine Neugeburt des Circus statt. Wird doch – expressis verbis – den Strömungen der Gegenwart und der jüngsten Vergangenheit eine sehr bewußte Absage erteilt, der Anbiederung des Circus an die „erbärmliche Optik unserer Zeit".

Bei Roncalli werde eben vieles ganz anders sein, vernehmen die Anwesenden, letztlich sogar die Toiletten. Wie das? wird gefragt, und Heller erklärt schlagfertig und leicht indigniert, daß man sich hier von den Wasserspielen auf Schloß Hellbrunn in Salzburg eine Anregung holen könnte. Das Wasser würde sich von oben auf den Benutzer ergießen.

Das kleine Büfettzelt war von der Raiffeisenkasse gesponsert worden. Weitere potentielle Geldgeber hatte André Heller mit der Begründung verscheucht, der Circus heiße so, weil für ihn Papst Johannes XXIII. – mit bürgerlichem Namen Roncalli – immer etwas von einem Clown an sich gehabt hätte. Die Namensgebung ging denn auch auf Heller zurück – er hatte gemeinsam mit dem Filmkritiker der Zeitung „Kurier" Peter Hajek ein Drehbuch mit dem Titel „Sarah Roncalli, Witwe des Mondes" erarbeitet.

Die Zeitungen sind voll von Berichten über diese Pressekonferenz. Hörfunk und Fernsehen bringen In-

Bernhard Paul mit seiner damaligen Freundin Ingrid im Schlafzimmer der „Waldvilla" in der Wiener Hüttelbergstraße

Konzeptgrundlagen

Als mir im Lauf der letzten Jahre mehr und mehr bewußt wurde, daß sich der Zirkus, wahrscheinlich gezwungenermaßen, in ein kommerzielles Lager begibt, dabei die kulturelle Funktion und die Kreativität hintanstellen muß und sich unter Umständen totlaufen wird, war es mir klar, daß nur ein Außenstehender, der weder betriebsblind, noch aus Existenzangst nicht die Kraft und den Mut zu neuen Impulsen aufbringen wird, den Zirkus durch Kenntnis seiner Geschichte und seines kulturellen Einflusses wieder dorthinzubringen, wo er sich weiterentwickeln kann. *(Bernhard Paul)*

Die Nummerngirls der ersten Stunde mit den Gründern

terviews, wobei auch Heinz Fischer-Karwin zu den Interviewern zählt. Der Starreporter der Kulturabteilung des ORF gestaltete durch viele Jahre Sonntag vormittag seine überaus populäre Sendung „Zwischen Burg und Oper“, die sich inhaltlich keineswegs auf Burg und Oper beschränkte. Im Fernsehen nennt sich eine Art Pendant dazu „Ihr Auftritt, bitte“, und hier wird André Heller nun von Fischer-Karwin interviewt. Auch die Frage der Finanzierung wird von Fischer-Karwin angeschnitten – „ein Circus kostet doch viel Geld“ –, ohne daß der Zuschauer Näheres darüber erfährt. Er erfährt aber immerhin von der Circusbesessenheit des Bernhard Paul, der sich nach Hellers Worten fast schon selbst in einen Circuslöwen verwandelt hat und durch einen selbstgehaltenen Reifen springt.

In den folgenden Monaten tauchen immer wieder Artikel und Hinweise in den Medien auf – die Ankündigungspolitik wird hoch professionell betrieben. Die Neugierde, wie denn dieser Circus aussehen und in weit höherem Maße, ob er je zustande kommen werde, wird allmählich gesteigert. Das Thema Roncalli beschäftigt immer mehr Journalisten, wobei es an skeptischen und manchmal auch an negativen Stimmen nicht fehlt.

Zum Zeitpunkt der Pressekonferenz beim Steirischen Herbst existiert bereits das von Jörg Huber geschaffene Roncalli-Plakat mit den Köpfen von André Heller und Bernhard Paul und einer sehr bunten Circusszenerie. Später – nach dem großen Krach der beiden – wurde dann der Kopf von André Heller durch den des Kamels Amanda ersetzt.

Dem Grafiker Bernhard Paul liegt das Plakat verständlicherweise besonders am Herzen, und so prangert er denn auch wiederholt in der Öffentlichkeit und im privaten Kreis die weitverbreitete Phantasiearmut und Einfallslosigkeit an, und André Heller kletterte in Graz auf einen Mast und schmetterte von dort seine Philippika gegen die „graue Trostlosigkeit und Uniformierung heutiger Circusplakate“ in die Gegend.

Das Büfettzelt wurde von der Raiffeisenbank gesponsert. Nach Hellers launiger Bemerkung, der Papst Roncalli erinnere an einen Clown, zog die Bank ihr Engagement zurück, und das Raiffeisenzeichen mußte übermalt werden

Ob reißerisch, märchenhaft-phantastisch, ob voll von Übertreibung oder mehr oder minder sachbezogen, ob konventionell oder modern – die Aufgabe des Circusplakates ist immer, den Betrachter zum Besuch zu animieren. Das von Jörg Huber kreierte „Zirkus-Roncalli"-Plakat knüpft in der Bildersprache an die Tradition älterer Plakate an. Die Darstellungen erinnern möglicherweise viele an die in der Kindheit geliebten Circusplakate und an die erlebten Circusvorstellungen, als man dichtgedrängt und voll Erwartung im Chapiteau auf engen Holzbänken saß. Noch war die Manege leer, aber schon in gleißendes Scheinwerferlicht getaucht, und die Kapelle schmetterte einen feurigen Pasodoble, und dazwischen hörte man „von draußen", von der Tierschau her, stoßweise das dumpfe Brüllen eines Löwen.

steirischer herbst:

Bernhard Pauls Projekt-Zirkus „Roncalli" hatte gerade seinen ersten Öffentlichkeitshüstler getan, als die Gestalter des „open house"-Programms des steirischen herbsts zum nächtlichen Beisammensein mit einem gleichfalls Phantasiebegabten riefen: Gerhard Rühm, der im Wien der frühen fünfziger Jahre zusammen mit Konrad Bayer, H. C. Artmann und Ossi Wiener die

BERNHARD PAUL: ZIRKUSPREMIERE

progressiv-literarische „Wiener Grupp geformt hatte, sang 50 Minuten lang sei Lieder. Anfänglich hatte sich Rühm a Komponist betätigt und sattelte dann 19 endgültig auf Literatur um. Die Chanson die Rühm singt, stammen fast durchweg aus dem Jahr 1950, wo sie als Mischform zwischen Literatur und Musik fast schon die Wende markierten. Zu seinen alten Gesängen fügte Rühm dann 17 neuere Wienerlieder, die in Kurzform wienerische Lieblichkeit verächtlich machen sollen. Kürzestes Beispiel: „Weckt di a jeden Morgen die Amsel? – Na!"

„Profil", Oktober 1975

Es sind wohl in erster Linie die drei Löwen des Huber-Plakates, die die beschriebenen Assoziationen schaffen. Von ihnen, aber auch von den anderen bildmäßigen Darstellungen – unter den Clowns sind die „Rivels" sofort zu erkennen –, geht zweifellos eine zum Circusbesuch animierende Wirkung aus. Trotz der eben erwähnten Nostalgiekomponente ist Hubers originelles Plakat alles andere als eine Nachahmung vormals gängiger Affichen, veranschaulicht aber in seiner Verdichtung gleichwohl einen tragenden Effekt des Circus Roncalli – die Imagination eines Circus der Vergangenheit. In der Realität sollte Roncalli freilich alles andere als ein Circus der Vergangenheit werden, doch davon später.

Im Wien des Herbstes 1975 ist der Circusfanatiker Bernhard Paul bald allen Insidern und nicht nur diesen bekannt. Seine Begeisterung wirkt ansteckend, wenngleich viele der Kontaktierten der Verwirklichung des Projektes mit größter Skepsis entgegensehen. Zu phantastisch erscheint ihnen das Vorhaben. Zu wenig professionell ein ständig von seinen Plänen schwärmender Circusunternehmer. Ein Manager des Showbusiness sei aus einem anderen Holz geschnitzt, das ist – auf eine gebräuchliche Kurzformel gebracht – so in etwa die zwar nicht generelle, aber doch weitverbreitete Meinung. Dazu kommt noch das sprichwörtliche Wiener Mißtrauen allem Neuen gegenüber. Trotz der völligen Ungewißheit,

Das erste Roncalli-Plakat wurde von Bernhard Pauls Schulfreund Jörg Huber entworfen und gemalt

Bernhard Paul-
André Heller:

„Wir machen einen Zirkus"

Bernhard „Bernie"-Paul macht einen Zirkus. Er ist nicht Lokführer geworden, auch nicht Pilot oder Popstar, wie er es eigentlich vorgehabt hat. Nein, er macht einen Zirkus. Wahrscheinlich waren die anderen Berufe nicht wichtig genug für ihn. Aber Zirkus, der „Circus Roncalli", ja der ist wichtig für ihn. Seit einem Jahr arbeitet nun auch André Heller mit an diesem Projekt. Wie sieht das nun aus? Also: Der Zirkus mit seinen Tieren, Clowns, Artisten und Zauberern, soll die Verpackung für ein mobiles Kunst- und Kulturzentrum werden. Und die Sache nimmt langsam Gestalt an. Der Fuhrpark besteht bereits aus mehr als 20 Zirkuswagen. Alles herrliche alte Stücke, 40 bis 80 Jahre alt, neu restauriert, mit dazupassenden Veteranenlastwagen, Zugmaschinen und Traktoren. Das ganze Unternehmen wird im Stil der 20er Jahre, der großen Zirkuszeit, aufgezogen. In acht Wochen wird das Zelt für 2000 Personen fertig, so schön und bunt, wie es in Österreich noch keines gab. Jeden Schilling steckt Bernhard Paul in den Zirkus, holt österreichische Artisten aus dem Ausland zurück und verwendet seine ganze Freizeit für die Organisation und um Geld heranzuschaffen. André Heller rührt indessen die Werbetrommel. Das Ministerium für Unterricht und Kunst hat mittlerweile die Möglichkeiten dieses durch die Lande ziehenden Unternehmens erkannt und unterstützt den Zirkus finanziell. Aber das allein reicht nicht, und so müssen private Sponsoren mithelfen, ein Projekt auf die Beine zu stellen, das die große österreichische Zirkustradition mit der gegenwärtigen Kunst- und Kulturszene verbindet und bis in die muffigsten Winkel unseres Landes tragen soll.

„Zirkuserfinder" Bernie Paul und „Zirkusschreier" André Heller

Ein Zirkuswagen, bemalt von Jan Veenenbos

„Circus Roncalli", eine Mischung aus Fellini und Disneyland, ist die Superdroge auf Rädern. Man kann bei fliegenden Menschen, wilden Tieren, lustigen Clowns, Feuerschluckern, Messerwerfern, Zauberern, Flittergirls und Musik ausflippen, man kann sich aber auch bei Kunstausstellungen, Dichterlesungen, Autorenabenden, Konzerten, Pop- und Jazzsessions zu eigenen Aktionen anregen lassen.

André Heller ist auf der Kunstszene ja bereit hinlänglich bekannt. Auch Bernhard Paul ist Insider. Als Schlagzeuger war er bei den „Lost Generations" und bei einer Gruppe, mit der er zweimal „Musik der Kontraste" gewann. Er war weiters Chefgraphiker bei „Profil" und Art-Director einer internationalen Werbefirma.

All das hat er für den Zirkus hingeschmissen. Für seinen Zirkus. Und er kümmert sich auch wirklich um jedes Detail. Künstler haben die Plakate, die jedem Poster den Rang ablaufen, gemacht. Und so bekannte Maler wie Jörg Huber und Jan Veenenbos bemalten die Zirkuswagen mit Schlangen und Clowns so natürlich, daß man meint, sie könnten jeden Augenblick zum Leben erwachen. Auf diese Art ist bereits jeder Zirkuswagen ein Kunstwerk auf Rädern. Roncalli ist aber auch ein österreichisches Zirkusmuseum, das so bekannte Namen wie Rebernigg, Konrad und Renz wieder in Erinnerung ruft. Circus Roncalli hat jedoch schon Feinde: Die Besitzerin des österreichischen Nationalzirkus, der sich vor noch nicht allzu langer Zeit „Californischer National-Zirkus" und dann „Ungarischer Nationalzirkus" nannte, versuchte „Roncalli" schon in seinen Ansätzen wieder abzuwürgen. Was ihr glücklicherweise nicht gelungen ist. Wir können also gespannt auf die Premiere warten, die am 1. Mai in Graz stattfinden wird. Hoffentlich bewahrheiten sich A. Hellers Aussprüche, die da lauten: „Roncalli ist mächtiger als das Unmögliche" und „Roncalli ist die größte Poesie des Universums".

Z. August

Die ersten medialen Lebenszeichen von Roncalli

wie denn dieser rechtlich noch gar nicht existierende Circus finanziert werden soll, hat Bernhard Paul etliche der vorgesehenen Artisten in sein Wiener Haus gebeten – manche mußten von weither anreisen – mit der Zusage, André Heller werde sein Konzept für die „Größte Poesie des Universums“ vorstellen. Aber die Artisten warteten vergebens. André

Heller erscheint nicht, er hat den Termin angeblich vergessen.

Nun, da die ganze Angelegenheit brenzlig zu werden beginnt, stößt Bernhard Paul auf einen Mann, der ihm aus seiner Tätigkeit als Artdirector im Trend-Verlag flüchtig bekannt war – der ehemalige Trend-Anzeigenleiter. Ihm erzählt er, daß er gut einen cleveren kaufmännischen Geschäftsführer brauchen könnte, und dieser entschließt sich anzunehmen, nachdem er sich vom Angebot des Kulturamtes der Stadt Bonn, im Mai zu gastieren – wobei Bonn noch eine hohe Ausfallshaftung zu übernehmen bereit war –, überzeugt hat.

Im Januar 1976 wurden dann die ersten maßgebenden rechtlichen Schritte gesetzt. André Heller, Bernhard Paul, Michael Sedivy und Karl Heinz Pfneudl, Roncalli-Finanzier und Finanzberater, unterschrieben in einer Wiener Notariatskanzlei einen ihre Verträge enthaltenden Mantelakt. Bernhard Paul ist Gründer und Eigentümer des nichtprotokollierten, d. h. nicht im Handelsregister eingetragenen, Einzelunternehmens. Sedivy wird von Paul zum Geschäftsführer eingesetzt, der zunächst gratis arbeiten soll und erst ab der Premiere als Angestellter geführt wird. Zusätzlich werden ihm zwei Prozent des Bruttoeinspielergebnisses zugesichert. Auch André Heller, der jegliche Form des Miteigentums abgelehnt hat, wird für seine Tätigkeit als Verfasser und Regisseur des – wie die Formulierung lautet – „poetischen Spektakels“ am Bruttoeinspielergebnis beteiligt, und zwar mit drei Prozent.

Über die Fragen der Finanzierung des in der Tat abenteuerlichen Projektes ließe sich ein ganzer Roman schreiben. Allerdings ist heute vieles im Detail gar nicht mehr genau nachvollziehbar, nicht zuletzt aufgrund der in Österreich gesetzlich auf sieben Jahre beschränkten Aufbewahrungsfrist für kaufmännische Bücher und die dazugehörigen Unterlagen.

Obwohl die Zukunft des Circus, vor allem in finanzieller Hinsicht, noch in den Sternen steht, wird schon allerorten renoviert und vorbereitet . . .

. . . und das Zelt des Circus auf dem Gelände des alten Schlachthofs St. Marx in Wien zum ersten Mal aufgebaut

Die ersten Monate des Jahres 1976 sind jedenfalls geprägt von der Suche nach Mäzenen, der Vorsprache in Banken und bei Behörden etc., wobei der Geschäftsführer schon im Februar den an sich sehr vernünftigen Vorschlag unterbreitete, das Roncalli-Projekt auf das Jahr 1977 zu verlegen, um in allen finanziellen, rechtlichen und organisatorischen Fragen besser, weil ruhiger disponieren zu können. Aber möglicherweise wäre Roncalli nicht das in vielerlei Beziehung so aufsehenerregende Ereignis geworden, wenn langfristiger und umsichtiger geplant worden wäre. André Heller – ohnedies in vielem noch schwankend – wäre vielleicht umzustimmen gewesen. Bernhard Paul kaum, weil ihn finanzielle Probleme nie von seinen Ambitionen abbringen konnten.

Im Frühjahr hat Roncalli seinen Wagenpark auf dem Gelände des alten Wiener Schlachthofes St. Marx aufgestellt. Hier herrscht seit Anfang März ein reger Betrieb: Anstreicher, Schlosser, Tischler und andere renovieren Circuswagen und überholen die Technik. Bekannte Künstler wie Jörg Huber, Walter Schmögner oder Jan Veenenbos bemalen Circuswagen oder entwerfen Plakate.

Eine ganz eigenartig morbide Stimmung geht vom pittoresken Gemäuer dieses alten Schlachthofes mit seinen Ziegelbauten und dem Kopfsteinpflaster aus. Eine Atmosphäre von Vergänglichkeit und Verfall, wie geschaffen für theatralische Ereignisse. Im Rahmen der Wiener Festwochen hat hier denn auch eine Reihe von in- und ausländischen Ensembles gastiert.

„SIEGREICH IN PHANTASIELOSER ZEIT“

Auf dem Marxer Schlachthof beginnen dann auch die Proben zur „Größten Poesie des Universums“. Am 24. April findet in dem in Deutschland erworbenen und von der Zentralsparkasse vorfinanzierten 34-Meter-Zelt die Einweihungsfeier statt. Die Eingeladenen, vermehrt um Zaungäste, erfahren, daß der Circus im Mai in Bonn Premiere haben wird, daß ein Gastspiel in Salzburg zur Festspielzeit geplant und daß Wien als Herbststation vorgesehen ist.

„Bis dahin wird schon feststehen, daß dieser Circus siegreich aus dieser phantasielosen Zeit hervorgeht“, verkündet André Heller, der auch mitteilt, daß dem Unternehmen u. a. ein Kommunikationszentrum und eine Leihbibliothek angeschlossen sein werden.

Ein Circus, der nach den Worten Hellers in Wirklichkeit ein Theater ist. Paul spricht von einem Circusstück, das in einem Circuszelt aufgeführt wird. Einige Tage später sitzt Elfi Althoff-Jacobi, Direktorin des österreichischen National-Circus, der zu jener Zeit gerade in Wien spielt, in ihrem Direktionswagen, umgeben von einigen Freunden und Bekannten, von Mitarbeitern ihres Unternehmens und mehreren Journalisten, und sinniert laut über Roncalli. „Was sind die nun eigentlich, Circus oder Theater, das sollen sie sagen“, sind ihre Worte, und der Ärger und das Unbehagen über den Konkurrenten beherrscht ihre gesamten Ausführungen. Die Verstimmung ist groß – daran hat die enorme Publicity, die dem Branchenneuling in den Medien zuteil wird, gewichtigen Anteil.

„Totaler Konkurrenzkampf wurde jetzt proklamiert“, überschreibt der „Kurier“ einen Artikel und wirft darin eingangs die Frage auf: „Was ist nun österreichischer: der Zirkus Roncalli von André Heller und Bernhard Paul oder der österreichische National-Circus von Elfi Althoff-Jacobi?“ Und zitiert Elfi Althoff-Jacobi an späterer Stelle: „Was die treiben, ist Schmutzkonkurrenz ... Die wollen sich mit mir nicht über die Reiseroute absprechen, obwohl dies üblich ist.

Bei der etablierten Circuskonkurrenz ist die Verstimmung über den Branchenneuling groß: Ein erster „Circuskrieg“ steht ins Haus

„Österreichischer National-Circus“ kontra „Roncalli“:

Totaler Konkurrenzkampf wurde jetzt proklamiert

Was ist nun österreichischer: der Zirkus „Roncalli“ von **André Heller** und **Bernhard Paul** oder der „Österreichische National-Circus“ von **Elfi Althoff-Jacobi?** Letztgenannte macht einen Zirkus, weil sie sich gegenüber „Roncalli“ benachteiligt fühlt. „Was die treiben, ist Schmutzkonkurrenz“, meinte sie, als ich ihr in ihrem Salonwagen gegenübersaß. „Die wollen sich nicht mit mir über die Reisreoute absprechen, obwohl dies üblich ist. Außerdem bekommen sie Abgabenerleichterungen, ja sogar Zuschüsse. Ich habe mein ganzes Vermögen in den Österreichischen National-Circus gesteckt, und niemand hilft mir. Was Heller und Paul machen, ist undurchsichtig. Was sind die nun, ein Zirkus oder ein Theater?“

Frau Direktor Althoff-Jacobi will sich auch „höheren Orts beschweren“. Was ist nun Roncalli wirklich? Direktor Bernhard Paul: „Ich will keinen Krieg mit Frau Althoff-Jacobi.

leute von heute

peter kupfer

Sie kann sich doch mit Roncalli nicht vergleichen, die machen doch nicht Kultur, wie wir. Schon unsere Wagen sind von anerkannten Künstlern bemalt. Die Programmidee ist von André Heller, die Kostüme entwarf **Hubert Aratym**, die Choreographie ist von **Pierre Bylant**, einem Dozenten der Pariser Theater- und Pantomimenschule, die Beleuchtung und Effekte richtete **David Hersey** von der Royal Shakespeare Company ein, das optische Konzept ist von mir, den Sprecher, den ‚Engel des Möglichen', spielt ein Clown aus der Schule des Komikers **Pierre Etaix** ... Ich könnte noch viele Beispiele angeben.“

Weil „Roncalli“ diese Auflagen erfüllt, subventionierten die Stadt Wien mit 500.000 Schilling und das Unterrichtsministerium mit 300.000 Schilling das Unternehmen. Außerdem erhielt es Abgabenerleichterungen.

„Das finde ich eben unfair“, betont Konkurrentin Althoff-Jacobi. „Ich muß sogar für die Tierschau Abgaben zahlen. Ich bin der einzige österreichische Nationalzirkus.“ Darüber lacht Bernhard Paul: „Sie bestritt, daß sie Direktorin des Kalifornischen Nationalzirkus war – ich habe ein Programm, worin sie als Direktorin angeführt ist. Auch dem Ungarischen Nationalzirkus stand sie vor. Und Frau Direktor, eine Deutsche, wurde innerhalb kürzester Zeit österreichische Staatsbürgerin ...“ Frau Althoff-Jacobi wehrt sich: „Man will mich fertigmachen. Ich hatte nie einen Kalifornischen Nationalzirkus.“ Paul will den Beweis antreten ... Außerdem betont er: „Sie beschäftigt zu 80 Prozent Ausländer, wir haben fast nur Österreicher.“ Wie immer: „Roncalli“ hat heute, Mittwoch, Generalprobe und gastiert ab Juni in Salzburg, der „Österreichische National-Circus“ bleibt weiter in Wien. Wenn „Roncalli“ Erfolg hat, dürfte der „Kampf“ wieder aufleben ...

•

Die Wiener Diskothek „Queen Anne“ feierte den ersten Geburtstag. Es spielte die „Steel Band“ aus Trinidad, es sang Juan Tabasco aus **Mexiko** – und **Erica Vaal** kommentierte.

•

Ein besonderes „Hobby“ hat Boogiepianist **Vince Weber**, der nach seinem Konzert in Wien blieb: Er marschiert frühmorgens über die Höhenstraße, um die Sonne über Wien aufgehen zu sehen ...

Klagt über „Schmutzkonkurrenten“ Heller: Elfi Althoff-Jacobi

„Kurier“, 12. 5. 1976

André Heller sagt 1975 die Zukunft des Circus voraus

Außerdem bekommen sie ... Zuschüsse. Ich habe mein ganzes Vermögen in den österreichischen National-Circus gesteckt und niemand hilft mir. Was Heller und Paul machen, ist undurchsichtig ...“

Mittlerweile wird die Probenarbeit immer intensiver, sie lockt eine Menge Zaungäste an, die im besonderen auch die wunderschön bemalten Wohn- und Requisitenwagen bewundern und die in ihren Käfigwagen vor sich hindösenden Löwen und Tiger und hin und her wandernden Braunbären besichtigen.

Circusimpressionen: Fredi Codrelli in den Räumen des Schlachthofes St. Marx und Artisten bei der Siesta

Später erst – im Zuge des großen Heller-Paul-Krachs – erfährt die Öffentlichkeit, daß André Heller und Bernhard Paul über das Was und Wie der szenischen Umsetzung in etlichen Punkten grundsätzlich verschiedener Meinung waren. So wollte Heller nach Pauls Worten beispielsweise, daß der Dompteur Dieter Cappus während der Vorführung seiner Raubkatzen einen Verband trägt, der zu bluten beginnt. Oder daß mehrere Liliputaner mit Ku-Klux-Klan-Kapuzen und brennenden Kerzen durch die Manege gehen. Oder daß Milana Cappus bei ihren Degen- und Glasbalancen auf der hohen Leiter einen meterlangen Mantel trägt. Der aus Ballonseide angefertigte Mantel erwies sich als technisches Hindernis – die Artistin konnte damit nicht arbeiten. „Ich will nicht bestürzen, sondern erfreuen“, waren Pauls Worte, der sich auch ärgerte, daß der von Heller eingeflogene Pantomime und Choreograph Pierre Byland auf seine Kosten in einem sehr teuren Hotel im ersten Bezirk logierte. Oder, daß er den Maler Hubert Aratym auch für Kostümentwürfe bezahlen mußte, die nicht zur Ausführung kamen.

Die Bedeutung dieser Differenzen ist im nachhinein im Zuge der Auseinandersetzungen wahrscheinlich zu hoch bewertet worden. Gleichwohl haben sie ein wahrscheinlich bereits latent gegebenes Gefühl gegenseitiger Verstimmung hervorgerufen.

Die Ankündigungspolitik des Circus läuft unverändert weiter auf Hochtouren, und so erscheinen denn auch ständig Artikel in den verschiedensten Zeitungen, Roncalli ist bereits ein überaus populäres Gesprächsthema geworden.

Erste Gastspielstadt ist Bonn, und Bonn stellt die Hofgartenwiese nebst Gratisstrom, Wasser und Telefon ohne Entgelt zur Verfügung. Und bezahlt zudem die Bahnreise ab der

bundesdeutschen Grenze. Bevor der Circus auf Reisen ging, mußte allerdings erst Geld beschafft werden, um den Transport bis zur Grenze zu bewerkstelligen. Keine Frage, daß dies Bernhard Paul gelang.

WELTPREMIERE AM 18. MAI 1976 IN BONN

Am 18. Mai 1976 ist es dann soweit, der Circus Roncalli feiert als Auftakt des Bonner Sommers seine Weltpremiere – und erringt sofort einen enormen Erfolg und enormes Aufsehen. Ein Ereignis, das nicht nur ganz Bonn in seinen Bann zieht, sondern Wellenbewegungen in Gang setzt, die noch in großer Entfernung registriert werden. In Österreich und besonders in Wien sind sie sehr intensiv spürbar. Klaus Emmerich, einer der bekanntesten politischen Fernsehkommentatoren Österreichs, erscheint auf dem Bildschirm, um – völlig unerwartet – über den Circus Roncalli zu berichten. Und schreibt in einem Artikel im „Kurier“: „. . . Zirkus Roncalli kommt an, vor allem bei einem atypischen Bonner Publikum, das sich durch das circensische Überbrettel angezogen, ja legitimiert fühlt. Aber nicht nur ein André Heller macht es möglich, Karl Rebernigg brachte die Zirkuserfahrungen ein, Bernhard Paul die Zirkustheorie . . .“ Karl(i) Rebernigg hatte übrigens zum Programmheft ein Grußwort beigesteuert, worin er seiner Freude Ausdruck gab, einen österreichischen Nachfolger gefunden zu haben, der die 250 Jahre zurückreichende Dynastie der Reberniggs fortzusetzen imstande scheint. Er schließt: „Ich hoffe, der Geist meines Unternehmens wird im Zirkus meines Kollegen und Freundes Bernhard Paul weiterleben.“

Daraus kann man, wenn man so will, auf gut österreichisch eine kleine Watsch’n für das Circusestablishment herauslesen. Und Bundeskanzler Bruno Kreisky schloß sein Geleitwort im Programmheft von Roncalli mit den Worten: „Deshalb bin ich froh, daß André Heller und Bernhard Paul in Zusammenhang mit dem Zirkus etwas Großes, vielleicht Umwälzendes eingefallen ist, etwas, womit man der kulturellen Trägheit unserer Zeit beikommen und dem Verwitterungsprozeß des Zirkus Einhalt gebieten kann.“ Das saß.

Euphorie vielerorts. Vor allem auch in den Medien. „Wenn es donnert und blitzt im Zelt, wenn Seifenblasen von der Kuppel niederschweben, wenn Raoul Aslans Stimme mit einem Text von Baudelaire ein Zeitloch überbrückt, wenn vor dem Auftritt sibirischer Bären sentimental-poetisch über Dressur und Kreatur sinniert wird . . . und wenn junge Leute, die gewöhnlich lieber gehobenem Jazz und Beat lauschen, nun vor Entzückung jubeln . . . Preisfrage: Was ist das? Dann ist der Circus Roncalli in der Stadt“, jauchzte geradezu die österreichische Zeitung „Die Presse“.

Neugier, Begeisterung, Sensationslust, aber immer wieder auch Zweifel und Skepsis haben der

„Für Heller tut die Stadt alles – für uns nichts“

Deutschlands Zirkus-Bosse beschimpfen Bonn!

Hofgarten kostenlos und sogar Reisekosten gezahlt

Von ELISABETH E. EDINGER

exp Bonn — Kriegserklärung alteingesessener deutscher Zirkusunternehmen Krone, Sarrasani, Althoff, Busch gegen den neuen Zirkus „Roncalli“ des Österreichers André Heller! „Schärfsten Protest“ erheben die Direktionen bei der Stadt Bonn, weil Roncalli in „bevorzugter Weise“ mitten in der Stadt gastieren darf, ihnen selbst aber nicht einmal ein Platz angeboten wurde.

Besonders sauer sind die deutschen Zirkusdynastien darüber, daß es ausgerechnet ein Österreicher ist, dem die Stadt Bonn kostenlos einen Platz auf der Hofgartenwiese zur Verfügung stellt und dem sie einen Teil der Anreisekosten (knapp 10 000 DM) zahlte. Denn in Österreich sollen die deutschen Unternehmen mit „schikanösen Maßnahmen“ behandelt worden sein. Zirkus Sarrasani wurden in diesem Jahr gar Einreise und ...erlaubnis verweigert.

Deshalb droht Hagenbeck-Direktorin Ingrid Hoppe in einem Brief an Kulturdezernent Dr. Fritz Brüse: „Wir werden gegen Roncalli Maßgaben ergreifen, die denen ähneln, die wir als deutsche Unternehmen in Österreich zu erleiden haben.“

André Heller, Wiener Chansonstar, der in der Bundeshauptstadt sein Debüt als Zirkusdirektor gab, steht den Protesten und Drohungen gelassen gegenüber: „Uns hat schon der ... Schwierigkeiten gemacht. Wir aber verstehen uns in keiner Weise als Konkurrenz zu bestehenden Zirkusunternehmen. Mit unseren bescheideneren Mitteln können und wollen wir gar nicht eine große, perfekte Zirkusshow bieten.“

Auch Hans-Jürgen Nagel, Kulturreferent der Stadt Bonn, sieht die Dinge anders als die aufgebrachten Zirkusleute: „Weil wir Roncalli für den »Bonner Sommer« geholt haben, dürfen jetzt nicht andere Unternehmen einen Anspruch daraus ableiten.“

Einen Erfolg können die deutschen Zirkuschefs dennoch verbuchen: Bei der Stadt will man neu überlegen, wo man den Artisten künftig einen Platz anbietet. Bisher waren sie auf das Entgegenkommen eines Priva-

Die Direktoren der etablierten Circusse ärgern sich über die Kulturförderung der Stadt Bonn für Roncalli („Express“)

Am 18. Mai 1976 feiert der Circus Roncalli auf der Bonner Hofgartenwiese seine Weltpremiere

Vorbereitungszeit dieses Circus schon ein enormes Medienecho beschert. Nun aber geht es sozusagen erst richtig los, und was in den folgenden Monaten über Roncalli in Zeitungen geschrieben wird, übertrifft an Quantität vermutlich die Berichterstattung über alle deutschen Circusse durch mehrere Jahre.

Gründe für den Erfolg

In Programmrezensionen, Reportagen, Feuilletons, Klatschkolumnen und letztlich in den vielen Berichten über den Streit der beiden Gründungsväter und seine Folgen wurde das Phänomen Roncalli in einem kaum mehr zu überblickenden Ausmaß analysiert, diskutiert und kommentiert.

Um seinen in der Tat sensationellen Erfolg zu verstehen, müssen wir einige Faktoren ins Kalkül ziehen, die sozusagen den Nährboden dafür bereitet haben. Ende der sechziger, Anfang der siebziger Jahre war zumal die bundesdeutsche Circusszene nach Meinung mancher Kommentatoren durch eine gewisse künstlerische Stagnation gekennzeichnet, wobei nicht generalisiert werden darf. Auch fehlte es in keiner Weise an guten, ja ausgezeichneten Artisten, und in der Tat war der diesbezügliche Standard vieler Programme sehr bemerkenswert, ja fallweise hervorragend. Und doch stellte sich allmählich bei einem Teil der Zuschauer das Gefühl einer gewissen Leere ein. Eine sehr brauchbare, aber doch auch schon ein wenig abgenützte Rezepturdramaturgie beherrschte die Programmerstellung, Routine hatte die Kreativität zu sehr in den Hintergrund gedrängt. An sich war dies die Folge einer längeren Entwicklung, die schon in den späten fünfziger Jahren eingesetzt hatte, als ein nicht unwesentlicher Teil der Circusszenerie begonnen hatte, an Farbigkeit und Ausstrahlung zu verlieren.

Um den Erfolg von Roncalli zu verstehen, ist aber auch ein kleiner Exkurs in die Theaterszene nützlich, zumal sich sein Publikum mit dem, was man trotz seiner Vielschichtigkeit als herkömmliches Publikum bezeichnet, nur teilweise deckte. Es waren im besonderen auch die Jugendlichen, die in diesen Circus strömten, und hier vor allem solche mit höherer Schulbildung. Und Jugendliche gehörten von allem Anfang an zu den Besuchern des sogenannten „Freien Theaters", also jener Theatergruppen, die sich seit Beginn der sechziger Jahre allmählich formiert hatten. Im Freien Theater artikulierte sich die Aufbruchstimmung jener Zeit und manifestierte sich der Wunschtraum eines ungebundeneren Lebens, vor allem dann im Zuge der 68er Bewegung.

Ein Protest, aus dem Bedürfnis nach Freiheit und Spontanität gewachsen und gegen gesellschaftliche Verkrustungen gerichtet, der in seiner szenischen Gestaltung nach neuen Formen verlangte. Die Alternative zum literarischen Theater führte zu einem wachsenden Interesse an Körpertheatralik, Maskenspiel, Clownerie, Laut- und Nonsenssprachen, Spielformen des afro-asiatischen Raumes und anderem mehr, wobei auf eine Reihe von im Grunde altbekannten Theaterformen zurückgegriffen wurde, wie auf das mittelalterliche Mysterienspiel, die Commedia dell'arte u. a. m. Zurückgegriffen wurde aber auch auf den Futurismus, der in seinen Manifesten eine Art von Multimediatheater postuliert hatte,

Bonn, Hofgartenwiese

Riesenspaß bei „Roncalli"

Das war ein Riesenspaß für die Bonner Pänz, die von EXPRESS in den Zirkus Roncalli auf die Hofgartenwiese eingeladen wurden. Der Ansturm an der Kasse nach den 300 Freikarten war groß. In einer halben Stunde hatten die Kinder die Vorräte abgeräumt. Wenn manche gar zu enttäuscht waren, zeigte der Zirkusdirektor sein gutes Herz und ließ hier und da noch Kinder umsonst oder mit Ermäßigung hinein. Dann hatten die Kinder drei Stunden Mordsspaß mit Clowns, Artisten und wilden Tieren. Weil die Freude für alle so groß war, will EXPRESS noch einmal einladen: Für Montag, 15 Uhr, im Hofgarten. Ab heute, 15.30 Uhr, sind 300 Freikarten bereit.

Das Bonner Gastspiel des Circus wird von Publikum und Presse euphorisch aufgenommen

„Express", Bonn, 26. 5. 1976

Poesie und Sentimen

André Hellers Erfolg in Bonn — im Oktob

Wenn es donnert und blitzt im | tung auf d

und auf die anarchische „Anti-Kunst" des Dadaismus.

Es war vorauszusehen, daß auch der Circus früher oder später hier Position beziehen würde, wenngleich der große Boom der alternativen Circusszenerie dann erst rund eineinhalb Jahrzehnte später eingesetzt hat.

Auf der Theaterbühne haben Circensik, Varieté und Jahrmarkt in den siebziger Jahren als gelegentliche, dann aber immer häufiger vorkommende Gestaltungsprinzipien Einzug gehalten. Dafür gibt es viele Beispiele: So etwa Peter Brooks legendäre Inszenierung von Shakespeares „Sommernachtstraum", 1970 in Stratford-upon-Avon, Peter Steins „Shakespeares Memory" – eine Exkursion in das Elisabethanische Zeitalter, 1976 an der Schaubühne am Halleschen Ufer in Berlin inszeniert, oder Peter Zadeks mit Tankred Dorst erfolgte Bearbeitung des Fallada-Romans „Kleiner Mann, was nun?" in Form einer Revue.

Roncalli hat nun zweifellos Elemente des Theaters in den Circus zurückgeholt, blieb aber trotz alledem ein Circus, der die dramaturgischen Gesetze der Manege nicht antastete. An sich spielt die Ausstrahlung des Theaters auf den Circus, die Symbiose zwischen Theater und Circus in der Circusgeschichte eine wichtige Rolle – man denke nur an die Manegenschauspiele, die Circuspantomimen: dramatisierte Handlungen oder zumindest Handlungsabläufe, bei denen die räumlichen Möglichkeiten und einsetzbaren Mittel des Circus – es sei nur an die vielfältigen Formen der Reitkunst erinnert – entsprechend genutzt wurden.

Aber kehren wir wieder nach Bonn zurück, zur sensationellen Weltpremiere des Circus Roncalli, dessen Zelt André Heller als „eine Hülle für das Ungewöhnliche" bezeichnete, die „eine Intensivstation der Phantasie" birgt.

ERSTE KONFLIKTE

Ungewöhnlich ist freilich auch sonst alles, was sich in diesem Circus abspielt. Bernhard Paul begeht den Fehler, sich gegenüber André Heller zu sehr im Hintergrund zu halten, der Direktor läßt vor allem seinen Regisseur in der Öffentlichkeit reden. Das Nachrichtenmagazin „Profil" drückte es später dann so aus: „Für die Journalisten war daher nicht Pauls, sondern Hellers Circus Roncalli zu Gast." Als dann in den überwiegend ausgezeichneten Presseberichten vor allem Hymnen auf Heller gesungen werden – mehrmals ist auch unzutreffend von Hellers Circus die Rede –, explodiert Bernhard Paul. Opfer ist der Geschäftsführer des Circus, gegen den sich, vor allem auch aus finanziellen Gründen, der Zorn richtet. In seinem Salonwagen schleudert Paul einen Aschenbecher nach seinem Geschäftsführer, trifft jedoch nicht und schlägt nun zu, während der anwesende André Heller entsetzt aus dem Wagen stürzt, um seinen Freund Hanno Pöschl – im Circusprogramm für die Regieassistenz verantwortlich – zu Hilfe zu holen. Eine Szene, über die dann im Zuge des in den Zeitungen breitgetretenen Streites sehr genüßlich berichtet wird.

Zwischen Bernhard Paul und André Heller entstand eine immer größer werdende Diskrepanz über die szenische Umsetzung des Roncalli-Konzepts

Sehnsucht nach bunten Clowns

Cirkus Roncalli in Bonn

VON ULRIKE SCHWIEREN

Bonn. Einen bunten Traum hat er verwirklicht, seine Sehnsucht nach grell geschminkten Clown-Gesichtern, geheimnisumhüllter Magie und wohligem Nervenkitzel gestillt. Für André Heller, den melancholischen Träumer aus Wien, ist die Budenstadt seines Cirkus Roncalli ein Triumph der ... seine Angst hinter der Maske eines Buchhalters zu verstekken".

Doch abgesehen von dieser „größten Poesie des Universums", die der „Engel der möglichen Wunder" dem erwartungsvollen und durchaus verzauberungswilligen Publikum mi tgroßer Geste suggeriert, gleicht der Cirkus Ron-

„Bonner Rundschau", 20. 5. 1976

Rechts: André Heller und Zirkus-Mitstreiter Bernhard Paul
Unten: Heller, der Gaukler

André Hellers verrückter Zirkus

Was herauskommt, wenn ein Berufs-Außenseiter einen Jugendtraum realisiert

Er gefiel sich stets in der Rolle des Außenseiters. Ob er nun auf die Stadt Wien schimpfte, Peter Alexander attackierte oder sich in melancholischen Liedern selbst bemitleidete. Jetzt hat sich André Heller einen Jugendtraum erfüllt, der – wie könnte es bei ihm anders sein – äußerst ungewöhnlicher Art ist: Er hat ...

Plakate und Wagenbemalung steuerten Wiener Künstler wie Hubert Aratym bei.

„Die größte Poesie des Universums", wie der für kühne Wortbilder bekannte Heller das Unternehmen nennt, soll (natürlich) anders als alles andere auf diesem Gebiet sein.

Er verspricht, einen Zirkus voller Poesie darzubieten. So, wie man ihn sich als Kind erträumt, nicht nur als eine Aneinanderreihung von mehr oder weniger guten Tier- und Artistennummern.

Ja, er will sogar mit Hilfe von Spezialtricks den Dompteur von seinen Tieren zerreißen lassen, um Zuschauern neue Denkanstöße zu vermitteln.

In diese Richtung zielt auch ein dem Zirkus angeschlossenes Kommunikationszentrum. Dort werden Autorenabende veranstaltet, Diskussionen geführt, Zirkusplakate aufgestellt.

„Das ist für mich ein Gefühl wie Weihnachten", strahlt der vollbärtige Poet und Liedermacher. „Die Skeptiker und Zweifler sind endlich davon überzeugt, daß es sich bei un-

„Gong", 22. 5. 1976

Für viele Journalisten ist Roncalli das Werk André Hellers, eine Sicht, die vor allem auf dessen Bekanntheitsgrad und sein Geschick im Umgang mit der Presse zurückzuführen war

ircus Roncalli

em Wiener Rathausplatz

ng. Die Philoso- beautiful", das ... mit ihrem Versuch, die alten Standards volksnaher Kleinkunst und Zerstreuung wieder zu beleben, sie

„Die Presse", Wien, 22. 5. 1976

In den frühen Jahren ist Roncalli noch weit von seinem perfekten Erscheinungsbild entfernt, für das er heute berühmt ist

Der nächste Schritt ist dann die Kündigung des in seinen Geschäftsbefugnissen immer mächtiger gewordenen Geschäftsführers durch Bernhard Paul. Dessen Rechtsanwalt Fritz Willheim reist nun aus Wien an und läßt seinen Mandanten im Zuge einer Besprechung bei einem Bonner Rechtsanwaltskollegen ungefähr Folgendes ausführen: „Ich habe gesagt, okay, es ist mir völlig wurscht, ob ich gehen muß und dabei mein Geld verliere oder nicht. Wenn das passiert, dann muß aber das Unternehmen zusperren.“ Rechtsanwalt Fritz Willheim präsentiert nun ein Schreiben mit Unterschriften mehrerer Gläubiger, die für die Übertragung sämtlicher geschäftlichen Vollmachten an seinen Mandanten eintreten. Zum wiederholten Male kommt nun eine Vereinbarung, betreffend die Abgrenzung von Rechten und Pflichten zwischen Eigentümer und Geschäftsführer, zustande. Der Geschäftsführer rät sodann Bernhard Paul brieflich, beim Handelsgericht Wien den Antrag auf Konkurseröffnung einzubringen, zumal die Schuldensumme aus unbezahlten Rechnungen angeblich 2 460 207,60 Schilling, aus dem Titel der Kredit- und Darlehensgewährung 2 357 500 Schilling betrug.

Roncalli, dessen Gastspiel in Bonn verlängert wurde, spielt nachmittags und abends im vollen Zelt, das Publikum ist begeistert, jauchzt und jubelt, verlangt von den Artisten Dacapos und will am Schluß der Vorstellung kaum nach Hause gehen.

Die Zeitung „Die Presse“ hält in einem Artikel mit der Überschrift „Die wundersame Rettung des Circus Roncalli“ fest: „. . . in Bonn scheint nun – fast schon wider Erwarten – auch der kommerzielle Durchbruch zu folgen.“ Und berichtet – wie auch andere Zeitungen – recht ausführlich über die zahlreichen in Bewegung gekommenen Vermittlungs- und Interventionsversuche. Hier wäre u. a. der Frankfurter Kulturdezernent Hilmar Hoffmann zu nennen. Sodann ein vom Circusbesuch begeisterter Erhard Busek, Generalsekretär der Österreichischen Volkspartei, der von Wien aus Parteifreunde aus der CDU kontaktiert, um kommunalpolitische Beziehungen einzusetzen. Klaus Voland, Pressesprecher des Bonner Bildungsministeriums, der Pressesprecher Herbert Wehners, die österreichische Botschaft in Bonn u. a. m. schalten sich ein. So kann Bernhard Paul letztendlich sagen: „Das ist unwahrscheinlich, ich habe eine ganze Liste von Leuten, die uns geholfen haben.“ Drei Tage zuvor nämlich, als es noch düster aussah, hatte er den Reporter auf die Warnung, er solle nicht auf Wunder hoffen, entgegnet: „Doch! Wunder gibt's immer. Vor allem beim Circus . . .“

In Wiesbaden, der nächsten Station des Circus, ist der Zuspruch von seiten des Publikums sehr mäßig. In manchen Vorstellungen sind nur rund 150 Leute. Aus mehreren Gründen. Knapp acht Wochen vorher hat

„Frankfurter Allgemeine“, 3. 6. 1976

Viel Zirkus um einen „Zirkus“

André Hellers poetisches Spektakel „Roncalli“ hat Schwierigkeiten

hf. In Wiesbaden beginnt heute der Zirkus „Roncalli“ mit einem vierzehntägigen Gastspiel, ein Zirkus, der aus der Sicht der Initiatoren André Heller und Bernhard Paul eigentlich gar kein Zirkus ist. Heller präsentiert das von […] Projekt „Roncalli“ als

gen“. Der Bevollmächtigte der Interes[…]sengemeinschaft, Dr. Leuner, wirft He[…]ler und seinen Mannen vor, sie hätte[…] sich in Deutschland eingeschleust, i[…] dem sie erzählten, das ganze sei e[…] Theater. Dies sei aber nur ein Werb[…]trick. Für Leuner und seine Interesse[…]gemeinschaft ist das Projekt ein rei[…]

hier der Circus Barum gastiert, der ob seiner ausgezeichneten Programme großes Ansehen genießt, wozu sein Direktor, der weltbekannte und sehr sympathische Tierlehrer Gerd Siemoneit, beigetragen hat. Siemoneit ist oft im Deutschen Fernsehen zu Gast und auch wiederholt Star beim alljährlichen Circusfestival in Monte Carlo, das er auch in TV-Sendungen kommentiert. Zudem gilt das Wiesbadener Publikum eher als konservativ und zurückhaltend, und Heller kommentiert dies dann auch etwas bissig: „Da waren nur lauter Leut', die bereits mit dem Nerz auf die Welt kommen." Die Werbung setzte auch nur allzu zögernd ein, das Gastspiel war mangelhaft vorbereitet, was im besonderen auch in den zeitraubenden internen Streitigkeiten seine Ursache hatte. „Ärger um André Heller" titelt der „Gießener Anzeiger" über einem Artikel und führt darin aus: „Der österreichische Zirkusdirektor André Heller ist mit seinem Zirkus ‚Bändigungsversuchen' von seiten verschiedener deutscher Zirkusunternehmer ausgesetzt", und ließ den Vizepräsidenten des Internationalen Zirkusdirektorenverbandes und Chef des renommierten Circus Busch-Roland, Will Aureden, zu Worte kommen, der ausführte, daß Roncalli verschiedene für deutsche Circusunternehmen gültige Auflagen umgangen habe, indem er seine Darbietungen als Theater bezeichnete.

Zwar herrschte bei den Circusdirektoren Übereinstimmung, daß es sich um guten Circus handle, sie waren jedoch „verbittert über die ihrer Meinung nach ungerechtfertigte Bevorzugung des Circus Roncalli durch die Stadt Wiesbaden". Der Grund der Verbitterung lag vor allem in Fragen der Anmeldung, Platzmiete, Kaution – alles zeitraubende, meist lange im vorhinein ausgehandelte Komplexe, während Roncalli in kürzester Zeit – der Circus hatte zu Ende der Spielzeit in Bonn noch keinen neuen Termin – die Veranstaltungsgenehmigung und andere Vergünstigungen erhalten hatte. So war denn auch von einer „Schlitzohrentour" von Heller die Rede. Völlig unrichtig wurde Roncalli übrigens durch Gerd Siemoneit-Barum eingeschätzt, der in einem Interview in der „Circus-Zeitung" erklärte: „Würden die Ideen, die Heller mit seinem Circus Roncalli vertritt, wirklich den Circus der Zukunft ausmachen, . . . so sähe ich für den Circus Schlimmes voraus. Ich meine, daß dieser Circus zwar von circusbesessenen Laien ins Leben gerufen wurde, daß er dennoch lediglich die Verwirklichung einer Stammtischidee, nichts Dauerhaftes also, bleiben wird . . . Wenn man meint, mit Lichteffekten, mit irgendwelchen illusionistischen Gedanken und superintellektuellen Ideen eine neue, zukunftsweisende Form des Circus gefunden zu haben, so geht dies an der Wirklichkeit vorbei."

Die nächste Station des Circus ist Köln, das – anders als Wiesbaden – wiederum volle Häuser bringt. Trotz großer Sommerhitze strömt das Publikum zu den Vorstellungen. Bei der der Premiere vorangegangenen Pressekonferenz waren freilich wiederum die Konflikte zwischen André Heller und Bernhard Paul aufgebrochen. Anlaß war die Braunbärennummer von Helga und Dieter Kraml, die Heller nicht gefiel – und die er eigenmächtig aus dem Programm strich. Wogegen Bernhard Paul vor versammelter Presse protestierte und Dompteur Dieter Kraml – gleichfalls coram publico – Heller heftig be-

„Die Presse", Wien, 1. 6. 1976

Die wundersame Rettung des „Circus Roncalli"

Von unserem Korrespondenten

BONN (wap). Dem artistischen Erfolg des österreichischen Kleinkunstzirkus „Roncalli" bei der Weltpremiere in Bonn scheint nun — fast schon wider Erwarten — auch der kommerzielle Durchbruch zu folgen. Nachdem der Bonner Aufenthalt bereits verlängert worden war, geht das gewagte Unternehmen der beiden Wiener André Heller und [illegible]

Doch dem großen Sprung ins Vorfeld schwarzer Zahlen war trotz des Publikumserfolgs zunächst noch, buchstäblich bis zuletzt, eine Atmosphäre der Sorge und Tristesse vorangegangen. Denn obschon „Roncalli" nachmittags und abends stets in vollem Zelt spielte, obgleich — ungewöhnlich in dieser Branche — vom Publikum häufig Zugaben verlangt wurden [illegible]

Da war zunächst ein enthusiasmierter ÖVP-Generalsekretär Erhard Busek: Vom CDU-Parteitag in Hannover hatte er einen Abstecher nach Hamburg gemacht. Grund: Die Turnerausstellung. Noch am selben Tag fuhr er nach Bonn, um abends den Circus zu sehen. Von Wien aus alarmierte er dann Parteifreunde aus der CDU, für die gute Sache ihre [illegible]unalpolitischen Beziehungen [illegible]

Zirkus-Direktoren: Schmarotzer aus Österreich

Manegen-Chefs werfen André Heller Schlitzohrtour und betrügerische Manöver vor

Wären André Heller und Bernhard Paul vom Zirkus Roncalli sowie Wiesbadens Wirtschaftsamtsleiter Jürgen Kamps auch im Hansa-Hotel erschienen — die dort versammelten Zirkusdirektoren hätten wohl ein paar hungrige Löwen losgelassen. Zornesbebend und mit einer Lautstärke, [illegible]

behördliche Auflagen und finanzielle Belastungen unterlaufe und obendrein noch außer der Reihe — ihrer Reihe — zum Auftritt zugelassen werde. Wiesbaden gestatte sonst nämlich nur zwei Zirkusveranstaltungen pro Jahr, und mit dieser wettbewerbswidrigen Bevorzugung sei [illegible]

der Verband dem österreichischen „Schmarotzer" das Wiesbadener Gastspiel noch nicht „juristisch sabotieren", obwohl man meint, dazu die Möglichkeit zu haben, vor allem wegen fehlender Arbeitserlaubnisse für Ausländer.

★

[illegible]ber die Frage, ob der Zirkus Ron[illegible]

schimpfte. Von der Roncalli-Geschäftsführung hatte der Dompteur letztlich die Kündigung erhalten, dieser hatte freilich die gesamte Gage bis Saisonende gefordert. Ein „Fressen“ also für die anwesenden Journalisten, die ausführlich über diesen Streit berichteten, der zudem vor dem Arbeitsgericht Köln seine Fortsetzung fand und den Circus zu einer Gagennachzahlung verurteilte.

Der Alltag des Circus Roncalli ist aber nicht nur von Rechtsstreitigkeiten, er ist auch von Finanzproblemen geprägt. Die Zeitungen berichten von Gagenrückständen der Artisten, und die Gläubiger in Wien beginnen immer unruhiger zu werden. Der Geschäftsführer demonstriert nach außen hin Ruhe, betont, daß die Gläubiger weiter hinter dem Unternehmen stehen. Er macht aber auch klar, daß sie derzeit nicht mit Zahlungen rechnen können: Chapiteau, Sitzeinrichtung, Wagenpark sind an die Zentralsparkasse verpfändet.

Nun aber steht das Gastspiel in München bevor: sensationeller Höhepunkt, Zuspitzung und Krise.

Intuition und Gestaltungskraft

In Roncalli wurde vielfach eine Rückkehr zu einem circensischen Urquell gesehen. Was psychologisch erklärbar ist, da Roncalli vom überwiegenden Teil des Publikums auch als ein Circus empfunden wurde, wie er „früher einmal“ gewesen sein könnte, und zwar von jenem Publikum, das an dieses „Früher einmal“ gar keine Erinnerung haben konnte. Sachlich betrachtet ist dies jedoch nur teilweise, in stilistischer Hinsicht überhaupt nicht richtig. Die Darbietungen im Circus Roncalli wirkten nicht oder nur in eingeschränktem Ausmaß wie Nummern, die für ein Programm engagiert worden waren. Sondern fast wie Nummern, die für dieses Programm erfunden wurden, mittels einer überbordenden Phantasie.

Mit geradezu nachtwandlerischer Intuition hatte Bernhard Paul die „richtigen“ Artisten gefunden und engagiert. Und André Heller mit seiner bilderbesessenen Gestaltungskraft, seinem poetischen Text, seiner Collagierkunst das Ganze zur „Größten Poesie des Universums“ geformt.

André Hellers Worte zu Beginn – vom „Engel der möglichen Wunder“ gesprochen –, sie wirken gleichsam wie Beschwörungsformeln, rufen Gestalten wie aus magischen Urwelten herbei, Fabeltiere und Märchenwesen, Zaubermänner mit hohen schwarzen Hüten, aber auch bezaubernd hübsche Mädchen in glitzernden Kleidern, Masken des venezianischen Karnevals u. a. m. Bilder, die an die phantastisch skurrile Commedia-dell'arte-Welt Carlo Gozzis, aber auch an die Filme Fellinis erinnern. Gestalten, die die Zuschauer wie langersehnte Freunde begrüßen, umarmen, sie scheinbar in die Vorstellung integrieren.

Euphorie schon vor der Vorstel-

Die Braunbärennummer von Helga und Dieter Kraml war Anlaß für einen heftigen Hauskrach bei Roncalli

Im Zircus Roncalli flogen die Fäuste

Von BERND SCHMIDT

Köln, 18. Juni

Nach einem glänzenden Start des „Zircus Roncalli" in Bonn (jeden Abend ausverkauft) folgte in Wiesbaden die Ernüchterung: Zu einer Vorstellung kamen nur 20 zahlende Zuschauer. In Köln, der dritten Station, sahen die Premiere 500 Zuschauer bei 1800 Plätzen. Um sein „Lebenswerk mit allen Mitteln" zu retten, flog der Wiener André Heller von Plattenaufnahmen in Israel sofort nach Köln.

Sein „Poetisches Theater" wird nicht nur von einer finanziellen Krise (30 000 Mark Schulden), sondern vor allem von Auseinandersetzungen unter dem eigenen Zeltdach geschüttelt. So prügelte sich Zirkusdirektor Bernhard Paul mit seinem Geschäftsführer Michael Sedivy. Eine Reihe von Beschäftigten wurden entlassen. Schließlich versuchte Bernhard Paul, auf dessen Namen das Unternehmen formal überschrieben ist, den Zirkus an die Konkurrenz Karl Althoff zu verkaufen – so Geschäftsführer Sedivy.

Anlaß für den Krach wenige Stunden vor der Kölner Premiere war die Streichung des Bären-Dompteurs aus dem Programm, weil Heller die Dressur zu grausam war. Paul widersprach.

André Heller zu BILD: „Es muß jetzt ganz schnell eine Lösung gefunden werden, sonst ist es aus. Ich werde jedes Opfer bringen."

Will jedes Opfer bringen: André Heller

„Bild“, 18. 6. 1976

„Seitdem ich die Menschen kenne, liebe ich die Tiere.“

(Paula Busch, Circusdirektorin)

lung im Restaurationszelt – der Zeitströmung entsprechend natürlich Kommunikationszelt geheißen –, wenn die ins Chapiteau Strömenden von tanzenden Blumenkindern mit Konfetti bekränzt, an den Ohrläppchen gesalbt und im Gesicht mit Farbflecken geschminkt werden, was man sich auch ein bißchen bei Savarys „Magic Circus" abgeguckt hat. Der „Engel der möglichen Wunder" – dargestellt von dem jungen Schauspieler und Pantomimen Wolfgang Sebastian Baur – erwacht als Marionette, spricht, nein erzählt die verbindenden Worte. Texte von schillernder verbaler Equilibristik, wohl auch von raffinierter Schaumschlägerei – aber auch das will gekonnt sein.

In einem Gespräch mit Hans Jürgen Syberberg in Hellers Buch *Es werde Zirkus* sagt André Heller einiges zur Geburt dieser Gestalt, die eine Zeitung mit einem Cocteauschen Todesengel verglich.

Wie sich die Bilder ähneln: 1952 war Heller fünf Jahre alt. Es war das Wien der Nachkriegszeit mit noch zahlreichen Bombenruinen, bröckelnden Fassaden, einer teilweise noch dürftigen Abendbeleuchtung. Ein Wien der Schatten – wir kennen es aus Carol Reeds Film *Der dritte Mann*. Aber „eines Tages stand nahe der Mariahilferstraße ein Zirkus. Ich hielt das für eine Delegation aus einer anderen Sphäre ... Plötzlich schrie dieses Zelt mit roten und gelben Glühbirnen, mit Flaggen in allen Variationen und dann die Kostüme, mein Gott, damals fand meine eigentliche Geburt statt ..." Später erzählt Heller von seiner großen Antipathie gegenüber der Person des Conférenciers, die in den Nachkriegsjahren auf dem Wiener Unterhaltungssektor eine große Rolle spielte.

Das Nachkriegswien besaß zahlreiche kleinere Varietés und Kabaretts. Varietenachmittage oder bunte Abende, oder wie immer diese Veranstaltungen hießen, wurden auch in Lichtspieltheatern, im großen Konzerthaussaal und andernorts veranstaltet. Hier, wie manchmal auch im Circus, traten Conférenciers auf, es gab eine ganze Gilde von ihnen. In Hellers Erinnerungen, die den Realitäten allerdings nur teilweise entsprechen, waren sie vor allem im Circus dick und unsympathisch. Darum mußte für Heller derjenige, der sozusagen die Stelle des Conférenciers einnimmt, schön und jung sein. Der „Engel der möglichen Wunder", das war auch die Hellersche Stellvertreterfigur, die die Begegnung mit sich selbst, mit den eigenen Wunschträumen personifizierte.

In einem Essay über die Beobachtungen zu einer neuen Gefühlskultur schrieb die FAZ später, „daß es dem Circus Roncalli mit Erfolg gelang, neue ‚kürzere' Beziehungen zum Publikum herzustellen. Der Zirkusbesu-

Im Jahre 1976 gastierte Roncalli in München auf einem Platz an der Türkenstraße, der schon bald im Volksmund Roncalli-Platz genannt wurde und später diesen Namen ganz offiziell von der Stadtverwaltung erhielt

cher wird Teil der Vorführung und Teil des Zaubers, der an die Stelle zirzensischer Superlative trat, anrührende, nicht rührselige Elemente statt Todeskitzel."

KÜNSTLER IN DER MANEGE

Wir haben die „richtigen" Artisten bereits erwähnt und wie sehr von einem Großteil des Publikums der Circus als einer empfunden wurde, wie er früher einmal gewesen sein könnte. Da waren die Feuerfresser, Tagora und Partner, ein Genre, das im Circus nahezu verlorengegangen war. Freilich hatte schon der „Magic Circus" in seiner 1971 entstandenen Revue „Les derniers jours de solitude de Robinson Crusoe" zwei Feuerspeier in die Handlung integriert, als Symbol für den in der Einsamkeit ausgesetzten Menschen in der Bewältigung der Elemente. Aber auch André Heller hatte in seinem Fernsehfilm „Wer war André Heller" einen Feuerzauber eigener Art beschworen, indem zwei Feuerfresser nach und nach die Einrichtung eines Zimmers anzündeten, die hell brannte, ohne zu verbrennen.

Auch Artisten haben Hunger

Als sich im Circus Roncalli Tagora und Partner, „die Söhne des Vulkans", im Zusammenspiel mit der exzellenten Lichtregie David Herseys im Finale mit zwei Feuerwolken anspien – und die Zuschauer die Hitze regelrecht körperlich spüren konnten –, wurde im Chapiteau die Illusion erzeugt, daß das Feuer bis zur Kuppel, ja vielleicht darüber hinaus lodere. Dinosaurier, aussterbende oder ausgestorbene Antipoden zur Gleichmachergesellschaft, hatte André Heller die Artisten seiner Sehnsuchtsklasse genannt. Schwertakrobaten, die sich Degen durch die Speiseröhre in den Magen senken, zählten ebenso zu dieser fast ausgestorbenen Spezies.

Tagora, aus Vorarlberg und nicht aus einem exotischen Land stammend – Vergleichbares findet sich Tausende Male in der Artistengeschichte –, sah das Schwertschlukken als die wichtigste Nummer seiner Laufbahn an. So mancher Zuschauer hielt es wohl für einen Trick, konnte an „die Echtheit" nicht glauben, und auch Heller hatte nach seinen Worten überlegt, das Röntgenfoto des Artisten, das den Weg der Klinge dokumentierte, dem Publikum zu präsentieren. Doch auch das wäre noch nicht unbedingt ein Beweis für den ungläubigen Zuschauer gewesen – dazu hätte es eines in der Manege aufgestellten Röntgenapparates bedurft.

Die drei „Olympiades-Goldmenschen" riefen mit ihren klassizistischen Skulpturen, ihren Zeitlupenbewegungen nicht nur Verblüffung und Bewunderung ob der großartigen artistischen Leistung, sondern auch unbeabsichtigte Heiterkeit hervor. Heller kommt im Gespräch mit Hans Jürgen Syberberg darauf zu sprechen, auf die unfreiwilligen Assoziationen zu bestimmten faschistischen Plastiken. Auch sind die Grenzen zwischen dem Erhabenen und dem Komischen bekanntlich fließend. Das „Trio Olympiades" hat – nach anfänglich starkem Befremden – irgendeinmal angefangen mitzuspielen, hat ihr Einverständnis mit der Reaktion des Publikums bekundet – die drei Männer haben gezwinkert.

Daß Roncalli wundervolle Clownnummern präsentiert, überrascht kaum, das wird geradezu erwartet. Sie wirken wie erfunden für „die größte Poesie des Universums" und sind doch letztlich alte Entrees, die Bernhard Paul wiederentdeckt hat.

Schriftlich überlieferte Texte von

Der Feuer- und Schwertschlucker Tagora gehörte bei Roncalli zu den Artisten der ersten Stunde . . .

Clownerien hat es ursprünglich kaum gegeben, was auch aus der Furcht vor Plagiaten geschah. Clowns gaben ihr Repertoire im Regelfall nur an ihre Nachfolger, und das waren meist ihre Kinder, mündlich weiter, gleich den wandernden Puppenspielern, die oft Dutzende von Stücken auswendig kannten, ohne sie je gelesen zu haben. Die klassischen Clownentrees gehen vielfach auf Szenen der Commedia dell'arte, auf Mimodramen der Christmas Pantomimes des englischen Theaters, auf Buffonerien und Possen der Wanderbühnen zurück. Der renommierte französische Circus- und Theaterhistoriker Tristan Rémy – er tritt auch in Fellinis Film *Die Clowns* auf – hatte – zuweilen nach dem Diktat der Künstler – über 150 dieser Entrees gesammelt und eine Auswahl der seiner Ansicht nach besten und traditionellsten Szenen in seinem Buch *Entrées Clownesques* veröffentlicht.

„Bienchen, gib mir Honig", ist eines dieser Entrees, das nun im Circus Roncalli gespielt wurde – mit Unterbrechungen bis heute gespielt wird – und das unmittelbar danach von einer Reihe von Clowns in den verschiedensten Circussen übernommen wurde. Hat eine Nummer Erfolg, dann glauben auch andere, diesen Erfolg mit derselben Darbietung – oft nur als mittelmäßige Kopie – herbeiführen zu müssen. Bernhard Paul, vielbelesen in der einschlägigen Literatur, kannte natürlich das Buch von Rémy. Und hat doch bei diesem Entree nicht primär darauf zurückgegriffen, sondern die von ihm engagierten Clowns sozusagen aus sich heraus spielen lassen. André Riot-Sarcey, der zusammen mit seinem Lehrer, dem bekannten Pantomimen Pierre Byland, für die Choreographie verantwortlich zeichnete, zeigte sich fasziniert von diesem Spiel, in das er dann auch integriert wurde und einen sehr poetischen Clown abgab. Die alten Entrees und Entree-Elemente, sie werden liebevollst „aufpoliert", erfahren bei Beibehaltung ihrer Grundstruktur auch neue, zusätzliche Nuancierungen.

Zur Schar der Roncalli-Clowns zählt Renato Zacchini, ein studierter Geiger, der sein Entree mit einem Solo auf dem Sopransaxophon mit „Oh mein Papa" aus der musikalischen Komödie „Feuerwerk" von Paul Burghard beginnt. Da ist ferner Arthuro

... ebenso wie das „Trio Olympiades" mit seinem Chef André Faulhaber

Strohschneider, der Weißclown im Glitzergewand, der sich – im Unterschied zu zahlreichen Weißclowns, die als nahezu unnahbare Gestalten die „Dummen Auguste" zu unterdrücken versuchen – als geradezu träumerisches Wesen zeigt. Er demonstriert dies letztlich – in mildes, changierendes Farblicht getaucht – mit den „Liebesträumen" von Franz Liszt, auf der singenden Säge gespielt. Dies geschieht im Verlauf eines Entrees, das mit den Worten „Guuuuuten Aaaaabend" begann, die nachgerade zu einer magischen Begrüßungsformel der Circusbesucher gerieten. Die Szene, wonach das Singen und Musizieren im Circus verboten ist, aber die „Dummen Auguste" es nicht lassen wollen, so daß schließlich als Schreckfigur der angekündigte große Affe erscheint – es ist ein Mann im Gorillakostüm –, hatte Bernhard Paul noch im Circus Rebernigg erlebt. Das in diesem Entree gesungene Lied „Auf der blauen Donau schwimmt ein Krokodil, hat zwei lang Haxn wie ein Besenstiel" hatte ihn schon in seiner Kindheit „verfolgt".

Fredi Codrelli und Arthuro Strohschneider

Und da ist schließlich noch Pauls alter Freund Fredi Codrelli, der im vorgenannten Entree auftritt, aber auch seine weltweit umjubelte Spaghettinummer präsentiert, die er in fast 30 Ländern gezeigt hat. Hinreißender Slapstick, wie wir ihn beispielsweise in Mack-Sennett-, frühen Chaplin- und anderen Stummfilmen finden, deren Akteure ja einst vom Circus, vom Varieté und aus der Music Hall kamen. Die Spaghettinummer bezieht ihre Komik aus einer uralten Situation der Umkehrung des Herr- und Knechtverhältnisses. Wie da ein betrunkener, herumtorkelnder, verwahrloster Kellner mit seinem Gast umspringt, ihm die Ärmel des Jacketts abreißt, mit dem Besen ins Gesicht fährt, in die Spaghetti tritt und diese wieder auf den Teller klatscht, eine einzelne Nudel in die Höhe hält und fein säuberlich abwischt, ist von einer schlechthin grandiosen Komik. Und ist dabei von erstaunlicher Aktualität, denn was hier demonstriert wird, ist die ins Groteske übersteigerte Unbehaglichkeit, ja Angst des Restaurantbesuchers vor dem Kellner, einem Abhängigkeitsverhältnis mit umgekehrten Vorzeichen.

Aber auch alle anderen Darbietungen werden stürmisch umjubelt. Der exzellente Handequilibrist Rob Roy, die grazile Milana mit ihren Glas- und Degenbalancen auf stehender Leiter, Adelaine und Giancarlo Madeira, die vor Temperament berstenden Jongleure auf dem Schlappseil, die Marokkanertruppe aus Tanger mit ihren hinreißenden Flic-Flacs und verblüffenden Pyramiden. Bisweilen landen die schwarzlockigen und immer wieder lächelnden Jünglinge fast auf dem Schoß der Zuschauer, die vor Begeisterung laut schreien. Hsing Tao, der chinesische Zauberer, ist in Wirklichkeit ein Wiener mit dem Namen Holt. Mit seinem Theaterschnurrbart, seinem spitzen

Renato Zacchini, ein studierter Geiger, ist neben Fredi Codrelli und Arthuro Strohschneider der Dritte im Bunde bei Roncalli

Fredi Codrelli und Partner

Hut und seinem prächtigen Seidengewand erinnert er an eine Zauberfigur aus der Altwiener Volkskomödie. Zu einem Märchenchina gehört natürlich eine ganz und gar „unechte" chinesische Musik, sie stammt daher auch richtigerweise aus dem „Land des Lächelns". Hsing Tao holt Enten, Hasen, bunte Seidentücher, Blumen und Mädchen im Bikini aus schwarzen Zaubervasen hervor, in die er vorher literweise Wasser gegossen hat. Manchen Zuschauern, wahrscheinlich eher den älteren, mögen dabei Erinnerungen an ihre Kindheit gekommen sein, an einen prächtig gewandeten chinesischen Zauberer in einem alten Bilderbuch oder vielleicht sogar an eine Platte der „Laterna Magica".

Die einzige Tiernummer ist dem jungen Dieter Cappus anvertraut, drei Löwinnen und ein Tigerpärchen, die nicht nur ihre diversen Tricks vorführen, sondern geradezu zärtlich mit dem Dompteur schmusen.

Der Sound der vorzüglichen polnischen Circuskapelle unter Henryk Osiak heizt die Begeisterung im Publikum noch weiter an. Nach jeder Darbietung wird eine Art Erkennungsmelodie gespielt, auf die die Zuschauer von Nummer zu Nummer geradezu schon warten und die in wenigen Tagen in München tatsächlich zu einer Erkennungsmelodie wird. Wenn zum Abschluß Wunderkerzen aus der Kuppel schweben, bunte Luftballons in die Höhe steigen, der Donauwalzer gespielt wird und das Publikum mit den Artisten in der Manege tanzt, dann herrscht so etwas wie ein allgemeiner Glückstaumel.

Hauskrach trotz Erfolgen

Immer mehr Zeitungen berichten über diesen Circus, der allmählich auch zu einem Treffpunkt von Stars wird, was seinerseits die Berichterstattung erneut steigert. Die Freude und Genugtuung über den enormen Erfolg beim Publikum, der sich allmählich auch finanziell auszuwirken beginnt, wird freilich durch den Zwist zwischen den beiden Dioskuren erheblich getrübt. Viele Journalisten berichten denn auch über den Konflikt Heller–Paul und schreiben dabei viel Falsches, die Wahrheit Entstellendes.

„Keinen roten Heller" übertitelt die „Wochenpresse" einen Artikel und läßt darin Bernhard Paul über die deutschen Zeitungen sagen: „Da steht nur was vom Heller und meinem kaufmännischen Direktor drin. Daß ich Alleinbesitzer des Circus und der drei Millionen Schilling Schulden bin, wird verheimlicht." Zudem hatte der Boulevardkolumnist und Heller-Anhänger Roman Schließer von der Wiener „Kronenzeitung" fälsch-

Hsing Tao, der chinesische Zauberer, heißt mit Nachnamen Holt und ist ein waschechter Wiener

Können und italienischer Charme: Giancarlo Madeira auf dem Schlappseil

lich behauptet, daß Heller zwei Millionen Schilling in den Circus gesteckt habe, was von Paul mit den Worten dementiert wurde: „Dem Heller gehört kein roter Heller, er bürgt lediglich für einen 600 000-Schilling-Kredit . . . In Wahrheit habe er, Paul, alles allein gemacht: er trieb das Zelt und die Beleuchtungsanlage auf . . ., engagierte die Artisten, stellte sogar die Nummern zusammen und schnorrte schließlich auch das Geld für das Wahnsinnsunternehmen."

Bernhard Paul fühlt sich von André Heller übergangen und von seinem kaufmännischen Direktor hintergangen. So enthüllt Paul in mühevoller Kleinarbeit die vom Rechtsanwalt seines Geschäftsführers durchgeführten Gespräche mit diversen Roncalli-Gläubigern, die diese vom angeblichen Wunsche Bernhard Pauls überzeugen sollen, in Sedivy den geeigneten Mann für die kaufmännische Führung des Unternehmens zu sehen, der befähigt sei, dieses aus der finanziellen Misere herauszuführen.

Mittlerweile werden die ersten Schritte zu einem Gastspiel Roncallis in Salzburg zur Festspielzeit unternommen, doch scheint der Österreich-Start in der Salzachstadt sehr fraglich zu sein. Denn in Salzburg ist ein Gastspiel des Österreichischen Nationalcircus Elfi Althoff-Jacobi seit längerem fixiert. Und die Stadt Salzburg hat diesem Circusunternehmen eine dreimonatige Konkurrenzschutzklausel zugesichert. Aber André Heller hat ja schon früher erklärt, daß Roncalli einfach ein Theater sei, desgleichen auch Bernhard Paul, der ausführte, daß Roncalli ein Theaterstück Hellers in einem Circuszelt präsentiere.

Der Magistratsbeamte der Festspielstadt, der nun zu einem Lokaltermin nach München gereist ist, um diese Frage endgültig zu klären, mag anfangs ob der gesprochenen Poesie und der unleugbar vorhandenen Theaterelemente noch unschlüssig gewesen sein. Die Entscheidung fiel jedoch spätestens bei der Raubtiernummer von Dieter Cappus. Für ihn stand fest, daß Roncalli ein Circus sei und daher in die Kategorie der Konkurrenzunternehmen des Österreichischen Nationalcircus falle.

Der bekanntlich nach wie vor existierende Nationalcircus ist freilich nach Meinung der Zeitung „Die Weltwoche" gar nicht mehr vorhanden, wenn sie über Roncalli schreibt: „Das Unternehmen, entstanden aus dem gestorbenen Österreichischen Staatscircus [!], stand bei seinem Gastspiel in Frankfurt bereits vor der endgültigen Pleite, denn Frankfurt ist keine Theaterstadt." Nun ja, recherchiert wurde hier wohl – wie auch in vielen anderen Fällen – nicht im mindesten. Roncalli hat jedenfalls in Frankfurt nicht gespielt.

Roncalli sorgt natürlich auch in den einschlägigen Fachkreisen für sehr viel Diskussion, die Fachzeitungen dieser Zeit sind voll von Rezensionen, Berichten, Stellungnahmen, Leserbriefen. Pro und Contra gewiß, doch überwiegt bei weitem das Pro. Die Singularität des Phänomens wird weitgehend erfaßt und weitgehend begrüßt.

Jedenfalls hat die durch Roncalli geschaffene kreative Unruhe einen nicht unerheblichen Teil der Circus-

Der exzellente Handequilibrist Rob Roy kommt im Programmablauf gleich nach der Ouvertüre

Die „Tanger Troup", eine marokkanische Artistengruppe, bei Proben

12. Raubtiere
Trapez (III r
13. Feuernumm
14. Chines.
Akrobate
15.

szenerie stark beeinflußt, ja sogar verändert.

Das Roncalli-Fieber – es darf ohne Übertreibung so genannt werden – hält in München an, steigert sich sogar immer mehr. Manche Zuschauer kommen nicht nur zwei- oder dreimal, sondern sogar ein Dutzendmal und häufiger.

Die Zeitungen schwelgen in Hymnen, können es aber zum größeren Teil weiter nicht lassen, auch den Konflikt aufs Tapet zu bringen. „Vivat Roncalli" überschrieb Ursula von Kardorff (AZ, München) ihre Rubrik „Durch meine Brille", in der sie bekannte, daß sie den Circus seit ihrer Kindheit gemieden habe, nun aber feststelle, daß sie roncallisüchtig geworden sei. Nahezu schwärmerisch schreibt Frau von Kardorff über Heller, den „Hexenmeister aus Wien mit den melancholischen Augen", um dann am Schluß den Konflikt zur Sprache zu bringen: „. . . leider gibt es einen Störer. Circusbesitzer Direktor Bernhard Paul macht von Wien kommend . . . neuerdings Terror. 42 Hellerleute proben indessen den Aufstand. Sie verlangen, daß Paul die Manege nicht mehr betritt, sonst gehen sie fort – und mit ihnen würde alles verschwinden, was den Roncalli so außergewöhnlich macht . . ."

Bernhard Paul, der Schläger, der Angst und Schrecken, ja Terror verbreitende Direktor? Diese Nachricht, zuerst in Insiderkreisen durchgesickert, sodann von etlichen Zeitungen nicht ohne eine gewisse Hartnäckigkeit verbreitet, mag anfänglich manche bestürzt haben. Das Image geht auf eine Episode zurück, die sich bei den Verladearbeiten am Wiener Westbahnhof vor der Reise nach Bonn zugetragen hat, und betraf einen der vielen Mitarbeiter, die sich, vom Circusabenteuer angelockt, bei Roncalli verdingt hatten. Bernhard Paul erinnert sich noch sehr gut an die Szene. „Der ist ewig Gitarre spielend und einen Song von Bob Dylan – noch dazu falsch – singend herumgesessen. Ich habe ihm immer wieder gesagt, er soll helfen, aber er hat nur blöd gegrinst. Da habe ich ihn beim Kragen aufgehoben und hab' ihm einen Tritt gegeben."

Der Streit eskalierte. Bei einem Auftritt in der „Lach- und Schießgesellschaft" in München hatte André Heller vor rund 200 Zuschauern erklärt, „daß er dem Initiator und Alleinhaftenden des Showunternehmens den Todesstoß versetzen werde". Und hatte hierbei auch die Beschlagnahme des Direktionswagens angekündigt. Was sich kurz darauf abspielt, könnte aus einem Thriller stammen.

Als André Heller die angedeutete Beschlagnahme des Direktionswagens in die Tat umsetzen will, stürzt Pressechef Ehrenzweig mit der „Schreckensnachricht" herbei, daß der Herr Direktor – den man in Wien wähnte – mit einigen Herren das Circusgelände betreten habe. In der Tat war Bernhard Paul mit zwei Rechtsanwälten und zwei Wirtschaftstreuhändern zwecks Prüfung der Geschäftsführung und der Geschäftsbücher sowie mit einigen Freunden erschienen, was dann auch die Legende von den Gestapomethoden und Terrortrupps nähren half.

Am Tag des Erscheinens Pauls und seiner Rechtsberater hatte übrigens sein Geschäftsführer eine größere Summe nach Wien überwiesen, als Abzahlung des Z-Kredites und als Anteile an seinem und Hellers Einspielprozenten. Von nun an erfolgten laufend Zahlungen an verschiedene Gläubiger. Und Paul reiste – nach einer Woche in München – wieder nach Wien ab. An ihn war das Ultimatum einer Gruppe von Mitarbeitern ergangen, den Circus bis Saisonende nicht mehr zu betreten, über den Circus in der Öffentlichkeit keine Stellungnahme abzugeben und die Geschäftsführung nicht zu verändern. Widrigenfalls würden die 42 Unterzeichner die Arbeit niederlegen. Was André Heller kurz darauf auf einer Pressekonferenz zu der Äußerung veranlaßte, dann könnte auch sein bei der Hamburger Bilder-, Buchstaben- und Notenkompagnie verlegtes Stück „Die

Roncallis sanfte Raubtiernummer im ersten Programm: Partnerschaft zwischen Mensch und Tier

Hr. Cappus
Fr. Cappus
Tagora
Duo Holt + 3 Mädchen
-er
Tanger Troup
Freddy, Renato, André

größte Poesie des Universums“ nicht mehr aufgeführt werden.

Rund zwei Wochen später war Bernhard Paul mit Rechtsanwalt, Steuerberater und Polizeiassistenz erschienen und hatte seinem Geschäftsführer die fristlose Entlassung überreicht. Die Überprüfung der Daten in der Buchhaltung hatte in ihm den Verdacht aufkommen lassen, daß Beträge verschwunden seien. Freunde Pauls umstellten kurz darauf mit zwei Autos den Wagen des Geschäftsführers, um den Manager an einer befürchteten Flucht zu hindern. Bald danach war auch dessen Rechtsanwalt Hermann Ecker auf dem Circusgelände erschienen und hatte die Ursache der Entlassung – allzu großzügige Geschäftsführung und Gläubigerbevorzugung, Mängel in der Kassenbuchführung – als lächerlich bezeichnet. Mit einer Reihe von Ordnern bestiegen sodann er und Pauls Rechtsanwalt Eugen Leer den von der Funkstreife zur Verfügung gestellten Polizeiwagen, um in Leers Kanzlei zu verhandeln. Freilich ohne Ergebnis. „Schön wie eine Seifenblase“ hatte Ursula von Kardorff eine ihrer hymnischen Roncalli-Kritiken übertitelt. Um dann wenige Tage später resignierend festzustellen: „Schön wie eine Seifenblase war André Hellers Circus Roncalli, in allen Farben schillernd ... Nun ist die Seifenblase geplatzt.“

Nach dem Erscheinen Bernhard Pauls und der Kündigung des Geschäftsführers hatten – wie angekündigt – 42 Circusmitarbeiter (von Heller als die „Phantasieguerilla“ bezeichnet) gekündigt. Livrierte, Beleuchter, Nummerngirls, Büromitarbeiter, unter ihnen Studenten, Fotomodelle, Angehörige von verschiedenen Berufen, die sich aus Begeisterung dem Circus angeschlossen hatten. „Roncalli ist tot – unsere Poesie wird weiterleben!“ heißt es im Flugblatt dieser Mitarbeiter, die Bernhard Paul seine Rückkehr in den Circus und die gegen seinen bisherigen Geschäftsführer unternommenen Schritte vorwerfen. Ein Flugblatt, das mit den Sätzen endet: „Wir alle aber sind bereit, gemeinsam einen neuen Circus entstehen zu lassen, und wir wissen jetzt, wie man das macht. Es lebe der neue Circus.“

Der Streit beschäftigt mehr oder weniger die gesamte Presse der Bundesrepublik und auch etliche Zeitungen Österreichs. Ungezählte Leser warten – einem spannenden Kriminalroman in Fortsetzungen entsprechend – auf die nächste Wendung, wobei sich geradezu Parteien bilden: Heller-Anhänger und Paul-Anhänger. Trotz der teilweise entstellenden, auch wahrheitswidrigen und gewiß tendenziösen Berichterstattung in bezug auf die Person von Bernhard Paul hat dieser viele Sympathisanten auf seiner Seite, und zur Ehre mancher Journalisten muß gesagt werden, daß sie später, zur Zeit des neuen Roncalli, Abbitte geleistet haben. So beispielsweise Frau von Kardorff, die sich über Roncalli II nicht nur begeistert äußerte, sondern auch bekannte, daß sie Paul Unrecht getan habe.

„Großer Hauskrach im Circus Roncalli“ nennt sich ein Artikel in der „Süddeutschen“, in der Bernhard Paul u. a. so zu Worte kommt: „Das wär ja noch schöner, da hab ich jahrelang, bevor der André überhaupt von einem Circus träumte, auf einen eigenen hingearbeitet und dann kommt's Aushilfspersonal und will mich, den Finanzier und Besitzer, nicht einmal aufs Circusareal lassen ... Das Wesentliche an diesem Circus stammt aus meinem Ideenfundus. Der Heller hat's veredelt – das

Wolfgang Baur, der „Engel der möglichen Wunder“, eine Phantasiefigur Hellers, zitiert zwischen den Nummern dessen Texte

Es werde Zirkus

Meine Herrschaften,
willkommen, willkommen, willkommen.
Hier an der Grenze zwischen Traum
und Wirklichkeit. Die Stunde der
Verwandlung hat dieses Zelt erreicht.
Nichts ist unmöglich, wenn wir es stark
genug beschwören.
Feuer, Wasser, Erde sind uns untertan.
Der Schrei, die Träne, die Verzückung,
das Lachen, die Unvernunft, die
Anarchie der Poesie – sie alle warten
auf ihre Erlösung durch unsere
Wünsche.
Was Sie in den nächsten Stunden nicht
erleben sollten, entzieht sich Ihnen,
weil Sie nicht daran glauben.
Meine Herrschaften,
in wenigen Sekunden, in Bruchteilen
von Sekunden ist es soweit, die
Vorstellung beginnt.
Es werde Zirkus!

streite ich nicht ab. Auf jeden Fall – in München wird weitergespielt.“ André Heller war in den frühen Morgenstunden vom Wolfgangsee kommend in München eingetroffen und hatte im Rahmen einer Pressekonferenz den Journalisten erklärt: „Wir alle kennen die Bücher und hatten ständig Zugang zu den Büchern.“ Das war nun in verständlicher Enttäuschung gesprochen, nur widerspricht es jeder Wahrscheinlichkeit, daß sich sehr viele Personen mit den Daten der Buchführung beschäftigt haben, noch dazu solche, die davon nichts verstanden. Und Heller meint auf die Frage der geplanten Fortführung des Roncallischen Unternehmens durch Bernhard Paul: „Falls er es schafft, gäbe es halt einen schlechten Circus mehr auf der Welt – einen ohne jegliche Poesie.“ Äußerungen, die bald durch die tatsächlichen Ereignisse widerlegt waren.

Erstmals findet nun eine Vorstellung ohne den Hellerschen Text statt – der Hamburger Verlag war von dem mit Bernhard Paul geschlossenen Vertrag zurückgetreten. Eine Vorstellung somit auch ohne Wolfgang Baur, den „Engel der möglichen Wunder“, ohne einige als Nummerngirls fungierende Mädchen, ohne den Pantomimen André. Und ohne den englischen Beleuchtungschef Tim Burnham. Sie alle waren gegangen.

Für den Manegedienst hatte Bernhard Paul kurzfristig mehrere Studenten angeworben. Pauls Freunde

hatten sich in kürzester Zeit der Beleuchtung angenommen, die letztlich auch funktionierte, wenn das Ganze auch einen improvisierten Eindruck machte. Das ausverkaufte Chapiteau war zum Bersten voll, da zudem durch einen Fehler noch 300 Freikarten ausgegeben worden waren. Die Nummern der einzelnen Artisten liefen in gewohnter Weise ab. Obwohl die im Publikum verteilten Ex-Angestellten und ihre Freunde und Bekannten immer wieder in Rufe wie „Die Poesie ist tot“ ausbrachen. „Die Poesie ist tot“, so stand es auch auf den Handzetteln, die die gegangenen Circusmitarbeiter auf dem Circusgelände verteilten. „Die Poesie ist tot“, so lautete auch der Tenor vieler Zeitungen.

Und beim Landesgericht für Zivilrechtssachen in Wien stellte eine Reihe von Gläubigern den Konkursantrag, der hochverschuldete Circus schien ihnen ohne André Heller kein aussichtsreiches Unternehmen mehr zu sein.

Nach all den vielen Pressekonferenzen luden schließlich auch die Artisten zu einem Gespräch ein. André Faulhaber, der Chef der Goldmenschen, des „Trios Olympiades“, teilte mit, daß die artistischen Nummern weiter wie bisher gespielt würden. „Wir wollen beweisen“, erklärte er, „daß wir es wert sind, gesehen zu werden.

Die Nummerngirls von Roncalli, zu denen auch Bernhard Pauls damalige Freundin Ingrid (hier mit der Nummer 5) gehörte, schufen die verbindende Klammer zwischen den einzelnen Nummern

Wer nur das Konfetti sehen will, soll wegbleiben.“ Keiner der Artisten war aus den bis 31. Oktober laufenden Verträgen ausgestiegen, obwohl Bernhard Paul mitgeteilt hatte, jedem stünde es frei, ohne Konventionalstrafe zu gehen.

„In der Roncalli-Kasse fehlen 200 000 Mark“ lautet die Überschrift eines Artikels in der „Süddeutschen“, und „Profil“ berichtet am 31. August 1976: „Die Vorwürfe gegen den geschaßten Manager des Circus Roncalli werden immer härter. Deutschlands Steuerbehörden und Steueranwälte ermitteln.“

Die Ereignisse hatten sich wieder einmal überstürzt. Bernhard Paul hatte durch seinen Rechtsanwalt Strafanzeige wegen Veruntreuung erstattet. Laut Feststellung der beauftragten Rechtsanwaltskanzlei Messmer hätten sich die Gesamteinnahmen in München auf rund 600 000 DM belaufen müssen. Tatsächlich fehlten an dieser Summe ungefähr 200 000 DM. Im März 1977 wurde Roncallis Geschäftsführer in München verurteilt; er zahlte 75 000 Mark an Paul.

Am 27. August schaltete sich die Finanzbehörde ein, um die Einnahmen zu pfänden. Dabei wurde eine Steuerschuld von 77 000 DM festgestellt, die zum Teil aus nicht abgeführten Lohnsteuerbeträgen von Angestellten resultierte, aber auch aus Umsatzsteuer und anderen Abgaben. Nachdem durch Pauls Rechtsanwälte die Herausgabe der Buchhaltungsunterlagen – sie hatten sich versiegelt im Gewahrsam von Rechtsanwalt Hermann Ecker befunden – durch einstweilige Verfügung erwirkt worden war, wurden diese von einem Gerichtsvollzieher in Verwahrung genommen. Bernhard Pauls Steuerberater Ulfert Probst stellte fest, daß die von ihm persönlich gemachten Siegelzeichen nicht mehr vorhanden und die Bücher nun bis zum letzten Stand geführt worden waren, was zuvor nicht der Fall war. Probst konstatierte: „Da ist nachgeschrieben worden, dafür stehe ich gerade.“ Auf die Frage, warum er als Geschäftsführer keine Steuern abgeführt habe, antwortete Sedivy, daß er nicht gewußt habe, wohin er die Steuern zahlen sollte. Die Steuerfahndung habe ihm trotz mehrerer Besuche in Köln und München keine Bescheide, geschweige denn eine Steuernummer zukommen lassen. Nun – nach seiner Kündigung – habe er jedoch finanzrechtlich Selbstanzeige erstattet und der Finanzbehörde mitgeteilt, daß Konkursanträge gestellt seien. Die Finanzbehörde hatte demzufolge rasch reagiert.

Am 29. August verabschiedet sich der Circus Roncalli aus München. Die nächsten Stationen sind einige süddeutsche Städte. Dann steht Wien auf der Reiseliste.

SKANDAL IM FERNSEHSTUDIO

Schon etwa zwei Wochen vor der Roncalli-Premiere in Wien – am 5. Oktober 1976 – erscheinen in den Zeitungen laufend Berichte, denn das Auf und Ab des Circus ist auch in Wien schon längst zum begehrten Lesestoff geworden. Als neuer Autor des Circus wird nun Georg Danzer angekündigt, und die „Kronenzeitung“ schreibt darüber: „Bernhard Paul möchte sein krisengeschütteltes Lieblingskind . . . in neuem Gewand präsentieren. Nach André Hellers Abgang suchte Paul einen neuen ‚Hausdichter‘ und fand ihn in Georg Danzer, der bereits an den Texten und Ideen für die Wiener Roncalli-Renaissance bastelt.“ „Ich will als Wiener einen Circus für die Wiener machen“, erklärte Danzer. „Ich springe nicht für Heller, sondern für den Circus ein.“

Der Barde des Austro-Pop, der mit dem Lied „Jö, schau a Nackerter im Hawelka“ sozusagen über Nacht weithin bekannt wurde, will „weniger aufs Hirn als aufs Gemüt“ setzen.

Aber Danzer, der laufend Aufputschmittel nimmt, erleidet einen schweren Nervenzusammenbruch –

Nach dem Gastspiel in München gastiert Roncalli noch in einigen Städten Süddeutschlands, bevor er dann nach Wien heimkehrt

DAS ENSEMBLE des „Circus Roncalli“ – hier noch mit André Heller. Foto: CR

André Hellers „Circus Roncalli“ in Ingolstadt

Als „größte Poesie des Universums“ hatte André Heller seinen „Circus Ron-
calli“ angekündigt, als „verrücktestes Theater unter einer Kuppe[l]
kus, wie ihn die Welt noch nicht erlebt hat“ wurde diese Show
lang in der Bundesrepublik gefeiert. Zuletzt in München gab es n
umphalen Erfolg im zwei Monate lang ständig ausverkauften Z
richtigen Theaterskandal – wir berichteten darüber –, worauf je[t]
li-Mannschaft ohne Heller unterwegs ist. Erste Station nach Mün
stadt: Auf dem Ausstellungsgelände hinter der Friedenskaserne i
woch, um 20 Uhr Premiere, dann beginnen täglich einschließlich
Vorstellungen um 15 und um 20 Uhr.

„Kurier“, Ingolstadt, 1. 9. 1976

Gaukler-Romantik ohne Heller aber mit hohen Steuerschulden

Zirkus „Roncalli“ gastiert in Neu-Ulm: Kampf ums Überleben

(fk) Der Wiener Zirkus „Roncalli“, der seit Monaten Schlagzeilen macht, zuerst als „verrücktestes Theater unter einer Kuppel“, dann wegen Streitigkeiten und finanzieller Probleme, gastiert ab morgen in Neu-Ulm. Premiere ist um 20 Uhr auf dem Volksfestplatz an der Ringstraße.

Der Zirkus war von dem Poeten André Heller und dem Grafiker Bernhard Paul gegründet worden und hatte als „poetisches Spektakel“ Aufsehen erregt. Nach heftigen ...

Veruntreuung. Während der Heller-Ära waren keine Steuern abgeführt worden. Steuerschulden von 77 000 DM und fehlende Belege für einen Betrag von über 200 000 DM haben „Roncalli“ in finanzielle Schwierigkeiten gestürzt.

Um so größer ist nun der Einsatz der Artisten und Mitarbeiter, die für das Überleben des ungewöhnlichen Unternehmens kämpfen wollen. „Nichts ist bombastisch, nicht alles perfekt, aber alles ist echte alte Zirkuskunst“, ...

„Südwest-Presse“, Ulm, 7. 9. 1976

und wirft das Handtuch. „Ich bin mit den Nerven total am Ende. Ich sitz' da z'Haus und bin vollkommen im Arsch. Der Circus Roncalli hat mich geschafft – nach nur zwei Wochen bin ich ein körperliches Wrack. Und sitz' da und zitter. Mein Engagement für Roncalli ist geplatzt", erklärt Danzer in einem Interview der „Kronenzeitung" und führt später aus: „Für mich ist es eine Niederlage, ich weiß, ich habe mich trotzdem entschieden . . ."

Der Hürdenlauf, den der Circus in Wien absolvieren muß – der Mitschuld an der gespannten Atmosphäre trägt, die auch Danzer so zugesetzt hat –, ist schwierig und unangenehm. Während die Behörden in Deutschland 2000 Zuschauer für das Zelt zuließen, setzt Wiens gefürchtete Baupolizei diese Zahl gleich um ein paar hundert herunter. Die beste Loge im Circus ist ständig für Polizei und Feuerwehr reserviert, wobei ein Polizist auch klarmacht, warum: „Heut kummt mei Schwiegermamma – ob ma da net was mit dem Löwen mach'n könnt?"

Es kommt zu Forderungen nach Vorauszahlungen für die Vergnügungssteuer, für Wasser, Strom, Polizei, Feuerwehr u. a. m., wobei letztlich nach längerem Hin und Her und wie in Wien so üblich Stundungen gewährt werden. Das in Ulm abgesprungene Circusorchester kann erst nach vielen Interventionen über die Botschaft am 2. Oktober eingeflogen werden und muß die Belastung tragen, durch österreichische Instrumentalisten ersetzt zu werden. Denn die Gewerkschaft insistiert auf der Beschäftigung von österreichischen Musikern, wenn welche frei sind, und es sind genügend frei. Am Ende des Gastspiels müssen dann auch wirklich die erstklassigen polnischen Circusmusiker durch Österreicher ersetzt werden, die nicht eingespielt sind, so daß man die Musikstücke kaum erkennt. Ein Pasodoble klingt plötzlich eher nach einer böhmischen Polka.

Im Programm laufen alle Nummern im großen und ganzen so, wie sie bereits in München gespielt wurden. Zuzüglich der wieder ins Programm genommenen Kramelschen Braunbären und der Trampolinakrobaten Fontner. Wieder regnet es Konfetti auf die Besucher, lassen hübsche Mädchen Zuschauer Seifenblasen ausprobieren, in der Manege gibt es jedoch – vor dem Einzug der Masken – als Einstimmung auf das Programm eine Neuerung: eine englische Pantomimen- und Puppentheatergruppe, die an Schausteller wie aus einem Hogarthschen Kupferstich erinnert. Kurzfristig, sozusagen

Ein Kapitel für sich: die Wiener Baukommission. Sie kommt nicht nur als einzige Baukommission der Welt täglich zum Circus, sondern ihre Mitarbeiter besuchen auch noch jede Vorstellung und vergessen natürlich nie, die Gebühren für ihre Amtstätigkeit zu kassieren

AFFÄRE RONCALLI:

Comeback in Wien

Der in die Pleite gerutschte „Zirkus Roncalli" kehrt diese Woche nach Österreich zurück. Am 30. September soll mit neuen Texten von Georg Danzer Premiere in Wien sein.

Bernhard Paul, Alleineigentümer und Direktor der verschuldeten Gauklerfirma Roncalli, ist seit Donnerstag vergangener Woche wieder voll Optimismus: „Ich bin der zweite Lauda, weil auch ich dem Feuer entronnen bin!"

Wieder einmal gelang es dem von der Manege Besessenen, in letzter Minute das Damoklesschwert abzuwenden. Bei einem viertägigen Wienbesuch konnte er gemeinsam mit seinem Münchner Steuerberater Ulfert Probst neun Hauptgläubiger zu einem mit 15. Oktober befristeten Stillhalteabkommen bewegen. Und den vom Eigentümer der Druckerei „Brüder Rosenbaum", Michael Schmutzer, vor Wochen gestellten Konkursantrag konnte Paul durch Zahlung von 5.000 D-Mark am vergangenen Freitag ebenfalls rückgängig machen.

Damit stand einer Übersiedlung aus der Bundesrepublik in die Heimat nichts mehr im Wege. Nach einer viermonatigen, von Personal- und Finanzkrisen geschüttelten Deutschlandtournee sollen nun die Wiener bis Ende Oktober das 34-Meter-Zelt einen Monat lang bevölkern. Es wird jedoch nicht jener Zirkus Roncalli mit den Texten André Hellers, sondern Roncalli mit Texten des Dialektklimperers Georg Danzer sein.

Hinter den Kulissen kämpft Paul weiterhin gegen den geschaßten Geschäftsführer Michael Sedivy (profil 35, 36/1976). Nachforschungen in München ergaben, daß Sedivy am Tag nach seiner fristlosen Entlassung von einem Zirkuskonto in der Raiffeisenzentralbank 74.300 D-Mark abgehoben hatte. Eine Vorgangsweise, die Sedivys Anwalt Fritz Willheim „sachlich in Ordnung" findet, da sein Mandant für die abgehobene Summe bereits zwei Tage zuvor Belege für André Heller und dessen Freundin Gertraud Jesserer ausgefertigt hätte. Willheim: „Buchhalterisch war die Aktion bereits erledigt."

Zirkusboß Paul
Heißer Empfang

Bei seiner Ankunft in Wien darf Paul mit einem heißen Empfang rechnen. Denn bereits im letzten Spielort Neu-Ulm/Donau bombardierten ehemalige Roncalli-Mitarbeiter aus dem Heller/Sedivy-Clan Artisten und Angestellte mit einer Flut von Schimpf- und Drohtelegrammen. •

„Profil", 21. 9. 1976

Circus Roncalli kommt nach Wien

Statt André Heller Georg Danzer

Bei dem mit viel Lärm geborenen „Circus Roncalli" ist die Ära André Heller zu Ende. Nach viel Streit und in aller Öffentlichkeit gewaschener Schmutzwäsche zwischen Heller und Zirkusbesitzer Bernhard Paul hat sich letzterer nun einen neuen künstlerischen Leiter für seinen Zirkus angelacht, nämlich Georg Danzer. Und beim Wiener Gastspiel des „Roncalli" ab 1. Oktober vor dem Museum des 20. Jahrhunderts wird „Der Nackerte vom Hawelka" bereits als künstlerischer Leiter verantwortlich sein. Das Programm umfaßt die in Deutschland gezeigten artistischen Nummern (Einspielergebnis DM 1,226.000,–) nur werden diese Nummern für Wien von Georg Danzer anders aufbereitet. „Ich mach' als Wiener ein Programm für Wiener", formuliert er und ist sich der Schwierigkeit seiner Aufgabe bewußt. „Denn", so Georg Danzer, „ich will den weggeworfenen Anzug von Heller nicht aufbügeln und anziehen . . ."

Bild links: Das neue Duo Danzer–Paul vor dem Zirkusmodell

über Nacht, war im Teamwork ein neuer Text fertiggestellt worden, wobei der Schauspieler und Transvestit Peter Strobl als Erzähler in das Reich der Träume entführte. Gewiß, die Subtilität der Hellerschen Texte konnte nicht annähernd erreicht werden, bedenkt man jedoch all die vorangegangenen aufreibenden Konflikte einschließlich der vielen Schwierigkeiten und Verzögerungen durch die Wiener Behörden, dann darf das Ergebnis als recht ordentlich bezeichnet werden.

Viel Jubel und Beifall bei der Premiere im allerdings nur zu einem Dreiviertel besetzten Chapiteau. Der Münchner Krach hatte zweifelsohne einen Teil des potentiellen Publikums vom Besuch abgehalten. „Das aber ist das Neue an dem von so viel Mißgeschick heimgesuchten Circus Roncalli: Es schlingt sich ein einheitliches poetisches Band um die Nummernfolge. Das hat alles Farbe, die Show wird zum Gedicht, und unschwer ergänzt die aufgekratzte Phantasie, wie das André Heller noch alles ausstaffiert haben mag", schreibt die „Arbeiterzeitung" und gibt ihren Lesern abschließend den Rat: „Niemand versäume das poetische Circuswunder Roncalli." „Es gab nach dem Ausscheiden Hellers und Danzers genügend Gründe, nicht in den Circus Roncalli zu gehen. Es gibt aber – so urteilten die Premierenbesucher – noch mehr Gründe, sich geradezu um einen der 1800 Plätze . . . zu reißen", schreibt „Die Presse".

Eine Woche später steht den Österreichern via Fernsehen ein Skandal ins Haus, der sich, wie man so schön sagt, gewaschen hat. Es ist die Premiere des anderen „Club 2", der über Jahre beliebtesten Diskussionssendung des Österreichischen Fernsehens zu gesellschaftlichen und künstlerischen Ereignissen. Der politische „Club 2" hatte eine Woche vorher Premiere. Angesetzt ist eine Diskussionsrunde zwischen der damals 62jährigen Direktorin des Österreichischen Nationalcircus Elfi Althoff-Jacobi und Bernhard Paul über die aktuelle Lage des Circus. Eingeladen waren der bereits betagte Präsident des Österreichischen Direktorenverbandes Franz Rosak und zwei Damen, die dem Münchner Roncalli-Gastspiel nachtrauerten.

Als Moderator fungierte Günther Schifter, mit dem Künstlernamen „Howdy", Experte für Jazz und Tanzmusik, hauptsächlich älteren Datums. Aber Howdy, der in seinen Musiksendungen so charmant über Ella Fitzgerald und Duke Ellington, über Peter Kreuder und die Comedian Harmonists und Hunderte von anderen Künstlern zu plaudern versteht, zeigt sich seiner Aufgabe nicht ge-

Im Herbst 1976 kehrt der Circus nach Wien zurück, ohne André Heller, aber mit viel „Jetzt-erst-recht-Idealismus"

„Mir scheint, es gibt nur zwei P
von Natur aus Vertraute des Frie
Mathematiker und die Clowns... D
ihren Unterschriften garantiert
einzige, dem ich vertrauen würde

wachsen. Was eine fruchtbringende, gewiß auch kontroverse Diskussion hätte werden können, artet in ein übles Kesseltreiben gegen Bernhard Paul aus, der sich nicht aus der Ruhe bringen läßt, sehr sachlich argumentiert und so allgemein einen sehr positiven Eindruck hinterläßt. Präsident Rosak, sichtlich nervös, serviert Allgemeinplätze wie „A Circus muß a Circus bleiben" oder meint abwertend: „Feuerfresser, die g'hörn nicht in Circus, die g'hörn in Prater."

Elfi Althoff-Jacobis Argumente gegen den Konkurrenten stützen sich – wie die meisten Zeitungen später betonen – hauptsächlich auf das Faktum, wonach Bernhard Paul, anders als sie selbst, nicht in einem Circuswagen geboren wurde und endete mit Sätzen wie: „Herr Paul, Sie wollen ja nur Direktor spielen. Hätten's zuerst was gelernt."

Dazwischen werden Nummernausschnitte aus dem Roncalli-Programm eingespielt – wie etwa die Goldmenschen. Während sich die in die Livesendung eingeschalteten Besucher aus dem Publikum begeistert zeigen, meint Elfi Althoff-Jacobi – die nach eigenen Worten noch keine Roncalli-Vorstellung besucht hat: „So eine Frechheit. Das ist ja alles gestellt."

Schifter spielt sich, völlig unzulässig, als Inquisitor auf, schwenkt begeistert ein Stück Papier, das ihm der Geschäftsführer knapp vor der Sendung hatte zukommen lassen, und liest unter dem Beifall der schadenfrohen Mehrheit etwas über angeblich 9,5 Millionen Schilling Schulden vor, die Roncalli haben soll. Als dann ein wenig später Bernhard Paul in der Sendung ganz cool und völlig unerwartet seinen Ausgleichsantrag (entspricht nach deutschem Recht einem Vergleichsantrag) verkündet – in diesem sind nur 2,88 Millionen Schulden vermerkt –, verschlägt es Frau Althoff-Jacobi und Herrn Schifter für einen Moment die Sprache.

Eine Sendung, die unter den Zuschauern einen Sturm der Empörung auslöst. Trotz später Stunde – zwischen 23 Uhr und Mitternacht – hatten über 400 zum Teil recht wütende Hörer zum Telefon gegriffen und für Bernhard Paul Partei ergriffen sowie ihre Sympathie für Roncalli bekundet bzw. sich über die anmaßende und ungeschickte Moderation Schifters beschwert.

Nach dem ersten „Versuch einer TV-Hinrichtung" überschreibt die „Kronenzeitung" ihren Bericht, dem sie die Worte voraussetzt: „Um 23.22 Uhr endete für Howdy die Club 2-Karriere." „Club 2"-Veranstalter Kuno Knöbl sagte es auch ganz deutlich: „Ich kann mir Günther Schifter in dieser Funktion nicht mehr vorstellen."

Der verkündete Ausgleichsantrag und die unfaire Diskussion wirken sich als Reklame für Roncalli aus, die Wiener stürmen den Circus. Und zwar in solchen Massen, daß Polizei und Feuerwehr ausrücken müssen. An dem Samstag, der der TV-Runde folgt, ist das Gedränge am größten, der diensthabende Polizeibeamte zeigt sich jedoch überaus generös und läßt wesentlich mehr Zuschauer in das Chapiteau, als behördlich zugelassen sind. Vor Beginn der Vorstellung werden immer noch weitere Sessel angeschleppt, die Stimmung ist euphorisch, die Zuschauer trampeln und schreien laut Bravo. Manche Artisten beginnen von einem zweiten München zu sprechen.

Einige Tage vorher hatten Gerichtsvollzieher im Auftrag der Wiener Gebietskrankenkasse den Kuckuck auf Wagen und diverse Ausstattungsgegenstände geklebt. Durch den blitzschnellen Ausgleichsantrag, den Pauls neuer Rechtsanwalt Georg Zanger stellte, wurde jedoch zunächst jede weitere Vollstreckung verhindert.

VEREITELTE VERSTEIGERUNG

Es ist Winter 1977. Die Saison ist zu Ende. Die Circuswagen sind von der Wiener Gebietskrankenkasse gepfändet. Sie stehen auf dem Platz, auf dem der Circus gespielt hat, beim Museum des 20. Jahrhunderts. Ein Versteigerungstermin ist für den nächsten Tag angesetzt.

Bernhard Paul sind noch zwei Getreue geblieben, ein Requisiteur und ein Mann namens Adolf. Das ist ein Roncalli-Fan mit Allgäuer

Pfeifenraucher und Cowboyfan Adolf und Feuerschlucker Tagora sind die „letzten Mohikaner"

essionen, die
s sind..., die
Friede, der von
e, wäre der

er Benjamin)

Der Circus Roncalli auf dem Gelände vor dem Wiener Arsenal, Stunden vor der geplanten Versteigerung, wenige Minuten vor seinem Verschwinden

Dialekt und Trachtenhut, der in München voll Begeisterung zum Circus gestoßen war, ungefragt einen Zaun repariert hatte und dafür kein Geld wollte. Der bärtige Adolf ist Mitglied des bayerischen Cowboyclubs und hat seinerzeit im Rennbahncircus von Franz Althoff gearbeitet.

Es ist Abend, seit Stunden herrscht dichtes Schneetreiben. Zum Wagenpark gehören auch noch drei Hanomagtraktoren. Aber weder Bernhard Paul noch Adolf, noch der verbliebene Requisiteur haben einen Führerschein. Aber sie können alle drei einigermaßen fahren. Für lange Überlegungen ist keine Zeit. Die Wagen werden an die Traktoren angehängt und einer nach dem anderen weggebracht. Bisweilen hängen vier Wagen an einem Traktor, die Wagen rutschen manchmal bedenklich und schlenkern hin und her. Die Leute auf der Straße schauen erstaunt, bisweilen mit offenem Mund angesichts dieser nächtlichen Reise der Circuswagen. Plötzlich tauchen Polizeiwagen mit Blaulicht auf. Aber Bernhard Paul reagiert auf Fragen geistesgegenwärtig. „Wir sollen die Wagen auf Geheiß der MA 48 wegbringen, da wir den Platz für die Schneeräumung freimachen sollen", erklärt er der Polizei. (Die Magistratsabteilung 48 ist für Stadtreinigung und Fuhrpark zuständig.) „Da helfen wir Ihnen gerne", erklärt einer der Polizisten, der

Bernhard Paul hat allen Grund zur Freude: Auch die Raubtiere wurden vor der Versteigerung gerettet

natürlich auch schon im Circus Roncalli war. Und so werden denn die restlichen Wagen mit Polizeischutz weggebracht – und dann im alten Schlachthof von St. Marx versteckt.

In der Früh kehren die drei übernächtigt zum leeren Circusplatz zurück. Sie setzen sich mit ihren eisverkrusteten Bärten in ein Wirtshaus und bestellen sich heiße Getränke. Und schauen zum Fenster hinaus. Nach einiger Zeit kreuzen denn auch etliche Herren mit Aktentaschen auf, um die Versteigerung in die Wege zu leiten. Die Herren rennen hin und her, schauen hinter jeden Busch, schauen in ihre Aktentaschen, aber die Circuswagen sind weg. Es ist auch keine Spur von ihnen zu finden, denn der stundenlange Schneefall hat alle Spuren zugedeckt.

Neubeginn und Ende

Im Frühjahr 1977 feiert Roncalli ein Comeback, als Attraktion der Wiener Festwochen. Im Rahmen einer Pressekonferenz im Österreichischen Circus- und Clown-Museum, an der u. a. Festwochenintendant Ulrich Baumgartner, der Regisseur Peter Lotschak und Bernhard Paul teilnehmen, teilt Rechtsanwalt Zanger mit, daß der Ausgleich angenommen und daß Bernhard Paul alle gegen ihn geführten Zivilprozesse gewonnen habe. Baumgartner hatte Lotschak, der ihm der geeignete Regisseur schien, im März telefonisch gefragt, ob er Zeit und Lust habe, das neue Roncalli-Programm zu inszenieren, und Lotschak hatte rasch zugesagt. Der Regisseur, der in Wien am Burgtheater Thomas Bernhard und kurz vorher in Paris Pasolini bzw. in Jugoslawien Molières „Die Schelmenstreiche des Scapin", letzteres im Stil des französischen Jahrmarkttheaters, inszeniert hatte, empfand eine Regiearbeit im Circus als reizvolle Herausforderung.

Am 21. März 1977 findet auf dem Gelände des ehemaligen St. Marxer Schlachthofes die Premiere unter dem Titel „Phantasie verrbotten" statt. Ein Circusmärchen, in das Elemente des Altwiener Volkstheaters integriert sind. Der Prinzipal, dargestellt von Helfried Edlinger vom Grazer Schauspielhaus, betritt die Mane-

Auch der damalige „Salonwagen Nr. 1", Objekt der Begierde der Versteigerer, entzog sich dem Zugriff der Behörden

1977 gab's Circus pur bei Roncalli: kein Heller, kein Pfennig, dafür aber Clowns, Elefanten und die Kelly Family

ge seines „Göttlichen Circus“ und stellt sein buntes Völkchen vor. Dann erscheint der griesgrämige Spektakelreferent, dargestellt vom Hauskomiker der „Kleine Komödie“ in Wien, Helmut Hron, und verbietet im Hinblick auf die fehlende behördliche Erlaubnis die Abhaltung der Vorstellung. „Verrbotten“ sind Elefantenverzahrer, Löwenschmuser, Trapezpurzler… Unter den Klängen des Chopinschen Trauermarsches verschwinden sodann die einzelnen Artisten.

Fackeln und kleine Laternen werden hereingetragen, und im Halbdunkel erscheint die Kelly Family – Bernhard Paul hatte die damals noch relativ unbekannten irischen Straßensänger und Musikanten mit ihren Kindern in den Circus geholt. Die „2 Aurelias“ jonglieren, „Miss Indira“ speit Feuer und umgibt sich mit Riesenschlangen, Harlekine treiben Equilibristik, Pierrots führen Hunde vor u. a. m. Mittlerweile ist für „Mimo Veneziano“ das Schlappseil gespannt, der mit seinen tanzenden und rollenden Reifen, Hüten und Bällen sofort Begeisterung hervorruft. Die Rahmenhandlung – Circus im Kampf mit den Behörden – geht weiter, und Eugenio ist der nächste Artist mit ausgezeichneter Handequilibristik und Rola Rola. Dann kommen „Die Berquinis“ mit ihren allerlei Gymnastik treibenden Schimpansen in die Manege. Der Spektakelreferent ist milder geworden und ist bereit, eine Subvention zu geben. Er ver-

Peter Hiebner, der Sohn einer der drei berühmten „Medrano Sisters“ aus dem Circus Medrano, war 1977 Betriebsleiter bei Roncalli und wurde aus ökonomischen Gründen auch als Clown eingesetzt. Bernhard Paul dazu: „Das Personal hat sehr gelacht“

Das „Trio Berquini“ war eine Saison lang als Ersatz für die Goldmenschen von André Faulhaber bei Roncalli

mißt aber die Lipizzaner als Symbol der förderungswürdigen „Hochkultur“. Aber dann erscheinen ihm sogar die Lipizzaner – es sind ein paar weiße Hunde, dem Spektakelreferenten wird eine Riesenlupe vorgehalten. Die liebenswürdigen Clowns – wiederum Fredi Codrelli und der schon erwähnte Peter Hiebner – bringen eine Travestie auf eine Szene aus Schillers „Räubern“.

Franz Lukas – langjähriger Hausdompteur beim Circus Medrano, führt seine drei tanzenden Elefanten vor, assistiert von Pauls aparter langhaariger Freundin Ingrid im La-Jana-Look. Hereinspaziert in die Menagerie! Frank Wedekinds „Prolog“ zum Erdgeist leitet den zweiten Teil des Programms ein, der mit dem blutjungen Dompteur Maurice Vienne beginnt – er führt acht Löwinnen vor. Der Kasperl aus Wien (Helmut Hron) soll sterben, denn er ist der Völlerei, der Faulheit, der Anbetung der Genitalien angeklagt, aber im Dialog mit dem Tod wird Kasperl schließlich zum ewigen Leben verurteilt, als „Lustige Person“ ist er unsterblich. Der Elastik-Akt des „Trio Berquini“ vollzieht sich in diffusem Nightclub-Rotlicht. Der Spektakelreferent aber wurde inzwischen zum Circusenthusiasten und ist nun Partner von Fredi Codrelli in seinem nach wie vor bejubelten Spaghetti-Entree. Die marokkanische Mohammed-Larbi-Truppe mit ihrer tubulenten Springakrobatik führt ins Finale, das alle Mitwirkenden noch einmal in die Manege bringt.

Die Grundidee, verbunden mit der Absicht, dem Publikum Einblicke in die Geschichte und Lebensumstände der Fahrenden zu geben, sind

Immer noch Zirkusdirektor: Bernhard Paul

Pauls neuer Roncalli-Start

„Als hätte ich einen zu großen Anzug gekauft“

Der wilde Löwe mit der roten Mähne ist zahm und still geworden, sagen manche, wenn sie heute über Bernhard Paul reden, der noch immer – wider alle Erwartungen – Zirkusdirektor ist.

„Ich wollte eigentlich nur einen ganz kleinen Zirkus, aber einen, der bis ins letzte Detail stimmt.“ Von der Ver-

Von Michaela Koller

gangenheit will Paul nichts mehr hören, erwähnenswert findet er vielleicht, daß er alle acht Proz[illegible]en sei-

bis zum Artisten, die alle auf Paul bauen, finanziell von ihm abhängig sind, die künstlerischen Erwartungen der Freunde und Bekannten, das Unbehagen vor der Presse, die Konkurrenz des „Zirkus Krone“. „All das erdrückt mich manchmal, und ich würde mich am liebsten verkriechen. Aber dann gibt es immer wieder Kleinigkeiten, die mich unheimlich aufbauen. So zum Beispiel habe ich das unwahrscheinliche Glück, daß ich immer einen Spinner finde, der mir zum richtigen Zeitpunkt Geld für die Weiterarbeit borgt.“

„Kurier“, 18. 5. 1977

die wesentlichen Motive des Regisseurs, der dabei besonders auf die Tradition der Hanswurstkomödie bzw. des Pawlatschentheaters zurückgreift. Die Verbindung von Circensik mit Elementen des Altwiener Volkstheaters erweist sich als durchaus originell und reizvoll. Sie gefällt auch dem Publikum ausnehmend gut. Der Besuch – an manchen Tagen ausgezeichnet – ist insgesamt jedoch nur mittelmäßig. Das hat vor allem zwei Gründe: Zum einen leiden die Wiener Festwochen seit langem an einem Überangebot an Veranstaltungen. Zum anderen gastiert in Wien gleichzeitig ein Branchenriese – der Circus Krone. So vollkommen verschieden diese beiden Circusse auch sind, das im Prater spielende deutsche Großunternehmen erweist sich letztlich doch als sehr starker Konkurrent.

So hatte denn Bernhard Paul im Mai 1977 auch dem „Kurier" gesagt: „Noch kann ich heuer nicht alle meine Träume realisieren, weil mir das nötige Geld fehlt, aber irgendwann gibt es den Zirkus genauso, wie ich ihn mir immer vorgestellt habe."

Im Anschluß an die Wiener Festwochen geht Roncalli mit denselben Artisten, aber ohne die verbindende Handlung und deren Akteure auf Österreichtournee. Danach löst Bernhard Paul den Circus auf. Ein aufregendes und abenteuerliches Kapitel der Circusgeschichte hat seinen Abschluß gefunden.

„Roncalli meets Barock". Österreichtournee 1977: Roncalli gastiert in Melk an der Donau unterhalb des altehrwürdigen Stifts Melk

Im Juni 1976 gastiert der Circus Roncalli in Köln auf den Uniwiesen vor dem Uni-Hochhaus. Es soll der Startschuß für ein äußerst erfolgreiches Comeback des Circus sein, den viele nach dem großen Streit zwischen Bernhard Paul und André Heller schon abgehakt hatten

Auch privat erfüllen sich die Träume von Bernhard Paul: Clownfreund Francesco Caroli assistiert als Trauzeuge bei seiner Hochzeit mit Eliana Larible

Viele Menschen haben Träume,
viele haben Leidenschaften.
Bernhard Paul ist jemand, der beides in überreichem Maße besitzt – und der sich dazu von noch so vielen Rückschlägen nicht entmutigen läßt. Das ist wahrhaftig ein Leben, in dem Träume wahr werden.

DER TRAUM IST WAHR

von Petra Pluwatsch

*Erfolgsstory des
us Roncalli liest sich
ein Märchen:
der Circus auch gastiert,
volle Häuser und
begeistertes Publikum
ntiert*

Eliana, die Frau von Bernhard Paul, stammt aus der italienischen Circusfamilie Larible

„Wir Theaterleute holen unser Publikum in unsere Häuser. Der Zirkus hat das ganze Volk“

MAX REINHARDT

Bernhard Paul ist 30 Jahre alt – und sein gesamter Besitz paßt in eine Reisetasche. Es ist ein feuchtkühler Frühlingstag, als er im April 1978 mit kleinem Gepäck in Köln eintrifft. Müde. Deprimiert. Abgebrannt.

Der Mann in der abgewetzten Lederjacke hat einen schlechten Winter hinter sich. Seine Schulden in Österreich übersteigen die Millionengrenze, der Circus Roncalli ist verloren. Paul hat die komplette Anlage nach einer letzten, zermürbenden Tournee in Wien vor dem Donauzentrum stehengelassen. Wagen, Chapiteau, Sitztribüne. Einer der Circuswagen ist inzwischen ausgebrannt, ein zweiter gestohlen. Über alles, was nicht niet- und nagelfest ist, haben sich die Wiener Schrebergärtner hergemacht, dem Rest droht die Zwangsversteigerung. Schlimmer kann es nicht mehr kommen.

Nun also Köln!

Paul weiß wenig von der Stadt, die nur zwei Jahre später Geburtsort und Heimat des zweiten Circus Roncalli werden soll. Dom, Rhein, eine Einkaufsstraße, die in den siebziger Jahren zu den modernsten in Deutschland zählt. Häßliche Plätze und viele schmucklose Nachkriegsbauten – mehr hat er nicht gesehen bei seinem ersten Besuch vor knapp zwei Jahren.

Damals, im Juni 1976, gastiert Roncalli einige Tage auf den Uniwiesen vor dem Unicenter-Hochhaus. Die Kölner, karnevalsverwöhnt und für jedes Spektakel offen, kommen in Scharen. Jede Vorstellung ist ausverkauft bis zum letzten Platz – trotz der Hitzewelle, die über Deutschland brütet und der Konkurrenz die Zelte leert. In jenen Tagen lernt Paul auch einen Mann kennen, der ihm jetzt, zwei Jahre später, wieder auf die Beine helfen soll: Harry Owens, ein bunter Vogel in der Kölner Szene. Der Mann mit der Löwenmähne, Österreicher wie Paul, veranstaltet hauptberuflich Flohmärkte und historische Feste, Spektakel, die weit über Kölns Grenzen hinaus bekannt sind. Mal läßt Owens „den schönsten Siegburger Nachttopf“ prämieren, mal „den nettesten Witzeerzähler“ auf die Bühne einer Eifelburg bitten.

Paul, so Owens' Angebot, als sich die beiden Bekannten im Winter 1979 in Wien wiedertreffen, soll ihn dabei unterstützen und neue Ideen und Konzepte entwickeln für die Historienspektakel. Unterkunft und Arbeitsräume will Owens bereitstellen.

Auf dem Stollwerck-Gelände in der Kölner Südstadt findet der Circus Roncalli oder das, was davon übriggeblieben ist, sein neues Quartier. Dort steht auch der Wohnanhänger von Bernhard Paul, in dem seine gesamte Habe untergebracht ist

Die alte Schokoladenfabrik mit ihren vielen leeren Hallen und großen Freiflächen bietet für den Circus ein ideales Terrain, und so wird schon bald wieder restauriert, gewerkelt und auf den Neubeginn hingearbeitet

Auch einigen Artisten von Roncalli – Eugenio, bekannt als die „Handstandnummer“, Mohammed Larbi und Fredi Codrelli –, die nach dem Scheitern des Circus ebenfalls arbeitslos sind, stellt er Engagements in Köln in Aussicht.

Paul schlägt ein. Er hat kaum Alternativen.

Die ersten Tage in Köln sind indes eine Enttäuschung. Owens hat noch keine Zeit gefunden, sich um eine Unterkunft für den Bekannten aus Wien zu kümmern, und Paul muß sich auf die Schnelle nach einer provisorischen Bleibe umsehen. Er kommt schließlich im Dachzimmer einer kleinen Pension in der Innenstadt unter – „Pension Heinzelmännchen“. Bis zum Rhein sind es nur ein paar Schritte, abends hört er die Glocken des Kölner Doms.

„Junge“, besänftigt Harry Owens den ungeduldigen Partner immer wieder, „in der Ruhe liegt die Kraft.“ Jetzt bloß keine Aufregung! Ein ausrangierter Campinganhänger erlöst Paul schließlich von der „Pension Heinzelmännchen“. Das zerbeulte weiße Gefährt, kaum groß genug für seine wenigen Habseligkeiten, steht im Hof einer verlassenen Schokoladenfabrik – und läutet eine neue Ära ein für Bernhard Paul und den Circus Roncalli: die Stollwerck-Ära.

Die altehrwürdige Fabrik liegt im Zentrum des Severinsviertels im Kölner Süden. Keine feine Gegend, im Gegenteil: enge Straßen, kleine Läden, alte Häuser, die zwei Weltkriege mehr recht als schlecht überstanden haben. Seit Jahren schon sinnen die Stadtväter über Sanierungskonzepte nach für das „Vrings-Veedel“, wie Kölner liebevoll sagen.

Auch das mehr als 55 000 Quadratmeter große Stollwerck-Gelände am Severinswall soll in diese städtische Rundumerneuerung mit einbezogen werden. Doch noch sind die Eigentumsverhältnisse nicht geklärt, und im Rathaus streiten sich die Lokalpolitiker aller Fraktionen heftig um die Zukunft der verwahrlosten, mehr als 100 Jahre alten Fabrikanlage. 1975 sind die letzten Pralinen und Schokobonbons vom Band gelaufen, seitdem verfallen die Gebäude mehr und mehr. Nachts pfeift der Wind durch die kaputten Scheiben, im Inneren rosten die Reste halb abgerissener Maschinen.

Kein Platz, der zum Verweilen einlädt, doch Paul ist zufrieden. Tag und Nacht steigt ihm der süße Duft von Schokolade und Kakao in die Nase und erinnert ihn an die Einkäufe mit der Mutter im Kaufmannsladen „Franz Polierer's Erben“, daheim im grauen Wilhelmsburg. Hatte der Kaufmann nicht genügend Wechselgeld in der Kasse, bekamen die Kinder statt dessen ein paar „Stollwerck-Bonbons“ zugesteckt. Stollwerck – für Paul ein kleiner Gruß aus der Heimat.

Bernhard Paul hat Trost bitter nötig in jenen ersten Wochen in Köln. Verzweifelt bemüht er sich, beruflich wieder Fuß zu fassen. Doch was hat einer für Möglichkeiten, dessen Schulden in die Millionen gehen! Der viele Träume und noch mehr Probleme hat! Viel ist ihm nicht geblieben für einen Neubeginn in Deutschland. In Wien stehen noch vier Circus-

Viel ist ihm nicht geblieben, dem Circusdirektor Bernhard Paul, für den Neubeginn in Deutschland: einige alte Wagen, ein Mofa und jede Menge Schulden

waggons, die Pauls Circussammlung, Fotos, Bücher und die Roncalli-Manege beherbergen. Paul hatte sie zu Freunden geschafft, als sich der Zusammenbruch des Unternehmens anbahnte, und sie so vor dem Zugriff der Banken gerettet. Jetzt will er sie nach Köln holen und eventuell auf Owens' Jahrmärkten ausstellen.

Es wird schon Sommer, als die alten Holzwaggons auf dem alten Güterbahnhof Gereon eintreffen. Ebenfalls dabei: zwei fensterlose Packwagen aus Blech. Sie stammen noch aus Vorkriegstagen, ramponierte Kleinode, von denen Paul sich nicht trennen mag. Eines von ihnen fräst bei der Überführung ins Stollwerck-Gelände mit seinem Eisenreifen ein zentimetertiefes Loch in den Asphalt, für Paul jahrelang eine kuriose Erinnerung an die Ankunft seines letzten Besitzstandes.

Auf dem Stollwerck-Gelände läßt er die beiden Packwagen hintereinander montieren und richtet darin ein Panoptikum ein. „Roncallis Panoptikum", wie er es nennt. Roncalli? Diese kleine Reminiszenz an bessere Tage kann er sich nicht verkneifen. 40 Wachsköpfe aus Pauls Circusfundus stellen das Ausstellungsmaterial. Ein bescheidener Anfang und doch Keimzelle des neuen, des zweiten Circus Roncalli.

An einem heißen Sommertag kommt das umgebaute Fahrgeschäft auf dem Düsseldorfer Schloßplatz erstmals zum Einsatz. „Ein Freund, ein guter Freund, das ist das Beste, was es gibt auf der Welt", schmettern die Comedian Harmonists. Der alte Otto Reutter krächzt ein paar Evergreens. Pauls Freund Mario Angelo, ein Kölner Rundfunkjournalist (und dann später Pressesprecher von Roncalli), hat die vielen Bänder mit den alten Songs zusammengestellt – „eine wunderschöne Geräuschkulisse", die manchen Besucher zum Verweilen einlädt.

Paul sitzt an diesem Tag persönlich hinter der Kasse, angespannt wie vor einer Circuspremiere. Endlich rollt das erste Zweimarkstück durch den Geldschlitz vor ihm. Nur ein Anfang… Den ganzen Tag, Paul weiß es noch Jahre später, wischt er mit der Hand die hereinrollenden Geldstücke in einen bereitstehenden Kübel, während die Schlange vor der Kasse lang und länger wird.

Ohne Unterlaß schiebt sich der Besucherstrom durch die beiden Packwagen. Die Luft wird schnell stickig in den engen, fensterlosen Räumen. Gnadenlos knallt die Sommersonne auf das Blechdach, und wer nicht aufpaßt, der stößt beim Hinausgehen mit der Stirn gegen den niedrigen Türrahmen.

Doch der Run auf Bernhard Pauls Panoptikum hält an. Der Name „Roncalli" hat noch immer einen guten Klang beim deutschen Publikum.

In einem abgewetzten Seesack, der ihm schwer von der Schulter hängt, transportiert er die Einnahmen spätabends von Düsseldorf nach Köln und verstaut sie bis zum nächsten Morgen in seinem alten Campinganhänger. Bis in seine Träume begleitet ihn in dieser Nacht das Geräusch der hereinrollenden Geldstücke.

Der magische Moment – „Es juckt wieder"

Während der folgenden Wochen zieht Bernhard Paul mit „Roncallis Panoptikum" von Jahrmarkt zu Jahrmarkt. Die Geschäfte entwickeln sich gut, am Abend ist Pauls alter Seesack prall gefüllt mit Münzen. Inzwischen ist Freundin Ingrid ebenfalls von Wien nach Köln gezogen, und am Wochenanfang schleppt das Paar die Einnahmen gemeinsam zur Bank.

Auch an dem Gewinn der Bierstände ist Paul beteiligt – abends, wenn die Schaubuden dichtmachen, kassiert er ab. Endlich fließt regelmäßig Geld in die Kasse, ein Gefühl, das er kaum mehr kennt: „Es ist ein richtiger Bruch in der Biographie."

Das alte Roncalli-Baumwollzelt wird auf dem Stollwerck-Gelände errichtet. Bernhard Paul hatte es kurz zuvor über einen Mittelsmann vom Circus Medrano zurückgekauft, der es bei einer Versteigerung in Wien, auf der die Konkursmasse des Circus verschleudert wurde, erstanden hatte

Um Geld zu verdienen, das er zum nackten Überleben braucht, richtet Bernhard Paul in zwei ramponierten Packwagen das „Roncalli-Panoptikum“ ein, mit dem er und seine Freundin Ingrid von Jahrmarkt zu Jahrmarkt ziehen

WACHSFIGURENKA
RARITHÄTENMUS
Der
Halbmensch aus Ungarn
31 Jahre alt
28 Kilo schwer

Im Stollwerck etabliert Bernhard Paul sein „erstes richtiges Büro“, wie er sich erinnert. Von hier aus organisiert er den Neustart seines Circus

Auf eine Wiedergeburt von Roncalli wagt Paul vorerst nicht zu hoffen, obwohl ihn die Idee von einem eigenen, einem „poetischen Circus“ nach wie vor fasziniert. In seinem Campinganhänger feilt der ehemalige Hoch- und Tiefbaustudent stundenlang an den Entwürfen zu einem selbsttragenden Circusbau, einem Zelt, das ohne Erdverankerung auskommt und auch auf Asphalt aufgebaut werden kann.

Seit Jahren träumt er davon, im Herzen der Städte zu spielen wie einst die Gaukler und Spielleute des Mittelalters. Der Circus, so seine Vorstellung, soll wieder Mittelpunkt der Städte werden, statt sich in die Randbezirke – und damit ins Vergessen – abdrängen zu lassen.

Die Pläne schickt Paul an eine Firma in Konstanz, die unverbindlich die Kosten für den Bau der ungewöhnlichen Konstruktion kalkulieren soll. In Köln auf dem Taku-Feld, dem Winterquartier zahlreicher kleiner Circus- und Schaustellerfamilien, beginnt er sich wieder nach alten Holzwagen umzusehen.

Fast zwei Jahre werden vergehen, ehe Paul ein zweites Mal seinen Circustraum verwirklichen kann und damit eine Entwicklung fortsetzt, die 1976 durch das Zerwürfnis mit André Heller ein vorschnelles Ende fand: den Aufbau eines Circus, der aussieht „wie aus dem Bilderbuch gerollt“ – bunt, romantisch, nostal-

Ein Junglöwe von Dompteur Francisco Montez wird von Bernhard Paul begutachtet

gisch. Der „die Zuschauer in ein vergangenes Jahrhundert entführt und Kinderträume wahrmacht".

Für Paul ist Circus von Anfang an mehr als die Aneinanderreihung einzelner Nummern. Er ist ein Gesamtkunstwerk, bei dem Äußerlichkeiten ebenso zählen wie Inhalte. Kostüme, Design, Musik, die live von einem Orchester gespielt wird – alles zusammen soll ein stimmiges Ganzes ergeben und an alte circensische Traditionen anknüpfen, die der Circusenthusiast mehr und mehr in Vergessenheit geraten sieht.

Eine lange Stollwerck-Nacht im Spätsommer 1978 gibt schließlich den letzten Anstoß für Paul, in Deutschland einen Neubeginn zu wagen, der zwei Jahre später in die Wiedergeburt des Circus Roncalli mündet.

An jenem heißen Sommerabend steigt auf dem Gelände der alten Schokoladenfabrik ein großes Grillfest. Rund 300 Gäste sind geladen, Künstler aus der Kölner Südstadt, Journalisten, Freunde, Nachbarn und Kollegen. Lagerfeuer flackern in der hereinbrechenden Dämmerung, ein „Indianerstamm" und ein dazugehöriger Planwagen sorgen für einen Hauch von Westernatmosphäre mitten in Köln.

Anlaß der sommerlichen Festlichkeiten: ein Bison. Harry Owens hatte das Tier wenige Wochen zuvor zu PR-Zwecken erworben. Es soll auf den Jahrmärkten Reklame stehen für einen von Owens' Sponsoren, eine Tabakfirma, die den Büffelkopf als ihr Markenzeichen verwendet. Doch der Bison, bis zum ersten Auftritt untergebracht auf einer Kuhweide in Norddeutschland, bricht eines Nachts freiheitsselig durch die Zäune, demoliert mehrere Autos und wird schließlich von der Polizei zur Strecke gebracht. Blattschuß! Das Tier taugt nur noch für den Grill, ein Metzgermeister friert es bis auf weiteres ein.

Der Bison ist noch am Abend des Grillfestes tiefgefroren. Mit Hilfe einer Kreissäge versuchen einige Gäste schließlich, das bretthartе Fleisch in handliche Stücke zu zerteilen. Vergebliche Liebesmüh – das Fleisch bleibt auch nach stundenlangem Grillen zäh wie Leder. Bald häufen sich in den Treppenschächten die angebissenen Büffelsteaks, und die Hunde balgen sich knurrend um die reiche Beute.

Bernhard Paul kümmern solche Marginalien wenig. Ihn interessiert an diesem Abend nur eines: seine Manege. Zum ersten Mal seit der letzten Roncalli-Vorstellung in Österreich steht sie wieder aufgebaut vor

Überall auf dem Stollwerck-Gelände herrscht kreative Unruhe: Es wird gearbeitet, vorbereitet, geplant und geträumt … In den Hallen stapeln sich die Requisiten, Handwerker und Freunde von Bernhard Paul setzen Pläne in die Realität um, und der Nachtwächter paßt auf

Beim Kölner Schneider Otto Zöll werden die ersten Uniformen der später aus dem Roncalli-Programm nicht mehr wegzudenkenden „Livrierten“ geschneidert

Es ist schon dunkel, als er zögernd ins Scheinwerferlicht tritt. Freund Plüsch, der schon bei der ersten Roncalli-Tournee dabei war, macht den Beleuchter. Aus zwei Lautsprechern scheppert Circusmusik.

Das ist „der magische Moment“ – Paul „packt es wieder“. Jahre später noch schwärmt er von „dieser langen Nacht, als keiner den brettharten Bison essen will“ und er alle Skrupel über Bord wirft. „Es juckt richtig, endlich wieder Circus zu machen.“ Circus Roncalli.

Harry Owens vernimmt die Neuigkeit von der geplanten Wiedergeburt des Circus Roncalli mit gemischten Gefühlen. Schon seit längerem ihm auf dem Hof der Stollwerck-Fabrik – er könnte heulen vor Freude. Die Restmannschaft von Roncalli hat zur Unterhaltung ein kleines Circusprogramm zusammengestellt, und auch Paul will, zusammen mit Fredi Codrelli, als Zippo auftreten.

Um Geld für den Circus zu verdienen, stellt Bernhard Paul seine Circuswagen für Modeaufnahmen zur Verfügung

kriselt es zwischen den Partnern, deren Vorstellungen von einer fruchtbaren Zusammenarbeit immer öfter auseinandergehen. Nun ist es offenkundig: Die Ziele sind verschieden, die Wege trennen sich. Fünf Jahre später – der Circus Roncalli ist bereits auf der Überholspur – wird Harry Owens seine eigenen Träume von einem poetischen Circus verwirklichen, mit seinem „Traumtheater Salomé".

Christoph Müller, ein arbeitsloser Handwerker, beginnt bei Roncalli eine Karriere, wie sie nur im Circus denkbar ist. Vom Maler arbeitet er sich zum Roncalli-Artisten hoch und geht später nach Amerika, um dort als „verspiegelter Harlekin" große Erfolge zu haben

„Eine verrückte Zeit" – die Anfänge in der Stollwerck-Fabrik

Eine gute Zeit für Neuanfänge! Und Köln ist Ende der siebziger Jahre genau das richtige Pflaster. Vor allem in der Südstadt brodelt es gewaltig, seitdem sich Künstler, Maler und Filmemacher in den Seitenstraßen rund um den Chlodwigplatz angesiedelt haben. Wohngemeinschaften teilen sich die riesigen Altbauten, in denen um die Jahrhundertwende das Kölner Großbürgertum lebte, und in den billigen Hinterzimmern hausen Studenten der alten „Kölner Werkschulen", die sich seit Anfang der Siebziger – ganz chic und trendy – „Fachhochschule für Kunst und Design" nennen darf.

Jede Nacht geht es hoch her in den Südstadt-Kneipen.

Die große Liebe von Bernhard Paul gehört seit jeher den Circuswagen. Seine zur damaligen Zeit ohnehin schwierige Finanzlage verschlimmert er ständig durch den Kauf neuer Wagen, für die er teilweise astronomische Summen bezahlt

Im „Schröders" in der Alteburger Straße zum Beispiel. Dort, am dritten Tisch links, hat Ingo Kümmel, Galerist und Enfant terrible der Kölner Kunstszene, sein „Büro" installiert und räsoniert mit seiner Gefolgschaft nächtelang beim Kölsch über multimediale und andere Kunstprojekte.

Oder im „Chlodwig Eck", Annostraße Nummer eins, wo Clemens Böll, der Neffe von Literaturnobelpreisträger Heinrich Böll, am Zapfhahn steht. „Jenau, Clemens, dunn uns zwei Schabau" („Genau, Clemens, gib uns zwei Schnäpse"), reimt Wolfgang Niedecken, der „Südstadt-Dylan" und Boss der lokalen Rockband BAP, in seinem Szene-Hit von der „Ruut-wiess-blau-querjestrieften Frau".

„Beim Böll muß man frühstücken", weiß auch Bernhard Paul. Er fühlt sich schnell wohl in „dieser wüsten Mischung von Szene-Leuten", und bald kennt er sie alle: Klaus den Geiger – Kennzeichen: kariertes Hemd, braune Latzhose –, der im bürgerlichen Leben Klaus von Wrochem heißt und lieber auf der Straße als im Konzertsaal zum Bogen greift.

Den schwergewichtigen Jürgen Zeltinger, eine lokale Rockgröße, den die Kölner ob seiner schwindenden Haarpracht schlicht „de Plaat" (die Platte, Glatze) nennen. Kölns SPD-Fraktionschef Günter Herterich, der sich in der Freizeit gerne in der Kunstszene herumtreibt und in Insider-Kreisen als Kölns heimlicher Kulturchef gilt. Ingo Kümmel natürlich, der nur noch wenige Jahre zu leben hat und 1990 mit 53 Jahren stirbt. Er entpuppt sich als Roncalli-Fan und vermittelt dem Wiener wichtige Kontakte in Köln.

Die Stillegung der Stollwerck-Fabrik hat der Südstadt zusätzliche Impulse gegeben. Auch die Alteingesessenen, die seit Generationen im Veedel zu Hause sind, diskutieren heftig über die Veränderungen, die absehbar sind. Nach langem Polit-Hickhack hat die Stadt Köln im Juli 1978 das Stollwerck-Gelände gekauft und plant jetzt den teilweisen Abriß der alten Gebäude. Auf dem abgeräumten Areal sollen Neubauten entstehen – Pläne, gegen die das buntgemischte Südstadt-Volk Sturm läuft: Die „Bürgerinitiative Südliche Alt-

stadt", die „Bisa", wird gegründet, wenig später formiert sich eine Arbeitsgemeinschaft „Wohnen im Stollwerck". Gemeinsam plädiert man für den Umbau der großräumigen Fabrik, die sich im Laufe des Jahres 1979 immer mehr zu einem Zentrum für alternative Kunst und Kultur entwickelt.

Mehr als 40 Gruppen wohnen und arbeiten inzwischen mit Billigung der Stadt Köln auf dem heruntergekommenen Fabrikgelände, Theatergruppen, Rockbands, Eltern- und Ausländerinitiativen. Roncalli steckt mittendrin.

Bernhard Paul hat nach der Trennung von Harry Owens auf eigene Kosten eine Halle angemietet, direkt neben einem Lager für Pornohefte. Nicht weit entfernt, im ehemaligen Bürotrakt, hat die „Bisa" ihr Quartier aufgeschlagen. BAP, jenseits der Kölner Südstadt noch eine unbekannte Größe, probt für eine erste LP, die 1979 auf den Markt kommen soll.

Auch die Kelly Family, alte Bekannte von Paul, campiert in einem ramponierten Doppeldeckerbus zeitweise auf dem Fabrikgelände. Paul hatte die musikalische Großfamilie 1977 auf der Kärntner Straße in Wien entdeckt und in sein zweites Roncalli-Programm integriert. In Köln tritt sie auf Owens' historischen Festen auf, noch weit entfernt von ihrem großen Durchbruch – wie die meisten auf dem Stollwerck-Gelände.

„Eine total verrückte Zeit", erinnert sich Bernhard Paul an die Jahre in der alten Fabrik: „Damals standen

Liebevoll werden die Wagen des Circus restauriert und mit wunderschönen Details ausgestattet

Die „Lindors", Bruno Wiederkehr und Walter Joss, probieren ihre Luftnummer in einem alten Treppenschacht eines Gebäudes auf dem Stollwerck-Gelände

wir alle in den Startlöchern", wie es weitergehen soll, weiß keiner – auch Paul nicht. Für ihn beginnt im Spätsommer 1978 eine Phase voll harter Arbeit und wirtschaftlicher Not, in der der Circus Roncalli langsam Gestalt annimmt.

Pauls Einkünfte sind nach dem Ausstieg bei Owens magerer denn je. „Roncallis Panoptikum" ist zwar noch im Einsatz, doch seine beste Zeit scheint vorbei. Paul hält sich hauptsächlich mit Auftritten als Spaßmacher Zippo über Wasser. Zusammen mit Fredi Codrelli spielt er in Kaufhäusern und auf Firmengalas. Jede Mark, die er entbehren kann, steckt er in den Circus, zum Leben bleibt wenig, und mitunter schieben Paul und Freundin Ingrid „Kohldampf bis in die Haarspitzen".

Tausende Mark verschlingen allein die alten Holzwagen, die er auf Jahrmärkten und Dorfkirmessen in ganz Deutschland zusammenkauft. Circuswagen sind für Paul das Herzstück eines jeden Circus. „Was für Krone und Sarrasani die Elefanten, sind für mich die Circuswagen", sagt er einmal. „Sie sind eigentlich Lebewesen mit Augen, die in der Nacht sogar leuchten können." Die meisten Circusunternehmen denken wesentlich prosaischer. Sie haben die alten Wagen, die den Anforderungen modernen Wohnkomforts nicht mehr entsprechen, längst durch riesige Caravans ersetzt.

Auch die Kelly Family, alte Freunde von Bernhard Paul aus Wiener Tagen, campiert auf dem Stollwerck-Gelände. Sie waren schon für Roncalli-Gastspiele in Österreich engagiert worden. Ihre große Entdeckung steht aber noch bevor

Salvatore Penisi, ein italienischer Eisverkäufer, ist der erste Mitstreiter, der bei Bernhard Paul auftaucht und seine Dienste bei Roncalli anbietet

Für Paul ist das undenkbar. Nichts ist ihm mehr zuwider als die innere wie äußere Verwahrlosung vieler moderner Circusse, „dieser abblätternde Lack, diese Armseligkeit, die Mitleid weckt und das Lachen sterben läßt". Sein Circus soll anders werden: eine phantastische, bunte, perfekt inszenierte Illusion.

Im Laufe von 20 Jahren kauft und verkauft er rund 300 alte Holzwagen, um sie renovieren und nach eigenen Entwürfen neu gestalten zu lassen. Bis nach München zum Oktoberfest fährt er, um nach weiteren Wagen zu forschen. Später, nach dem Fall der Mauer, geht er in den neuen Bundesländern auf die Suche, um vor dem Verfall zu retten, was für ihn ein Bestandteil der in Not geratenen Circuskultur ist. Schon 1978 ist kein akzeptables Stück für weniger als 3000 Mark zu haben. Jahre später, als sich in Schaustellerkreisen herumgesprochen hat, daß der Roncalli-Chef sich für alles interessiert, was Räder aus Holz hat, steigen die Preise mitunter auf bis zu 60 000 Mark.

Ein müder Italiener – von Helfern und Mitstreitern

Es geht voran mit Roncalli. In Wien hat die Bank inzwischen Teile des alten Circus Roncalli versteigert. Das blauweiße Baumwollzelt und die Sitztribüne sind für ein paar Schillinge an Franz Lucas vom Circus Medrano gegangen. Durch einen Mittelsmann, Michael Prechtl, einen Bekannten aus der Südstadt-Szene, kauft Paul beides zurück. Zwar war Lucas 1987 als Elefantendompteur mit Roncalli auf Österreich-Tournee, doch Paul fürchtet, der Kollege könne den Preis in die Höhe treiben, sollte er selber in Wien vorstellig werden.

Auf dem Stollwerck-Gelände finden sich inzwischen die ersten Mitstreiter ein. Gerüchte von der bevorstehenden Wiedergeburt des Circus Roncalli haben die Runde gemacht in der Schaustellerszene. Den Anfang macht Salvatore Penisi aus Italien, der Eisverkäufer. Der Mann, der in Italien das „Sitzpolster-Verkaufen" erfunden hat. Sein Trick ist so simpel wie gewinnbringend. Im Supermercado kauft Penisi einen Stapel Sitzkissen und läßt sie von hübschen Mädchen an die Circusbesucher verteilen. Anschließend wird abkassiert.

10 000 Mark legt Penisi bei Paul auf den Tisch, als er in Köln anreist und sich knapp vorstellt: „Ich will bei dir Eis verkaufen!“ Seitdem campiert Penisi in einem Wohnanhänger auf dem Fabrikgelände, zusammen mit Ehefrau Maria. Die Italienerin kocht hervorragende Spaghetti, und wenn Penisis Brüder in Köln zu Besuch sind, sitzt die Familie mit Paul zusammen an einem meterlangen Tisch vor dem Wagen.

Gemeinsam stößt man mit viel Chianti auf das Werden und Wachsen von Roncalli an. Besonders der dicke Camillo Penisi sorgt für Spaß in der Runde, wenn er mit schmelzender Stimme „O sole mio“ anstimmt und plötzlich, noch mitten im Lied, für ein paar Minuten fest einschläft.

Eine Angewohnheit, die dem Spontanschläfer eines Tages zum Verhängnis werden soll. Während Roncalli im Sommer 1980 in Köln sein erstes Gastspiel gibt, versucht Camillo sich als Bankräuber. Er soll den Fluchtwagen fahren und die Kollegen aufnehmen, wenn sie mit der Beute aus der Bank stürmen.

Doch Camillo verpaßt seinen Einsatz: Er ist am Steuer eingeschlafen. Zwar kann er im letzten Moment fliehen, aber seine Kumpane werden samt Beute geschnappt und zeigen sich auf dem Polizeirevier schnell geständig. Wenig später meldet sich die Polizei bei Roncalli. Hier arbeite doch ein Penisi … Daß nicht Salvatore, der Eisverkäufer, gemeint ist, klärt sich erst später auf.

Auch in der Südstadt spricht sich herum, daß in der Stollwerck-Fabrik an der Renaissance des legendären Circus Roncalli gearbeitet wird. Bis zu 40 Handwerker, Studenten, Maler, Künstler und Musiker aus der Szene arbeiten zeitweise für Paul – ein bunt zusammengewürfelter Haufen von Individualisten und Lebenskünstlern. Geld hat keiner, ob Roncalli jemals aus den Startlöchern herauskommt, weiß niemand.

Die meisten von ihnen sind Suchende wie der Circusdirektor selber. Da ist zum Beispiel Christoph, ein arbeitsloser Handwerker: Er bemalt die Circuswagen mit wunderschönen, kitschig-nostalgischen Bildern und träumt dabei von einem Leben als Clown.

Jahre später wird sein Traum Wirklichkeit. Eine Saison lang tritt der ehemalige Handwerker in einem rundum mit Spiegeln besetzten Kostüm, das Paul für ihn entworfen hat, bei Roncalli auf. Anschließend geht er nach

Das Orchester von Joe Schwarz (mit Saxophon) begleitet den Circus Roncalli in den ersten Jahren

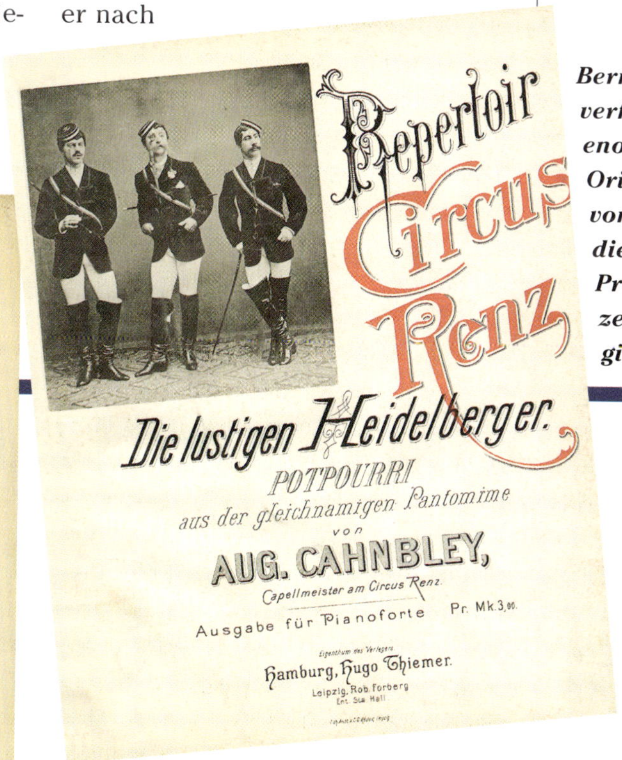

Bernhard Paul verfügt über einen enormen Fundus an Originalnoten von Circusmusik, die er für seine Programme zeitgemäß arrangieren läßt

Maria Lucas, Kostümbildnerin aus der Kölner Südstadt, setzt die Vorstellungen von Bernhard Paul in konkrete Entwürfe und Kostüme um

Amerika, um dort Karriere als „verspiegelter Harlekin“ zu machen.

Oder Frank Köllges, ein Kölner Musiker. Paul steckt ihn, zusammen mit einigen Musikstudenten, in alte Kostüme aus seinem Wiener Fundus und schickt die Band als „Das verrückte Circusorchester“ auf Partys und Firmenfeste. Aus dem Orchester wird, noch ehe Roncalli seine Premiere feiern kann, die Szeneband „Padlt-Noidelt“, aus Frank Köllges ein bekannter Jazzmusiker.

Für Roncalli allerdings ist „Das verrückte Circusorchester“ verloren. Paul muß sich nach neuen Musikern umsehen und gewinnt als Leiter den schnauzbärtigen Joe Schwarz, einen Mann, der seine Vorstellungen von guter, authentischer Circusmusik teilt.

Live-Musik, gespielt von einem traditionellen Circusorchester, gehört für Paul unabdingbar zu einem „ganzheitlichen Circus“, der erst durch das Zusammenwirken verschiedener Komponenten seine unnachahmlich „romantische“ Atmosphäre bekommt. Auch hier sieht er sich als Bewahrer alter Traditionen: Ein Circus ohne Orchester war früher undenkbar. Geigenklänge begleiteten die Pferdenummern, Fanfarenstöße den Auftritt des Dompteurs. Seit Jahren sammelt Paul Noten von Stücken, die längst in Vergessenheit geraten sind und die eines Tages bei ihm wieder erklingen sollen.

Schwarz möchte ebenfalls von dem „ewigen Tusch-Trara loskommen“ und Musik spielen, „die dem Programm als Ganzem einen Rahmen verleiht“. Vier Tourneen begleitet er musikalisch die Auftritte der

Roncalli-Artisten, dann räumt er den Platz für Georg Pommer, um – ein Träumer auch er – ein Jazzlokal aufzumachen.

Als Glücksgriff entpuppt sich die Spanierin Maria Lucas, eine kleine, zarte Person von 23 Jahren, die davon träumt, ihrer „Phantasie freien Lauf zu lassen und Kostüme zu entwerfen, wie ich sie mir schon als Kind vorgestellt habe“. Bernhard Paul lernt die Kostümbildnerin durch die Vermittlung von Ingo Kümmel kennen. In der Kölner Künstlerszene sind „die Kleine“ und ihre flippigen Outfits bestens bekannt, seit Bob Lockwood, Star der Travestie-Truppe „Folies parisiennes“, sich von ihr seine schrillen Bühnenfummel auf den Leib schneidern läßt.

Paul und Maria Lucas treffen sich in einer verräucherten Kneipe im „Kwartier Lateng“, dem Studentenviertel von Köln. Ein schnelles Hallo, zwei Kölsch – sie sind sich auf Anhieb sympathisch. Zwischen dem Circusmann und der Kostümbildnerin herrscht, wie sich Maria Lucas erinnert, „von Anfang an ein künstlerischer Gleichklang“, der den Grundstein legt zu einer viele Jahre währenden Zusammenarbeit (und Maria Lucas' Karriere als Kostümbildnerin für die Fernsehprominenz begründet).

Maria Lucas teilt Pauls Ansichten über die Wichtigkeit traumbunter Kostüme im Circus. „In südlichen Ländern“, sagt sie, „hat man eine viel größere Freude an artistischen Dingen.“

Tag und Nacht rattert während der nächsten Monate in ihrer Kölner Wohnung die Nähmaschine. Endlich kann sie alle Wünsche und Kindheitsphantasien realisieren. Und wirklich – unter ihren Händen entstehen Kostüme von surrealer Schönheit, die genau Pauls Vorstellungen von einem „Circus wie aus dem Bilderbuch gerollt“ entsprechen: Ein Königingewand aus „purem

Boris Buchleitner alias Tagora probiert unter den kritischen Augen von Bernhard Paul ein Kostüm an, das Maria Lucas für ihn entworfen hat

Die prächtigen und farbenfrohen Kostüme von Maria Lucas sind bis heute fester Bestandteil des Roncalli-Programms

Gold“. Schwere chinesische Kimonos aus reiner Seide. Meterhohe Kopfputze, asiatischen Tempeldächern gleich und besetzt mit Perlen und kostbaren Steinen. Ein Schmetterlingskostüm mit Flügeln aus 5000 schillernd-blauen Pfauenfedern. Das Kostüm eines Weißclowns, bestickt mit Tausenden von Pailletten, die im Scheinwerferlicht funkeln wie der Sternenhimmel über dem Mittelmeer.

Frösche und Goldmenschen – die Artisten kommen

Es ist ein grauer Sonntagmorgen auf dem Stollwerck-Gelände, als es an der Tür von Pauls Wohnanhänger klopft. Draußen, auf dem unwirtlichen Hof, steht ein kleiner Mann mit tiefen Falten im Gesicht, dünn wie ein Zahnstocher und bedeckt mit dem gräßlichsten Hut, den Paul in seinem ganzen Leben gesehen hat. Es ist ein riesiger Cowboyhut aus pelzigem Filz, Angorafilz, leicht gelblich in der Farbe. Ein Hut, dessen Anblick Paul noch Jahre später verfolgt. Ebenso die Schuhe: Kroko, zweifarbig. Nicht zu reden von dem Mantel: Fünfziger-Jahre-Modell, leicht ins Grünliche changierend.

Der alte Herr stellt sich höflich vor: „Ich bin John Ak, der Froschkönig.“ Aha! Der Froschkönig? Ein Jahr später kennt ihn jeder Roncalli-Besucher – John Ak, den Mann in der Froschhaut, die seine Ehefrau Mary eigenhändig mit mehr als 8000 Pailletten bestickt hat. Bis zum Jahr 1985 gehört er zur Kernmannschaft des Circus, und eine „Reise zum Regenbogen“ ohne den kleinen Froschmann ist schier unvorstellbar.

Aks Nummer ist denkbar einfach, und sie ist beileibe nicht seine Erfindung, obwohl er das gerne behaup-

tet. Der Mann – Paul merkt es bald – flunkert mitunter. Doch das macht ihn keineswegs unsympathisch. Ein „Klischnigg", eine Gummimenschen-Nummer, sei seine Spezialität, dient er bei einer Tasse Kaffee dem Circusdirektor seine Künste an. Im Froschkostüm verknote er sich so lange, bis er wirklich wie ein Frosch aussehe. So, so ...

Und dann, erzählt er dem verblüfften Paul, springe er auf den Händen von Seerosenblatt zu Seerosenblatt hinunter in die Manege.

Keine Schwierigkeit für den Mann aus Chicago. Schließlich führt er die Nummer seit 45 Jahren vor. Zwanzig Jahre ist er damit durch die Sowjetunion gezogen, 20 Jahre durch die USA, in zwei Filmen hat er, zusammen mit Schwimmstar Esther Williams, mitgespielt. Als Frosch, versteht sich. Jetzt lebt John Ak, über 60 mittlerweile, mit der Ehefrau in Dortmund und tritt bei Galaabenden und Empfängen auf. „Andere Leute gehen ein Leben lang um acht Uhr morgens ins Büro", sagt er. Er, John Ak, geht jeden Tag in die Manege und besteigt eine Seerose. Wo ist das Problem!

Bernhard Paul zögert nicht lange an jenem Morgen. Er sucht verzweifelt bezahlbare Artisten, und große Namen kann er sich ebenso wenig leisten wie hohe Gagen. Zudem kommt Aks Nummer seinen Vorstellungen von Circus nahe. Der betagte Froschkönig wird engagiert. Samt seiner zweieinhalb Meter hohen Seerose, die sich bei genauerem Hinsehen als verbogener Dreibein aus Eisen entpuppt. Das Ding, giftgrün beklebt bis zur Spitze, ist „so fürchterlich, daß es schon wieder gut ist", sagt Paul.

Daß der gute Ak den Sprung von der Seerose in die Manege schon seit Jahren nicht mehr gewagt hat, erfährt er erst bei der Premiere. Da bricht sich der Froschmensch bei der Landung auf dem harten Boden beide Handgelenke und muß zwei Monate pausieren. Als Ersatz springt kurzfristig eine Kollegin ein, Anniko Gulasch alias Shen-Te, Assistentin und Ehefrau des Feuerschluckers Tagora. Frau Gulasch neigt zwar zur Fülle, doch das Froschkostüm ist elastisch, die Nummer gerettet. Nur ein

John Ak, der Froschmensch, hat schon 45 Jahre als Artist hinter sich, als er 1980, über 60jährig, zum Circus Roncalli kommt. Seine Nummer gehört zu den beliebtesten auf der „Reise zum Regenbogen"

So sah der Clown-Look aus, den Bernhard Paul ursprünglich für die Figur des Zippo entworfen hat

paar Lästermäuler sprechen fortan von der „Krötennummer“.

Auch Pic stellt sich in diesen Tagen bei Roncalli vor. Pic, der schweigsame Poet mit den Seifenblasen, der fünf „Reisen zum Regenbogen“ begleitet und Paul ans Herz wächst, als wären sie „siamesische Zwillinge“.

Der Kabarettist Emil, von dem noch die Rede sein wird, hatte Paul auf den schüchternen Clown und seine Seifenblasen aufmerksam gemacht. Pic tritt im Herbst 1979 zum ersten Mal zusammen mit seinem Partner Pello auf, einem Schweizer wie er selbst. Die Künstler haben sich 1972 auf der Pariser Schauspielschule Jacques Lecoq kennengelernt und reisen sieben Jahre später mit ihrem Programm „Pic und Pello kommen auf Besuch“ durch Deutschland.

Paul sieht sie im „Mainzer Unterhaus“, einer auch aus dem Fernsehprogramm bekannten Kabarettbühne. Spontan lädt er Pic, den extrovertierteren Teil des ungleichen Duos, nach Köln ein, um über eine mögliche Zusammenarbeit zu sprechen. Es wird ein Besuch, den keiner bei Roncalli so bald vergessen soll. Weit nach Mitternacht schreckt Paul hoch: Jemand hämmert gegen seinen Campingwagen. Blaue Lichter zukken durch die Dunkelheit. Die Luft ist grau von Rauch. „Feuer, Feuer!“ Es brennt! Nicht bei Roncalli zum Glück, sondern in der Nachbar-, in der Pornohalle! Der Circus ist dennoch in Gefahr: „Eine Verpuffungsexplosion“, klärt die Feuerwehr die verstörte Circusmannschaft auf, könne auch für sie fatale Folgen haben.

Vor allem die Löwen, acht Jungtiere aus dem Dortmunder Zoo, müssen heraus aus der Halle. Doch die Traktoren springen nicht an, der Rauch wird dichter. Also schieben Paul und seine Mannschaft die schweren Tierkäfige auf den Hof, wo sie in Sicherheit sind. Pic steht daneben. Ihm schlottern die Knie. Und noch Jahre später erinnert sich Paul an die „angstgeweiteten Augen“, mit denen Pic die verzweifelten Rettungsaktionen seiner zukünftigen Kollegen beobachtet.

Wenige Monate später, im Juni 1980, steht der Clown zum ersten Mal in der Manege von Roncalli und verzaubert das Kölner Premierenpublikum mit seiner Seifenblasennummer, die viele Jahre das Image

Die berühmteste Rolle von Pic war die des „Pierrot Lunaire“, die ganz wesentlich zum Erfolg der ersten Roncalli-Tournee beitrug und die Zuschauer zu wahren Begeisterungsstürmen hinriß

Der Schweizer Clown Pic tritt in verschiedenen Rollen im Circus Roncalli auf, unter anderem als Fotograf

des „poetischen Circus“ prägen soll.

Paul hat zu diesem Zeitpunkt bereits genaue Vorstellungen von dem Programm des künftigen Circus Roncalli – diesmal wird ihm bestimmt kein André Heller hineinreden. Er wünscht weder schwarzbefrackte Todesengel in der Manege noch morbide Sprüche, die an das Ende aller Dinge gemahnen. Im Gegenteil – lachen sollen die Leute bei ihm und nach der Vorstellung „ein paar Zentimeter über dem Boden schweben“. Er träumt von Clowns, ähnlich denen, die Farbe in seine Kindheit gebracht haben, von Feuerschluckern und Pferdenummern. Pauls Circus, so seine Vision, soll Gegenentwurf und Rückbesinnung in einem sein. Nichts ist ihm mehr verhaßt als die kalte Perfektion moderner Betriebe, bei denen nur eines zählt: die Sensation. Spätestens bei der verunglückten Österreich-Tournee 1977 ist ihm klargeworden, daß er „diese Art von Circus nicht will“. Paul schwebt statt dessen auch inhaltlich „ein Circus wie in alten Zeiten“ vor – romantisch, poetisch und ein wenig kitschig. „Circus ist exotisch“, sagt er, „und Circus ist etwas in Richtung Edelkitsch.“

Mit Erschrecken registriert er seit Jahren den Verfall der circensischen Kultur, dem er mit seinem Programm Einhalt gebieten will. „Circus“, predigt er immer wieder, „hat eine lange Kulturgeschichte“, die es fortzusetzen gelte. Mit Nummern, wie sie einst auf Gauklerfesten und Jahrmärkten

„Ein guter Clown ist nur dann wirklich gut, wenn das Kleinkind und der Intellektuelle im selben Moment lachen.“ *(Bernhard Paul)*

zu Hause waren, will er die marode Circuskunst zu ihren Ursprüngen zurückführen und gleichzeitig erneuern – ein Konzept, an dem Bernhard Paul bis heute festhält.

Auf der Suche nach Nummern, die der nostalgisch-romantischen Ausrichtung des Circus entsprechen, reaktiviert er einige Kollegen, die schon 1976 im Programm „Die größte Poesie des Universums“ bei Roncalli aufgetreten sind. Einer von ihnen ist der Feuerschlucker Boris Buchleitner alias Tagora, dessen heiße Künste das Publikum während Roncallis erster Tournee zum Toben gebracht haben. Das Feuerspeien hat der junge Buchleitner von seinem Vater gelernt, dem „Großen Tagora“. Der ist 30 Jahre lang mit seinen Feuerstäben um die Welt gezogen und hat als erster das „Spiel mit dem Feuerrad“ gewagt.

1976 treten Vater und Sohn noch gemeinsam auf und schleudern sich in ihrer Schlußnummer abwechselnd meterlange, leuchtendgelbe Feuerzungen entgegen. Inzwischen ist der große Tagora gestorben, der Junior ohne Engagement. Pauls Anfrage, gemeinsam mit Ehefrau Anniko Gulasch wieder bei Roncalli anzuheuern, kommt Buchleitner gerade recht.

Auf der Suche nach Nummern, die seinen klassisch-romantischen Vorstellungen vom Circus entsprechen, greift Bernhard Paul auch wieder auf Boris Tagora zurück, einen alten Freund aus den frühen Tagen von Roncalli

Pauls Hoffnung auf eine baldige Wiederauferstehung von Roncalli teilt der Feuerschlucker jedoch nicht. „Das wird eh nichts“, unkt er täglich und beobachtet skeptisch von einem Campingsessel aus das geschäftige Treiben in der Stollwerck-Halle.

Bernhard Paul läßt sich durch die Kassandrarufe Buchleitners nicht beirren. Er schneidert ihm die Nummer des „Shang“ auf den Leib, mit der der „chinesische Feuermagier“ bis zum Jahr 1983 in der Roncalli-Manege steht. Aus Anniko Gulasch wird seine Assistentin Shen-Te – sofern Frau Gulasch nicht als Frosch durch die Manege hüpft.

Oder der Ungar André Faulhaber und sein „Trio Olympiades“, besser bekannt als „Die Goldmenschen“. Auch auf ihn will Paul nicht verzichten. Zu gut erinnert er sich an die Lacherfolge, die das Trio 1976 – allerdings unfreiwillig – erntete: Das intellektuell geprägte Roncalli-Publikum fand die goldfarbenen, fast nackten Muskelmänner, die aussahen, als seien sie geradewegs aus der Antike ins 20. Jahrhundert marschiert, ausgesprochen komisch.

„Circus ist ein Mosaik
nur wenn alles stimmt,
er wirklich.“

(Bernhard Paul)

Die Muskelmänner des „Trio Olympiades" mit ihrem Chef André Faulhaber gehörten schon im Jahr 1976, bei der Österreich-Tournee, zum Roncalli-Ensemble. Sie sind für Bernhard Paul Sinnbild einer Art von Circus, wie er ihn sich um die Jahrhundertwende herum vorstellt

unktioniert

Die „Original Codrellis“ mit Fredi Codrelli, Bernhard Paul und Weißclown Martin Ender. Sie begründen die Renaissance des klassischen Clown-Trios bei Roncalli

Schon vor der ersten Österreich-Tournee trat Bernhard Paul gemeinsam mit Fredi Codrelli als Clown in Kaufhäusern, bei Firmenfesten und Galaveranstaltungen auf

Paul lockt vor allem die Optik der Nummer, die goldglänzenden Körper, die langsamen Bewegungen – so stellt er sich den „Circus der Jahrhundertwende“ vor.

Chef der Truppe ist André Faulhaber, ein Mann von Ende 50. Er hat in den dreißiger Jahren in Budapest eine fundierte Artistenausbildung bekommen und mimt schon seit vielen Jahren in internationalen Shows und Varieté-Programmen den muskelbepackten Goldmann. Jahrelang hat der starke Faulhaber nach der richtigen Zusammensetzung für die Goldfarbe gesucht, einer Mischung aus Messingstaub, Eiweiß und anderen Zutaten, die er nicht verraten möchte. Das Zeug klebt nicht, es ist rutschfest und läßt sich leicht abwaschen. Einziger Nachteil: Es ist hitzeanfällig. Bei hohen Temperaturen gehen Körperschweiß und Bronze eine ungute Partnerschaft ein – die starken Männer laufen grün an.

Schließlich fehlt noch einer im Programm: ein zweiter „Dummer August“, der das Trio der „Original Codrellis“ komplettieren soll. Wochenlang sucht Paul nach der idealen Besetzung. Der Weißclown steht längst fest: Martin Ender, ein circusbegeisterter Werbetexter aus der Schweiz, der wenig später bei den „Lindors“, den fliegenden Menschen, einsteigt und Bruno Wiederkehr ersetzt. Der zweite im Bunde ist – wer sonst! – Fredi Codrelli. Fredi Codrelli, der im richtigen Leben Alfred Sirowatka heißt und längst die 60 überschritten hat.

Seit 1976 sind der Clown und der Circusdirektor unzertrennlich. Paul kennt den alten Spaßmacher noch aus Kindertagen. In den fünfziger Jahren, als der österreichische Circus Rebernigg nach Wilhelmsburg kam, hatte er Fredi und „Die Codrellis“ zum ersten Mal gesehen und seitdem nicht mehr vergessen. Monatelang geht dem Jungen ein kleines Lied nicht aus dem Kopf, das die beiden „Dummen Auguste“ trotz heftiger Proteste des Weißclowns vortragen wollen: „Auf der blauen Donau schwimmt ein Krokodil, hat so lange Beine wie ein Besenstiel.“

Erst 1976, in der Gründungsphase von Roncalli, trifft Paul den Clown seiner Kindheit in Wien wieder und nimmt ihn unter Vertrag. Als Paul zwei Jahre später nach Köln geht, folgt ihm Codrelli. Was soll er allein in Wien?

Gemeinsam treten die beiden als „Dumme Auguste“ in Kaufhäusern,

Bernhard Paul und Fredi Codrelli sind seit 1976 unzertrennlich. Schon als kleiner Junge hatte Bernhard Paul Fredi Codrelli als Clown im Circus Rebernigg gesehen und bewundert. Später weiht Codrelli Bernhard Paul in die Geheimnisse des Clown-Seins ein

Meinem liebsten Freund „Paule“ zur Erinnerung an Deinen treuen [illegible]

Fredy

Das Schmetterlingskostüm, von Maria Lucas entworfen, verschlang Unsummen. Allein die 5000 Pfauenfedern, die für die Flügel benötigt wurden, kosteten über 8000 Mark, für die damalige Finanzsituation des Circus eine gigantische Summe

bei Firmenfesten und Galaveranstaltungen auf. Codrelli tourt außerdem als grantiger Wiener Ober „Freddy Spaghetti“ über Owens' Jahrmärkte. Er ist es auch, der Bernhard Paul schließlich überredet, zusammen mit ihm und Ender als „Zippo“ in die Manege von Roncalli zu steigen.

Noch in Wien hatte sich Paul an der Seite von Codrelli seine ersten Sporen als Clown Zippo verdient. Clown-Sein, das ist von jeher sein Kindheitstraum gewesen. Mit Codrelli erfüllt er ihn sich. Im Kaufhaus „Gerngroß“ tritt das Duo im Rahmen einer Circusausstellung zum ersten Mal gemeinsam auf. Ein Fiasko, an das sich Paul ungern erinnert.

Die ganze österreichische Circuswelt ist versammelt – und alle gratulieren ihnen nach dem Auftritt. „Guat woats, Fredi a da Bauli.“ Etwas Schlimmeres kann einem Artisten kaum passieren! „Erst wenn sie mit steinernen Mienen ankommen und von was anderem reden“, belehrt ihn Codrelli, „dann sind wir wirklich gut.“

Inzwischen sind sie gut. Doch Paul hat „viel zuviel Respekt vor dem Clownspielen“, um selber als Zippo im Roncalli-Programm aufzutreten. Dafür, glaubt er, beherrsche er das Metier des Spaßmachers längst noch nicht gut genug. Seine Kaufhausauftritte sind für ihn bis dato „eine gute Erwerbsquelle, mehr nicht“.

Codrelli läßt nicht locker – und überzeugt Paul. Das Trio der „Original Codrellis“ ist komplett. Bis 1982 stehen Zippo und Fredi jeden Tag zweimal gemeinsam in der Manege und spielen die Nummer „Das Musizieren ist hier verboten“:

„Wir singen ein schönes Lied.“

„Ein schönes Lied, das singen wir gleich, das Lied von der blauen Donau. Auf der blauen Donau...“

AUF DER SUCHE NACH GELDGEBERN

„Roncalli-Renaissance in Köln: ein Circus der Jahrhundertwende“ meldet Anfang September 1979 die „Kölnische Rundschau“ und avisiert den Start des Unternehmens für den kommenden Oktober. Sieben der 16 geplanten Nummern seien bereits

einstudiert, die Kapelle probe zwischen Sägespänen und kahlen Betonpfeilern für die baldige Premiere.

Schön wäre es! Doch das Lokalblatt jubelt zu früh. Der Circus der Jahrhundertwende hat erhebliche Geldprobleme, die seinen Start Monat um Monat hinauszögern.

Finanzielle Krisen sind für Bernhard Paul nichts Neues. Schon 1976 mußte er sich das Geld für die Verwirklichung seines Traums zusammenpumpen. In Köln kommen schnell weitere Verbindlichkeiten hinzu. Bei seiner Premiere 1980 ist der Circus Roncalli mit weit über einer Million Mark bei Banken, Kölner Geschäftsleuten und persönlichen Freunden von Bernhard Paul verschuldet.

Seine Wiener Freundin Ingrid haftet für die enorme Summe, denn Paul selber, in Wien hochverschuldet, gilt als nicht kreditwürdig. Erst Jahre später kann der Circus Roncalli auf seinen Namen überschrieben werden.

„Ich muß damals etwas ungemein Überzeugendes gehabt haben" – anders kann sich Paul im nachhinein den Erfolg seiner unermüdlichen Suche nach Geldgebern nicht erklären. Jeden Freitag, wenn Zahltag ist, borgt er sich im Bekanntenkreis den Wochenlohn für seine 40 Mitarbeiter zusammen. Er kennt inzwischen vier, fünf Adressen in Köln, bei denen er jederzeit um Geld bitten kann. Die Kontakte verdankt er vor allem dem umtriebigen Michael Prechtl, der nichts unversucht läßt, um immer wieder Förderer für den finanzschwachen Freund aufzutreiben. Wenn die Not groß ist, überredet er sogar seinen eigenen Vater, „dem Bernhard" mit einem Zuschuß auszuhelfen.

Keine angenehme Situation, doch Paul sieht keine Alternative. Nach wie vor lebt er von den gelegentlichen Auftritten mit Fredi Codrelli. Zum Wiederaufbau eines Circus reichen die Einnahmen keinesfalls, stoppen kann – und will – er das Projekt Roncalli zu diesem Zeitpunkt nicht mehr.

„Immer nur stückweise", je nach finanzieller Lage, erinnert sich Maria Lucas, geht es voran in jenen Tagen. „Monatelang ist überhaupt nicht klar, ob es einen Circus geben wird oder nicht." Die Kostümbildnerin hat sich mittlerweile selber hoch verschuldet, um die Materialien für ihre aufwendigen Kostüme bezahlen zu können. Allein die 5000 Pfauenfedern, die sie für die Herstellung der Schmetterlingsflügel benötigt, schlagen mit 8000 Mark zu Buche.

„Ich werd's schon zahlen", vertröstet Paul sie von Woche zu Woche. Wie, das weiß er selber nicht.

Auf offizielle Unterstützung hofft das junge Unternehmen vorerst vergebens. Seit Monaten streitet Paul mit der Stadt Köln um die Miete für die Halle auf dem Stollwerck-Gelände, ein Händel, der sich mit Unterbrechungen bis ins Jahr 1983 hinzieht.

Der aufstrebende Circus ist von der Stadt als Gewerbebetrieb eingestuft worden, die monatliche Miete beträgt 5200 Mark – eine Summe, die Paul beim besten Willen nicht aufbringen kann. Allerdings ließe sich der imposante Betrag um zwei Drittel reduzieren, wenn Roncalli als „kulturell förderungswürdige Einrichtung" anerkannt würde.

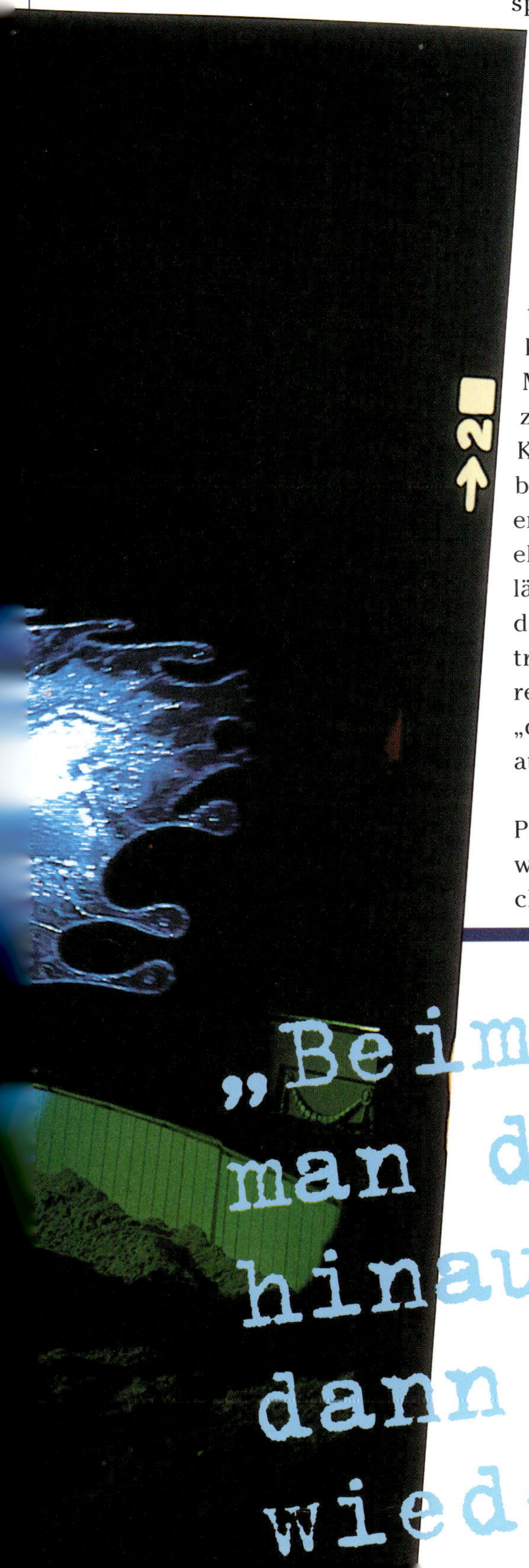

„Beim Circus muß man das Geld zum Fenster hinauswerfen, dann kommt's zur Türe wieder herein."

(Hans Stosch-Sarrasani)

Der Schweizer Kabarettist Emil Steinberger ist von der Idee des Circus Roncalli derart begeistert, daß er Bernhard Paul 400 000 Mark als „Startkredit" zur Verfügung stellt, ohne jede Sicherheit

Bernhard Paul setzt alles daran, um diesen Status zu erlangen. Ein seitenlanges Konzept soll den Kölner Kulturdezernenten Peter Nestler von der Förderungswürdigkeit des Circus überzeugen. Erst wenn ein akzeptabler Mietsatz mit der Stadt ausgehandelt sei, haben ihm Freunde geraten, solle Paul zahlen.

Doch die Verhandlungen mit Nestler erweisen sich als schwieriger denn erwartet, Pauls Mietschulden wachsen mit jedem Monat. In regelmäßigen Abständen ruft er im Kulturamt an, um sich nach dem Stand der Dinge zu erkundigen. Die Antwort von Peter Nestlers Vorzimmerdame ist stets die gleiche: Der Herr Kulturdezernent weile bedauerlicherweise in New York und besichtige Ateliers in Soho.

Schließlich ist Paul der kölschen Ausreden überdrüssig: Er läßt sich vor dem Büro des Kulturdezernenten nieder und wartet. Denn „auch ein Büromann muß mal pinkeln". Richtig kombiniert. Paul fängt Nestler auf dem Gang ab und führt ein langes Gespräch mit ihm. Eine Zusage, Roncalli als „kulturell förderungswürdige Einrichtung" anzuerkennen, erhält Paul allerdings nicht an diesem Morgen. Nestler hat das Konzept verlegt...

Emil Steinberger im Gespräch mit John Ak, dem Froschmenschen

Auch ein zweites Konzept, eilig dem ersten hinterhergereicht, bleibt wochenlang ohne Reaktion. Pauls Mietschulden gehen mittlerweile in die Zehntausende. Nun kommt das Thema Roncalli schon in den Kölner Ratssitzungen zur Sprache, doch Nestler bleibt auch hier eine Antwort schuldig. Erst auf beharrliches Nachfragen der Fraktionskollegen hin ringt er sich zu einer Stellungnahme durch: Roncalli, befindet der Kulturexperte, sei ein reiner Gewerbebetrieb und als solcher nicht förderungswürdig. Paul muß zahlen.

Gänzlich andere Erfahrungen macht er mit der Dresdner Bank. Genauer gesagt: mit Manfred Maaßen, einem ihrer Filialleiter in der Kölner Südstadt. Freunde haben Paul von einer, wie sie ihm versichern, fabelhaften Einrichtung erzählt, die dem Österreicher gänzlich unbekannt ist. Sie haben ihn über die Vorteile eines Gehaltskontos und des dazugehörigen Überziehungskredits aufgeklärt.

Diese „Überziehungslinie" reizt Paul ungemein, über die Konsequenzen, die ein überzogenes Konto hat, macht er sich vorerst keine Gedanken. In der Filiale der Dresdner Bank am Chlodwigplatz, nur ein paar Meter von seinem Standquartier am Severinswall entfernt, eröffnet er das erste Gehaltskonto seines Lebens.

Regelmäßig hebt er fortan die immer gleiche Summe von 1000 Mark ab. Daß der neue Kunde über kein Einkommen verfügt und tiefrote Zahlen schreibt, merkt der Schalterbeamte erst Wochen später.

Eines Tages ist es soweit: Bernhard Paul wird zum Filialleiter bestellt. Der großgewachsene junge Mann sorgt sich sichtlich um die Finanzkraft seines Besuchers. Was er denn eigentlich so betreibe, fragt er Paul. Und wird blaß bei der Antwort. Einen Circus!

Paul, der bewährte Rhetoriker, breitet vor dem Banker sein ganzes Leben aus. Seine Träume, seine Hoffnungen, „die Vergangenheit und die Zukunft". Zwei Stunden später greift Maaßen zu seinem Mantel und begleitet Paul auf das Stollwerck-Gelände. Diesen Circus will er sich anschauen!

Was er sieht, gefällt ihm. Spontan bewilligt Maaßen einen Kredit in Höhe von 50 000 Mark. Eine Summe, die er im Laufe der folgenden Monate mehrmals aufstockt. Als Roncalli Mitte des Jahres 1980 seine Premiere feiert, hat der Circus eine halbe Million Mark Schulden bei der Dresdner Bank. „Und der Bankdirektor", sagt Paul, „hat weiße Haare."

Dennoch wird die Situation im Laufe des Winters 1979 immer prekärer. Auch in Pauls vielköpfiger Helferschar mehren sich die Zweifel, daß Roncalli jemals das Licht der Welt erblicken wird. Boris Buchleitner alias Shang, der Feuerschlucker, ist nicht der einzige, der das baldige Aus prophezeit.

Rettung in der Not kommt schließlich aus der Schweiz. Der Kabarettist Emil Steinberger wird zum Geburtshelfer für den Circus Roncalli.

Emil Steinberger, ein alter Bühnen- und Theaterhase, ist in der Phase des Neubeginns ein unermüdlicher Freund und Berater für alle Beteiligten und oft als kritischer Teilnehmer bei den Proben dabei

Bei Roncalli geht es sehr familiär zu: Der Circus-Nachwuchs bestaunt die Mitglieder des Orchesters bei den Proben

In Deutschland ist Steinberger, der sich schlicht „Emil“ nennt, durch den Film „Die Schweizermacher“ bekannt geworden, eine Persiflage auf die Bemühungen eines deutschen Ehepaares, die Schweizer Staatsbürgerschaft zu erwerben. Paul lernt den Endvierziger im März 1979 kennen, als er mit seinem Ein-Mann-Programm „E wie Emil“ im Kölner „Theater im Vringsveedel“, dem Volkstheater der schwergewichtigen Trude Herr, gastiert.

In der Pause treffen sich Paul und der Kabarettist hinter der Bühne, zwei Circusbegeisterte, die sich auf Anhieb verstehen. Emil kennt den ersten Circus Roncalli nur vom Hörensagen, aber er interessiert sich für Pauls Pläne, und er kennt sich aus im Metier. Zwei Jahre zuvor ist er selber eine Saison lang im Schweizer National-Circus Knie aufgetreten.

In den folgenden Monaten erkundigt sich Steinberger regelmäßig nach den Fortschritten von Roncalli, aber die Auskünfte, die er erhält, sind wenig erfreulich. Immer wieder muß die angekündigte Premiere verschoben werden. Im Winter 1980 wird er zunehmend ungeduldig. „Wann geht es los? Wieviel brauchst du noch?“ will er wissen.

Paul zögert nicht lange mit der Antwort: „400 000 Mark!“ Nur wenn er die habe, gesteht er dem Freund, könne Roncalli im kommenden Frühling loslegen.

Am nächsten Tag steht Steinberger vor Pauls Wohnwagen. „Ich habe was für dich“, sagt er – und überreicht ihm einen Scheck über 400 000 Mark! Der Kabarettist hat das eigene Konto abgeräumt und zwei Freunde zur Kasse gebeten, Trudi Vogt, eine Schweizer Schönheitschirurgin, und Herbert Lüps, Chef einer lukrativen Zeitarbeitsfirma.

Allen Dank wehrt er ab. „Egal, wenn es schiefgeht“, sagt er. „Besser, das Geld in einen Wandercircus zu stecken, als es für sonstwas auszugeben!“ Das Trio aus der Schweiz wird an Roncalli beteiligt. Zwei Jahre später, nachdem die „Reise zum Regenbogen“ bundesweit auf Erfolgskurs ist, zahlt Bernhard Paul seine Geldgeber aus.

Die erste, die die gute Nachricht erfährt, ist Maria Lucas. Am Sonntagmorgen ganz früh ruft Spätaufsteher Paul die Kostümbildnerin an. „Du mußt sofort mit mir frühstücken. Ich muß dir etwas erzählen!“

Im plüschigen Café Franck vor dem Hahnentor trifft man sich wenig später. Er habe das Geld zusammen, sagt Paul bei Kaffee und aufgebackenen Brötchen. „Jetzt geht’s los. Jetzt machen wir Circus!“

Krisensitzung im Stollwerck: Durch den Abriß des Geländes ist auch das junge Circusprojekt vom Aus bedroht

Das Ende einer Fabrik – die Stollwerck-Räumung

Frühling 1980 – nur noch wenige Wochen bis zur Premiere. In der Halle auf dem Stollwerck-Gelände wird Tag und Nacht gearbeitet, es riecht nach Farbe, Raubtier und Shangs Feueratem. In einem ausgedienten Lastenaufzugschacht proben die „Lindors“, die „fliegenden Menschen“, ihre Luftnummer und hängen stundenlang kopfunter zwischen dem zehnten und zwölften Stockwerk am Trapez. Dompteur Francisco Montez alias Franz Krämer aus der DDR versucht in einer ruhigen Ecke, seinen zooverwöhnten Junglöwen Manieren und eine Folge vorzeigbarer Kunststücke beizubringen.

Vor der Halle bringt Kapellmeister Joe Schwarz, der auch das Saxophon spielt, die Nachfolger des „Verrückten Circusorchesters“ auf Touren. Der „Feuer-Galopp“, Begleitmusik zur Feuernummer, und Duke Ellingtons „Caravan“ fetzen über den Fabrikhof, und wehmütig jaulen die Trompeten beim „Frosch-Tango“ des John Ak.

Eile tut not: Wie lange der Circus und seine Mitmieter noch auf dem Stollwerck-Gelände bleiben können, ist ungewiß. Zwar hat die Stadt Köln noch nicht über das Schicksal der Fabrik entschieden, doch mehren sich die Anzeichen, daß der Anlage im

Unter den wütenden Protesten vieler Kölner Bürger beschließt die Stadt Köln im Frühjahr des Jahres 1980 den Abriß der Stollwerck-Fabrik

Frühjahr 1980 nun endgültig der Abriß droht.

Einigen Gruppen ist bereits gekündigt worden. Die restlichen haben sich zum Verein „Palazzo Schoko" zusammengeschlossen und fordern langfristige Mietverträge. „Palazzo Schoko bleiben unsere Räume", drohen sie auf meterbreiten Spruchbändern, die an Bindfäden von der Außenfassade der alten Fabrik im Wind flattern. An den Wänden im Inneren kleben vorsorglich Listen mit den Nummern von solidarischen Rechtsanwälten.

Auch in der Südstadt wächst die Zahl der Abrißgegner. Im Winter 1980 organisiert Klaus der Geiger ein erstes großes Künstlerfest, um mobil zu machen gegen die Pläne der Stadt. Er will Verbündete gewinnen für seinen geplanten „Tausendfüßler-Marsch" nach Bonn – ein Unternehmen, das nie zustande kommen sollte. In einer Lagerhalle brennen in dieser Nacht 800 weiße Haushaltskerzen, mehr als 1000 Kölner Szenekünstler, Straßenmusiker und Gesinnungsgenossen feiern, singen und tanzen bis zum Morgen für den Erhalt des alten Schokoladenwerkes. Vergebens, wie sich bald zeigen wird.

Bald steigen täglich Solidaritätsfeste und Protestveranstaltungen, die immer wieder Scharen von Neugierigen anziehen. Die „Bisa", die Bürgerinitiative südliche Altstadt, errichtet in einer lichtdurchfluteten Fabrikhalle aus Backsteinen provisorische Musterwohnungen, um deutlich zu demonstrieren, daß sich die alte Bausubstanz preisgünstig umgestalten und als moderner Wohnraum nutzen läßt.

Paul erinnert sich mit Schaudern an die letzten heißen Wochen in der umkämpften Fabrik. Bongotrommeln dröhnen durch die Nacht und machen Franz Krämers Löwen nervös. Eine Gruppe heimatloser Punker schlägt in den leeren Hallen ihr Quartier auf und liefert sich bierselig nächtliche Schlägereien. „Ein einziges Horrorszenarium, und wir mittendrin."

Kurz vor der Premiere – auf einer Wiese vor der Fabrik ist bereits das Circuszelt aufgebaut – eskaliert die Situation.

Zu nächtlicher Stunde klopft es an Pauls Wohnwagen. Fünf Beauftragte von der Stadt Köln, „als Fabrikbesetzer verkleidet", stehen vor der Tür.

„Wir räumen heute", teilen sie dem verdutzten Paul mit. Draußen warte bereits ein Bulldozer, um ein Loch in die Fabrikmauer zu reißen. Durch das möge die Circusmannschaft hinausklettern ins Freie und in einen der bereitstehenden Busse des Katastrophenschutzes steigen. Wagen und Tiere sollen bis auf weiteres in der Halle zurückbleiben. „Wir rechnen auf euch", drängen sie zum raschen Aufbruch.

Entsetzt verweigert Paul die Flucht – und verhindert damit in jener Nacht die gewaltsame Räumung der Stollwerck-Fabrik. „Das hätte eine Schlacht gegeben", ist er sich heute noch sicher. „Die Besetzer hät-

Der Protest gegen den Stollwerck-Abriß geht quer durch alle Bevölkerungsschichten. Besonders in der Kölner Südstadt kann man den Widerstand überall spüren und sehen

ten unsere Wagen als Barrikaden benutzt, und der Circus wäre dabei draufgegangen."

Das Ende der Stollwerck-Fabrik kann jedoch auch Bernhard Paul nicht verhindern. Am Morgen des 20. Mai, seinem 33. Geburtstag, klopft es erneut zu ungewohnter Stunde an seine Tür. Ein Ständchen zum Geburtstag, vermutet Paul erfreut. Weit gefehlt! Der Oberstadtdirektor höchstpersönlich, Kurt Rossa, begehrt Einlaß, und er hat keine Geburtstagsgrüße für den Herrn Direktor im Sinn. „Ihr müßt sofort raus, wir erlassen euch alle Schulden", erklärt er knapp. „Hier verändert sich bald alles."

Am Tag zuvor hatte der Stadtentwicklungsausschuß das Wohnungsmodell der „Bisa" besichtigt und als unwirtschaftlich verworfen. Für den Nachmittag des 20. Mai ist eine Ausschußsitzung anberaumt, die den sofortigen Abriß der Fabrik beschließen wird. Die Abbruchunternehmer sind bereits informiert, die Bagger stehen bereit.

Doch es sollen noch mehr als sechs Wochen vergehen, bis die Fabrik gesprengt werden kann. Als in den frühen Morgenstunden des 21. Mai die ersten Transporter über die Nord-Süd-Fahrt Richtung Severinswall rollen, ist die Stollwerck-Fabrik längst besetzt. Mehr als 600 Besetzer, unter ihnen Klaus der Geiger, haben sich hinter dem großem, versenkbaren Eisentor verbarrikadiert und feiern ausgelassen ihren Sieg über die Stadt. Um fünf Uhr morgens müssen Polizei und Räumfahrzeuge unverrichteter Dinge wieder abziehen. Eine gewaltsame Räumung wäre zu gefährlich.

Für kurze Zeit entsteht im Kölner Süden eine bunte, heitere Großkommune, die Unterstützung aus ganz Deutschland erfährt.

Doch die alternative Idylle hat keinen Bestand: Die Szene, unterwandert durch Punker, Obdachlose und Drogensüchtige, wird zunehmend gewalttätig, der Schmutz nimmt überhand, viele Sympathisanten der ersten Stunde ziehen sich nach wenigen Wochen enttäuscht zurück, um ihre Träume von einem alternativen Leben anderenorts zu verwirklichen.

Am 6. Juli, einem Sonntag, räumen die letzten Besetzer freiwillig das Gelände. Am nächsten Tag werden die ersten Gebäude gesprengt. Da feiert der Circus Roncalli schon seit einem Monat Tag für Tag Triumphe

Alle Proteste haben nichts genützt: Trotz wütenden Widerstands wird das Stollwerck-Gelände geräumt. Die Wagen des Circus Roncalli werden von Fahrzeugen der städtischen Müllabfuhr vom Gelände entfernt

auf dem Kölner Josef-Haubrich-Hof.

Für den Circus entpuppt sich das Ende der Stollwerck-Fabrik wider Erwarten als Glücksfall. Er denke gar nicht daran auszuziehen, erklärt Bernhard Paul an jenem denkwürdigen 20. Mai dem verärgerten Oberstadtdirektor Rossa – es sei denn, setzt Paul hinterher, die Stadt Köln könne ihm einen guten Platz sowie ein akzeptables Winterquartier anbieten. Die Zeit drängt, die Entscheidung der Ausschußsitzung steht bereits fest. Rossa hat keine andere Wahl: Zähneknirschend willigt er in Pauls Forderungen ein.

Als Spielort für die bevorstehende Premiere bietet er den Josef-Haubrich-Hof in der Kölner Innenstadt an, auch Zugmaschinen für die Circuswagen und den Löwenkäfig will die Stadt zur Verfügung stellen. Eine leerstehende Werkzeughalle auf der anderen Rheinseite in Köln-Poll kann Roncalli vorübergehend als Winterquartier nutzen.

Am nächsten Morgen – die Mehrzahl der Besetzer liegt noch im Tiefschlaf – rollt eine Kolonne von apfelsinengelben städtischen Reinigungsfahrzeugen in die Stollwerck-Halle, die Bernhard Paul fast zwei Jahre lang Heimat und Arbeitsstätte war, und nimmt die Circuswagen an den Haken. Eilig schließt sich wenig später das schwere Eisentor hinter dem letzten bunten Gefährt. Das Kapitel Stollwerck ist für den Circus Roncalli beendet.

KOSTÜMKLAU UND EINE BETAGTE KÖNIGIN – PREMIERENFIEBER

Ein weißblauer Polizeizaun begrenzt das grasbewachsene Areal auf dem Josef-Haubrich-Hof, wo der Circus Roncalli am 22. Mai 1980 seine Zeltanker einen halben Meter tief in Kölner Boden rammt. Hinter dem Baumwollzelt aus alten Wiener Tagen erhebt sich groß und wuchtig der Beton-Glas-Bau der erst kürzlich eingeweihten Kölner Zentralbibliothek, eine Ecke weiter geht es zur Kunsthalle. Schräg gegenüber liegt der Neumarkt, das Herzstück der Stadt. Bis zur Schildergasse, der Einkaufsmeile von Köln, sind es kaum 200 Meter. Ein idealer Standort für den Circus Roncalli!

Über mangelndes Interesse kann sich der circensische Spaß nach dem Umzug auf den Josef-Haubrich-Hof nicht beklagen. Auch vier Jahre nach seiner ersten Tournee ist der Circus Roncalli in Deutschland ein Begriff. „Roncallis Wiedergeburt“, jubeln die Kölner Lokalzeitungen. „Ein alter Traum wird neu geträumt.“ Der „stern“ schickt seinen Reporter Hans

Der Lack an manchen Wagen ist noch feucht und muß mit Planen vor der Witterung geschützt werden, als die ersten Besucher zur Premiere am Josef-Haubrich-Hof kommen

Nogly nach Köln, der sich schon vor der Premiere umschauen soll im „Zelt der heiteren Träume“.

Bernhard Paul ist in jenen Tagen nervös wie selten in seinem Leben. Der Tag der Premiere steht unwiderruflich fest: 4. Juni 1980, ein Mittwoch.

Noch einen Bankrott kann er sich nicht leisten. Zu seinem Schuldenberg von mehr als einer Million Mark ist ein weiterer Kredit von 100 000 Mark hinzugekommen, den wiederum Michael Prechtl eingefädelt hat. Selbst Emils 400 000-Mark-Zuschuß hatte sich im letzten Moment als zu knapp entpuppt, die Premiere drohte kurz vor dem Start ein weiteres Mal zu scheitern.

Auch bei vielen anderen Freunden und Helfern steht Paul in der Pflicht. Die Kölner Werbeagentur Robert Pütz druckt kostenlos die bunten Roncalli-Plakate, die schon 1976 im Einsatz waren. Einziger Unterschied zum damaligen Entwurf: Der Kopf von André Heller ist durch das Porträt eines Kamels namens Amanda ersetzt worden. Kostümbildnerin Maria Lucas wartet noch immer auf ihr Geld. Manfred Maaßen, den Filialleiter der Dresdner Bank, kann Pauls Scheitern den Direktorensessel kosten.

Im strömenden Regen treffen die 80 Roncalli-Mitarbeiter auf dem Josef-Haubrich-Hof die letzten Vorbereitungen für die Premiere. Emil Steinberger, der zehn Tage vor der Premiere nach Köln gereist ist und zusammen mit Bernhard Paul Regie führt, pinselt eigenhändig den schmiedeeisernen Löwenkäfig grün an. Einige der 18 Circuswagen, die in die Kölner Innenstadt umgezogen sind (die restlichen 20 Wagen stehen im Winterquartier), sind noch nicht fertiggestrichen. Im blaugelben Baumwollzelt wird bis in die Nacht hinein an den einzelnen Auftritten gefeilt.

Eine Woche vor der Premiere platzt die Pferdenummer!

Die junge Kunstreiterin, die seit einem halben Jahr unter der Anleitung einer altgedienten Kollegin die Hohe Schule der Reitkunst erlernt, hat Liebeskummer. Schluß, aus, Ende! Nach Circus steht ihr nicht mehr der Sinn.

Paul ist ratlos. Ein Circus ohne Pferdenummer? Undenkbar! Doch warum nicht Elvira Lühr, die Lehrerin der abtrünnigen Reiterin, in die Manege bitten? Die blonde alte Dame, die ihr Alter niemandem verraten will, hat vor dem Zweiten Weltkrieg in Münster auf Deutschlands größter Reitschule das Reiten gelernt. Nach Kriegsende tritt sie jahrelang als „Elvira Vonderp“ im Circus Carl Hagenbeck auf und tanzt mit ihren Pferden Rumba auf der Stelle. Paul lernt sie 1979 im Circus Sarrasani kennen, wo sie dem Circusnachwuchs Reitunterricht erteilt, und verpflichtet sie als Lehrerin für sein junges Talent.

Elvira Lühr verschlägt Pauls Angebot zunächst die Sprache. Doch lange kann sie der Aussicht, noch einmal in der Manege zu stehen, nicht widerstehen. Zumal Paul lockt: „Sie sind jetzt die ‚Königin von Lipizza‘ und erhalten ein Königinkostüm.“ Fieberhaft arbeiten Emil Steinberger, Bernhard Paul und Elvira Lühr in den nächsten Tagen am Auftritt der „Königin von Lipizza“ und gestalten die Notlösung zu einer der Parade-Nummern des Circus Roncalli.

Maria Lucas schneidert der alten Dame ein goldschimmerndes Königingewand auf den Leib, das sie aussehen läßt wie eine Märchenfee. Ein hochgestellter, bestickter Kragen schmiegt sich an ihr aufgestecktes

Letzte Vorbereitungen für die Premiere des Circus am Josef-Haubrich-Hof: Während das Zelt aufgebaut wird, werden letzte Bewegungen einstudiert und der Käfig für die Löwennummer auf Vordermann gebracht

Haar, in dem eine straßbesetzte Krone funkelt. Den Hals umschließt eine feingefältelte Halskrause, die Königin Elisabeth I. zur Ehre gereicht hätte. Die Fesseln des Lipizzanerhengstes, auf dem sie in die Manege reitet, werden mit goldenen Bändern umwickelt.

Von Emil stammt die Idee, die klassische Pferdenummer – gegen jede Tradition – mit einem elegischen Geigensolo des jungverstorbenen französischen Komponisten Ernest Chausson (1855 bis 1899) zu unterlegen. „Sie nehmen auf nichts Rücksicht und üben ganz normal Ihre Schritte", predigt er der verunsicherten Kunstreiterin, die sich zunächst nicht mit der ungewohnten Begleitmusik anfreunden mag.

Und an noch etwas muß sich Elvira Lühr auf ihre alten Tage gewöhnen: an den Kopffüßler. Pic und Pello hatten ihn bei ihrer Ankunft in Köln im Gepäck – eine überdimensionale Maske, die allein aus einem kapuzenverhüllten Kopf und riesigen Füßen besteht.

Paul kann sich zunächst nicht anfreunden mit dem kopflastigen Wesen, bis er auf die Idee kommt, es als Gefolgsmann der „Königin von Lipizza" in die Manege zu schicken. Schweigend, das Gesicht zu einem schüchternen Lächeln erstarrt, folgt der Kopffüßler jeder ihrer eleganten, ausschwingenden Bewegungen, ein Wesen aus einer anderen Welt, das den königlichen Auftritt um so märchenhafter wirken läßt. Das ist Roncalli-Stil pur.

Publikum und Presse sind begeistert. Einige Journalisten entdecken in der Nummer Elemente des Surrealismus, andere vergleichen die Szene mit den apokalyptischen Visionen eines Hieronymus Bosch.

Einen Tag vor der Premiere sind die Kostüme weg!

Maria Lucas hat sie kurzerhand beschlagnahmt. Die Auslagen der jungen Kostümbildnerin sind mittlerweile auf 36 000 Mark angewachsen, ihr Konto ist hoffnungslos überzogen, die Freunde, die sie im Dienste der Kunst angepumpt hat, drängen auf die Rückzahlung der geliehenen Beträge. Doch Paul kann, wie er beteuert, vor der Premiere nicht zahlen. Maria Lucas schafft Fakten.

Unter dem Vorwand, die Kostüme noch einmal bügeln zu wollen, rafft sie die ganze Pracht – Schmetterlingsflügel, chinesische Gewänder, Pluderhosen, Goldkleider – zusammen, schafft sie zurück in ihre Wohnung und sperrt die Tür ab. Die Reaktion von Paul, der um die Premiere fürchtet, läßt nicht lange auf sich warten. Er tobt! Tod und Teufel habe er ihr an den Hals gewünscht, erinnert sich Maria Lucas noch Jahre später amüsiert an Pauls Auftritt vor ihrer Haustür.

Schließlich springt SPD-Fraktionschef Günter Herterich mit 10 000 Mark aus seiner Privatschatulle ein – eine spontane Geste, die Paul ihm nie vergessen wird. Einen weiteren Scheck über 10 000 Mark bekommt er von der Firma Pepsi Cola. Im Gegenzug muß er sich verpflichten, drei Jahre lang Werbung für die US- Firma zu machen.

In einem Korb, den sie an einer Schnur aus dem Fenster läßt, zieht

Elvira Lühr, die „Königin von Lipizza", mit dem „Kopffüßler", einer Figur aus dem Gepäck von Pic und Pello, die staunend jeder der eleganten Dressurbewegungen der Reiterin folgt und das Publikum vor Begeisterung von den Stühlen reißt

Schon vor dem Zelt beginnt die Vorstellung: Boris Tagora als Stelzenmann wird die Premierengäste am Josef-Haubrich-Hof begrüßen. Hier posiert er vor dem Circuszelt für den Fotografen

Maria Lucas die Schecks hinauf in ihre Wohnung und läßt sich von der Geschäftsleitung von Pepsi Cola sogar vorsichtshalber noch die Echtheit der Firmenspende bestätigen. „In der Situation", sagt sie, „habe ich Bernhard sogar zugetraut, daß er mir einen Scheck malt."

Doch der Scheck ist echt, die Kostüme wandern zurück zum Josef-Haubrich-Hof. Der Premiere steht nichts mehr im Wege.

Premiere oder der Anfang einer wunderbaren Reise

4. Juni 1980 – ein brütendheißer Tag. Schwer lastet die Hitze über der Kölner Bucht. Am Vortag hat der 1. FC Köln das DFB-Pokal-Endspiel mit 1:2 gegen Fortuna Düsseldorf verloren. Kölns Fußballfans trauern.

Auf dem Josef-Haubrich-Hof herrscht Ruhe. Die Ruhe vor dem Sturm. Die Löwen schnarchen in ihrem grüngestrichenen Käfig, als müßten sie schon ein paar Stunden Schlaf vorwegnehmen. Frau Lühr kämpft mit Lampenfieber. Schmal und ein wenig gebeugt wandert sie zwischen den Wohnwagen hin und her, während ihre drei Lipizzaner müde im Stroh scharren. Bruno Wiederkehr und Walter Joss, die beiden „Lindors", messen derweil besorgt die Temperaturen im Baumwollzelt. Die Metallstange der Hängeperche ist extrem heiß: 50 Grad. Wenig später sind 70 Grad erreicht.

Auch Orchesterleiter Joe Schwarz bereitet die ungewöhnliche Sommerhitze Sorgen. Der dunkle Pony klebt ihm an der Stirn. Auf dem Podium, wo die zehnköpfige Band wenige Stunden später spielen soll, liegen die Temperaturen um 15 bis 20 Grad höher als unten auf dem Manegenboden. Schwarz hat schon erlebt, daß in der Hitze Klarinetten zerspringen und Lötstellen am Elektroklavier aufgehen.

Gegen 19 Uhr beginnen die ersten Gäste Richtung Josef-Haubrich-Hof zu strömen. Karneval im Juni! „Besucher mit Humor erscheinen zur Premiere im originellen Kostüm", hatte Bernhard Paul auf den Eintrittskarten vermerkt. Vor allem die Südstadt-Szene hält sich an die Vorgabe: Viele

André Faulhaber, Chef des „Trio Olympiades", versucht den tropischen Temperaturen des Baumwollzeltes zu entfliehen

Zuschauer sind geschminkt und verkleidet, als wollten sie gleich selber in die Manege treten.

Joe Schwarz und seine Band haben sich lässig vor dem Eingang aufgebaut und spielen Dixieland. Junge Damen in schwarzen Strapsen verstreuen pfundweise Konfetti. Feuerschlucker Boris Buchleitner stakst auf meterhohen Stelzen durch das Gras, „Lindor" Bruno Wiederkehr jongliert im schwarzen Frack mit einem Satz Bällen.

Von Anfang an sollen die Besucher in das Ereignis Circus einbezogen werden. Jeder Artist übernimmt kleine Aufgaben, die die Zuschauer auf das Programm einstimmen und zu einem Teil des „Gesamtkunstwerks Roncalli" machen sollen.

Am prächtigsten sieht André Faulhaber aus, der Chef der Goldmenschen: Wie ein Zeremonienmeister am englischen Hof steht der Ungar in einem langen, dunkelroten Samtcape im Vorzelt und begrüßt jeden Besucher mit Handschlag und ein paar netten Worten: „Ah, gut, daß Sie heute da sind. Gestatten Sie, ich mache Sie jetzt noch schöner!" Dann malt er rote Herzen auf erhitzte Wangen und tupft rote Punkte auf glänzende Nasenspitzen. „Oh, Sie schauen heute aber gut aus!"

„Die Reise zum Regenbogen" hat Paul sein Programm getauft, das gleichzeitig „ein Stück Circus" sein soll und Elemente der Commedia dell'arte mit traditioneller Circus-

Zum Programm gehört auch der Auftritt der Schlangentänzerin Graciella Diamantis, die jenseits der Manege gutbürgerlich Roswitha Krämer heißt

Was ist los in Köln?

Fans flotter Jazz-Melodien kommen heute „Em Streckstrump" auf ihre Kosten. Hier spielen ab 20.30 Uhr die „Jazz Preachers".

Noch kann man in Köln Zirkusluft schnuppern. Der Zirkus „Roncalli", der in der Domstadt Premiere seines neuen Programms feierte, lädt weiter ein (tägl. 15 und 20 Uhr).

Die Clowns Pic (links unten) und Pello (rechts) gehören zu den wichtigsten Säulen der „Reise zum Regenbogen“. Als Conferenciers führen sie in wechselnden Masken durch das Programm

des „Trio Olympiades“ mit André Faulhaber, Ladislas Tatzlani und Daniel Candela. Und natürlich die Späße der „Original Codrellis“.

Bereits in der Inszenierung von 1980 ist angelegt, was später zu einem Roncalli-Prinzip erhoben wird. Das Programm besteht aus einer Kombination zweier unterschiedlicher Stilrichtungen oder „Schienen“, wie Paul sie nennt: der klassischen und der experimentellen. Zu den klassischen Nummern, die sich variieren, doch nicht grundsätzlich verändern lassen, gehören seit je die Auftritte des Clown-Trios, Seiltanznummern und die Hohe Schule der Reitkunst. Die „Experimentierschie-

kunst und nostalgisch-verträumten Artistenstücken wie Aks Froschnummer und Pics Auftritt als Pierrot Lunaire verbindet.

Auf dem Spielplan stehen unter anderem: chinesische Schwertbalancen, die Künste einer Schlangentänzerin namens Graziella Diamantis, die jenseits der Manege Roswitha Krämer heißt. Die Seilnummer von den Gebrüdern Ying und Yang, hinter denen sich die „Lindors“ Walter Joss und Bruno Wiederkehr verbergen. Die Muskelspiele

Mit ein
mosphäre
die Kape
Paul sag
bin der
schiefge
muß.“

Begeistert berichtet der „Kölner EXPRESS“ von der Roncalli-Premiere

ne" hingegen, den Launen des Zeitgeistes unterworfen, gibt dem Circus Gelegenheit, neue, unkonventionelle Wege zu gehen – und sie wieder zu verwerfen.

Die Inszenierung ist, wie schon „Die größte Poesie des Universums" 1976, konzipiert wie ein Theaterspiel und besteht aus „zwei Akten auf Sägemehl in zehn Aufzügen zwischen vier Masten". „Circus", sagt Paul, „ist eine Darbietung. Daher muß man auch mit den dramaturgischen Mitteln des Theaters arbeiten." Unabdingbar für eine gelungene Aufführung seien „die richtig inszenierte Dramaturgie und ein wohlüberlegter Spannungsaufbau", Dinge, die in der Circuswelt in den vergangenen Jahrzehnten zunehmend vernachlässigt worden sind.

Anders als in herkömmlichen Aufführungen sind bei Roncalli die einzelnen Auftritte Bestandteil eines durchkomponierten Handlungsablaufes, der einem festen Drehbuch folgt. Als Conferenciers führen anfangs Pic und Pello in wechselnden Masken durch das Programm. Figuren wie das Zebra Ferdinand und der chinesische Feuerdrachen überbrükken Umbaupausen und verbinden die einzelnen Szenen durch kleine Zwischenspiele dramaturgisch miteinander.

Später, in dem Programm „Commedia dell'Arte", das 1993 die „Reise zum Regenbogen" ablöst, übernehmen Clowns und Komödianten diese Rolle – ein Prinzip, das Paul auch bei dem dritten Programm „Die Legende lebt" 1996 beibehält.

Die Vorstellung am Premierenabend beginnt still und stumm. Vier, fünf Masken mit unterschiedlichen Gesichtsausdrücken, hinter denen sich Pic und Pello verbergen, kommen nacheinander in die Manege, schwenken eine Eintrittskarte, suchen vergebens einen Platz, gehen wieder. Dann endlich fetzt oben auf dem Podium die Kapelle los: Julius Fucziks „Einzug der Gladiatoren". Die Reise zum Regenbogen beginnt.

„Du mußt jetzt was sagen", drängt Emil Bernhard Paul, der nervös hinter dem Vorhang steht. Paul zögert. „Ich muß erst mal sagen, wer ich bin", schießt es ihm durch den Kopf. „Mich kennt ja keiner. Ich bin ..."

Ach was? Wer er ist, das ist egal.

Er tritt hinaus in die Manege, greift zum Mikrophon und sagt: „Ich bin der Mann, der, wenn's schiefgeht, ins Gefängnis muß."

Es geht nicht schief. Nach zweieinhalb Stunden weiß Bernhard Paul: „Wir haben gewonnen!"

Ak hüpft an diesem Abend zum ersten Mal seit Jahren von seinem Seerosenstengel hinunter in die Manege. Sein Stöhnen, als beide Handgelenke brechen, geht im Jubel der Zuschauer unter. Als Pello ihn küßt, verwandelt er sich, eingehüllt in eine Nebelwolke, in die „Königin von Lipizza", der brav ein Kopffüßler zur Seite steht. Ein Schmetterling mit Flügeln

Die Kunst der Glischnig-Akrobatik lernte John Ak an der Moskauer Akrobatik-Schule.

Zirkusstar nach Unfall in Klinik

Frosch von Roncalli

Von BRIGITTE KLEIN

exp Köln — Zwangspause für den Froschkönig vom Zirkus Roncalli! Der 62jährige John Ak, der sich unter dem grüngoldglänzenden Frosch-Kostüm verbarg, hat sich schon in der dritten Vorstellung die Hand gebrochen.

„Die Sägespäne sind schuld", sagt der Akrobat, der seit 45 Jahren mit dieser Nummer in allen Manegen der Welt aufgetreten ist. „Ich bin immer auf harten Untergrund gesprungen. Auf den Spänen bin ich ausgerutscht."

Niemand merkte dem 62jährigen Akrobat die Verletzung an — er spielte mit zusammengebissenen Zähnen weiter.

Die Ärzte im Augustinerinnen-Krankenhaus behielten John Ak gleich da, als er am nächsten Tag zur Untersuchung ging: Die gebrochene Hand mußte sofort operiert werden.

„Ich hoffe in 11 Wochen wieder auftreten zu können", sagt der Froschkönig

Der Froschmensch John Ak bricht sich bei der Premiere, vom Publikum unbemerkt, beide Handgelenke. Erst durch die Zeitung erfährt man von dem tragischen Unfall

Schlag ist die At
und nun donnert
los, und Direktor
Mikrophon: „Ich
ann, der, wenn's
ins Gefängnis

Fredi Codrelli begeistert als „Fredi Spaghetti“ das Publikum. Nach der Vorstellung tanzen die Premierengäste mit den Artisten bis tief in die Nacht in der Manege

aus Pfauenfedern tänzelt durch die Manege; das Zebra Ferdinand, unter dessen gestreifter Hülle sich zwei Artisten verbergen, schwenkt kess sein Hinterteil hin und her; „Fredi Spaghetti" kämpft wie in seinen besten Wiener Tagen mit einer Portion Nudeln.

Jetzt rollt eine sternengeschmückte Kugel in die Manege. Pic steigt heraus, Pic, der „Pierrot Lunaire". Er trägt ein dunkelblaues Sternenkostüm, das aussieht, als habe er ein Stück Himmel um den schmalen Leib gewickelt. Ein ungebärdiger Haarwust fällt ihm in das schmale, weißgeschminkte Gesicht. Staunend, mit weit geöffneten Augen, läßt er riesige, buntschillernde Seifenblasen aufsteigen und beobachtet wehmütig, wie sie mit feinem „Popp" zerplatzen. Das Publikum tobt.

„Dilettanten", ruft einer aus den hinteren Reihen, doch niemand hört hin.

Zum Abschied hebt Pello die Hand – müde, melancholisch: „Auf Wiedersehen!" Es ist totenstill im Zelt. Dann bricht der Beifall los. Wild. Tosend. Zwanzig Minuten lang. Bravo! Bravo! Das Circusorchester schmettert „Die schöne blaue Donau", aus der Circuskuppel regnet es Feuerfunken. Die ersten Zuschauer klettern in die Manege und beginnen mit den Artisten zu tanzen.

Als der Circus Roncalli am 17. August nach 76 Spieltagen und mehr als 150 Vorstellungen auf dem Josef-Haubrich-Hof zur Abschiedsgala lädt, um weiterzuziehen nach Essen, haben rund 120000 Besucher die „Reise zum Regenbogen" gesehen. Bundesweit bejubelt die Presse die Wiederauferstehung des romantischen Spektakels, das sich von André Heller emanzipiert und eine völlig neue Art von Circus, den „poetischen Circus", kreiert hat.

Ein „bunter Bilderbogen von exotischem Reiz beinahe intimer Wärme", lobt der „Spiegel" den „Knüller des alternativen Kultur-Sommers". Ein „Traumcircus, unerhört wohltuend für groß und klein", befindet Hans Nogly vom „stern" nach der Premiere.

Dem Magazin der „Frankfurter All-

Pic als „Pierrot Lunaire" entsteigt seiner Sternenkugel

Nun ersteht er neu, ohne Heller und meist auch ohne Pfennig, aber unerhört wohltuend für groß und klein. *(Hans Nogly, „stern")*

gemeinen Zeitung“ ist der Emporkömmling aus Köln wenige Wochen nach dem Start sogar eine zehnseitige Reportage wert. „Mensch und Tier und Kunstfigur verbinden sich zu einer irritierenden Schau, in der die Grenzen zwischen Sein und Schein leuchtend verschwimmen wie die Farben des Regenbogens“, schwelgt Autor Siegfried Diehl. Und wer nach dem Handschlag von Pello nicht wiederkomme, der sei „ein undressierter Stockfisch“.

Bernhard Paul wagt trotz aller Lobreden nicht, an einen dauerhaften Erfolg zu glauben. „Es gibt da diese Szenen bei Charly Chaplin, wo es ihm im letzten Moment, wenn er sich kurz vor dem Ziel wähnt, die Füße wegreißt.“ Diesen Part möchte er nicht spielen. Zu tief stecken ihm die Niederlagen der vergangenen Jahre in den Knochen. Noch hat er die Worte von André Heller im Ohr, der nach dem Ende von Roncallis erster Deutschlandtournee mit Grabesstimme verkündete: „Die Poesie ist tot.“

Der Erfolg straft seinen Pessimismus Lügen. Zur 100. Vorstellung lädt Paul die Kölner Zuschauer zu Sekt und Kuchen ein. Eine mehrstöckige Torte, 60 Kilo schwer und rundum mit einer aufgespritzten

Das Programm von Roncalli ist ein sorgfältig durchkomponierter Handlungsablauf, bei dem nichts dem Zufall überlassen wird. Alles wird inszeniert, und selbst die Kostüme der Nummerngirls sind von einzigartiger Schönheit und Pracht

„100" verziert, wird nach Pellos Abschiedswinken in die Manege getragen, aus 100 Flaschen knallen die Sektkorken ins Dunkel des Circuszeltes. Talk-Master Alfred Biolek darf das süße Jubiläumspräsent anschneiden.

Derweil dröhnen vom nahen Neumarkt Rock-'n'-Roll-Klänge hinüber zum Josef-Haubrich-Hof. „Rock around the clock" und „Johnny B. Goode" – Harry Owens lädt ein zum „50er-Jahre-Festival".

Während der Abschiedsgala am 17. August fließen auf den Zuschauerbänken die Tränen. „Wir danken den Kölnern. Wir kommen wieder! Aufwiederdenken, Aufwiederträumen, Aufwiedersehen", hatte Paul zuvor in einer Zeitungsanzeige den Circusfans versprochen. Längst hat sich in Köln eine feste Roncalli-Gemeinde gebildet, die mit Wunderkerzen und Leuchtstäben in der Vorstellung sitzt und beim Auftritt der „Original Codrellis" begeistert mitsingt: „Auf der blauen Donau schwimmt ein Krokodil."

An diesem Samstagabend verschwindet die Manege fast unter einem Meer von Blumen, eine halbe Stunde lang betteln die Zuschauer – darunter Ex-Bundespräsident Walter Scheel, Innenminister Gerhard Baum und Theaterchefin Trude Herr – um eine Zugabe. Bernhard Paul wird von

Maria Lucas setzt mit ihren Entwürfen die kühnen Vorstellungen und Phantasien von Bernhard Paul um

Die Abschiedsgala am 17. August 1980 wird zum Triumph: Die Zuschauer bitten um Zugaben und feiern die Artisten um Bernhard Paul bis tief in die Nacht

Bernhard Paul dankt dem Kölner Publikum noch einmal per Zeitung: In einer von ihm selbst gestalteten Anzeige verspricht er die Wiederkehr von Roncalli

seinen Artisten auf die Schultern genommen und durch die Manege getragen. Anschließend gibt es Freibier für alle.

Noch in der Nacht, während sich die letzten Gäste mit roten Nasenspitzen nach Hause trollen, wird mit dem Abbau des Zeltes begonnen, Traktoren schleppen die ersten Wagen Richtung Hauptbahnhof: Das Heimspiel ist zu Ende.

Erfahrungen mit der Konkurrenz – der „Circuskrieg"

Die deutsche Circuswelt betrachtet den Erfolg des Seiteneinsteigers mit gemischten Gefühlen. Ein „Gatscho" ist er für sie, ein Fremder, der widerrechtlich in ihren angestammten Revieren wildert. „Circusunternehmen", erfährt Bernhard Paul bald, „mögen nichts weniger als Konkurrenz."

Bereits im Sommer 1976, als Roncalli von der Stadt Bonn zum „Bonner Sommer" eingeladen wird, liefen die Direktoren von Deutschlands Traditionsunternehmen Krone, Sarrasani, Althoff und Busch Sturm gegen den Außenseiter aus Österreich. In einem geharnischten Brief an den Bonner Kulturdezernenten machten sie ihrem Herzen Luft und äußerten „schärfsten Protest" gegen das Gastspiel des Fremdlings, der in „bevorzugter Weise" behandelt werde.

Das Quartett war um so mehr verärgert, als Roncalli sein Zelt mitten in der Stadt, auf der Hofgartenwiese vor der Universität, aufschlagen durfte, während ihnen selbst nicht einmal ein Platz angeboten worden war. Da halfen auch André Hellers Beschwichtigungsversuche nicht, Roncalli verstehe sich „in keiner Weise als Konkurrenz zu bestehenden Circusunternehmen".

Roncallis Wiedergeburt vier Jahre später erweckt die alten Ressentiments zu neuem Leben.

Es sieht nicht gut aus Ende der siebziger Jahre in der Circusbranche. Seit Jahren stagniert die künstlerische Weiterentwicklung der Circusse, was sich in rückläufigen Zuschauerzahlen niederschlägt. Die wirtschaftliche Situation der Unternehmen verschlechtert sich von Jahr zu Jahr. In Deutschland existieren Anfang der achtziger Jahre noch acht namhafte Circusse: Krone, Barum, Sarrasani, Giovanni Althoff, Corti Althoff, Althoff-Williams, Busch-Roland und Hagenbeck. Daneben hungern sich etwa 40 Kleinunternehmen mehr recht als schlecht durchs Leben. Einen weiteren Konkurrenten kann niemand gebrauchen. Auch der Inhalt des Roncalli-Programms stößt auf Abneigung: „Kinderkram" und „Pseudocircus", wettern die Altvordern gegen den Neuling, der vorgibt, die in Verruf geratene Circuskunst zu ihren Wurzeln zurückzuführen. Die unkonventionelle, optisch opulent aufbereitete Mischung aus klassischen Circusnummern, Kleinkunst und Jahrmarkts- idylle, die Roncalli mit Erfolg präsentiert, widerspricht diametral ihren Vorstellungen von einem „Circus der Sensationen". Keiner nimmt zunächst die Ideen des Seiteneinsteigers von einem „poetischen Circus" ernst. Und doch neidet ihm jeder seinen Erfolg.

Als erster macht der Circus Hagenbeck Front gegen den bunten Vogel: Mit einer einstweiligen Verfügung verhindert

„Circuskriege" sind so alt wie der Circus selbst: Dies muß auch der Circus Roncalli erfahren, der von vielen Traditionsunternehmen der Branche als ungeliebte Konkurrenz betrachtet wird

Gericht hat gestern entschieden:

Zirkus Roncalli darf nicht nach Düsseldorf

Von UTE RASCH

Zirkus Roncalli darf nicht in Düsseldorf gastieren. Die XII. Kammer des Landgerichts hat gestern den Rechtsstreit zwischen der Stadt Düsseldorf und Zirkus Hagenbeck entschieden. Danach darf Roncalli nicht vor dem 1. September in die Landeshauptstadt kommen. Roncalli-Direktor Bernhard Paul: "Und danach haben wir keinen Termin mehr frei, damit ist das Düsseldorf-Gastspiel geplatzt."

Bernhard Paul, „Theaterdirektor" von Zirkus Roncalli.

Die Stadtverwaltung hatte dem Wiener Zirkus den Parkplatz der Alten Messe bis zum 15. August angeboten. Genau eine Woche später sollte bei Hagenbeck in den Rheinwiesen Premiere sein. Der traditionsreiche Zirkus befürchtete große Verluste und erwirkte eine einstweilige Verfügung. Dazu Karl-Heinz Reuschenbach, Tourneeleiter von Hagenbeck: „Wenn Roncalli vor uns käme, können wir einpacken. Die Eintrittspreise sind den Leuten viel zu hoch, als daß sie – vielleicht noch mit zwei Kindern – zweimal hintereinander in den Zirkus gehen."

Und so mußte gestern das Gericht die Frage klären: Ist Roncalli ein Zirkus oder eher – so glaubt die Stadtverwaltung – eine Art Theater. Der Anwalt der Stadt war der Meinung: „Bei Roncalli wird ein Stück gespielt, das Elemente des Zirkus hat, aber ein Zirkus ist Roncalli nicht."

Bernhard Paul, als Zeuge nach seinem Beruf befragt, stellte sich denn auch promt als „Theaterdirektor" vor, und verwies auf die kulturelle Ecke seines Unternehmens: „Wir haben auch ein Literatencafé!" Doch als der Richter die Roncalli-Werbeplakate sah, erkannte er: Löwen, Zauberer, Clowns und ein Kamel.

Später erläuterte er in seiner Urteilsbegründung: „Roncalli wirbt zumindest mit den Mitteln eines Zirkus." Und: „Jeder hat das Recht, ohne unmittelbare Konkurrenz zu spielen. Roncalli kann im Herbst kommen, aber nicht vor dem 31. August."

Bernhard Paul kommentierte die Entscheidung: „Wir wären gern nach Düsseldorf gekommen, zumal auch das Kölner Gastspiel viele Düsseldorfer besuchen. Aber es wird uns keine Verluste bringen." Roncalli kann noch bis zum 3. August in der Domstadt spielen und hat anschließend schon Angebote aus fünf Städten vorliegen. Und so kommt es, wie der Anwalt der Stadt schon während des Prozesses befürchtete: „Wer Roncalli sehen will, muß ins feindliche Köln."

Karl-Heinz Reuschenbach, Tourneeleiter von Zirkus Hagenbeck.

NRZ-Fotos: Thomas Bujack

Hagenbeck will Roncalli stoppen

Zirkuskrieg um Gastspiel in Düsseldorf

Von JOACHIM BRÜCHER und JÜRGEN KOERTH

exp Köln — Jetzt will Zirkus-Goliath Hagenbeck den Zirkus-David Roncalli per Gerichtsbeschluß stoppen. Hagenbeck erließ gegen die Landeshauptstadt Düsseldorf eine einstweilige Verfügung: Roncalli darf nicht vor dem 1. September dort gastieren. Andernfalls soll die Stadt 300 000 Mark Konventionalstrafe zahlen. Doch den Kulturdezernenten von Düsseldorf, Dr. Peter Wissmann, läßt dies kalt. Wissmann: „Die gerichtliche Auseinandersetzung fürchten wir nicht." SPD-Fraktionsgeschäftsführer Michael Müller: „Für mich ist Roncalli Kunst und Kultur — er muß auf jeden Fall kommen."

Hagenbeck beruft sich auf einen Vertrag mit der Stadt Düsseldorf — danach dürften nur zwei Zirkusse im Jahr in der Landeshauptstadt gastieren. Kulturdezernent Wissmann: „Der Vertrag bezieht sich auf die Rheinwiesen. Roncalli gastiert aber auf der Rheinterrasse."

SPD-Fraktionsgeschäftsführer Müller, der sich für den Düsseldorfer Roncalli-Auftritt stark gemacht hat: „Roncalli ist kein Zirkus herkömmlicher Art, sondern gehört zur alternativen Kulturszene."

Auch in der sechsten Woche hat Roncalli auf dem Josef-Haubrich-Hof täglich ausverkaufte Vorstellungen. Bis heute haben weit über 60 000 Menschen den Zirkus besucht.

Gestern abend erschien auch Kölns Kulturchef Peter Nestler im

Düsseldorfs Kulturdezernent Wissmann

Premiere gekommen, aber ich war leider krank."

Zur Zeit wird fieberhaft um das Winterquartier für den Zirkus verhandelt. Ob es bei der Unterkunft in Köln-Poll bleibt, ist unklar. SPD-Chef Günther Herterich: „Ich setze mich dafür ein. Roncalli muß in Köln bleiben."

Jetzt ist auch die neueste Attraktion von Roncalli für alle von 9 bis 23 Uhr geöffnet: der Caféwagen. Bernd As-

er im Juli 1980 ein geplantes Gastspiel in Düsseldorf, wo Roncalli im Anschluß an Köln drei Wochen gastieren will.

Der „Circuskrieg“ beginnt.

Das Kulturamt der Stadt hat Roncalli vom 23. Juli bis Mitte August auf die Rheinterrassen neben der alten Messe eingeladen, dabei jedoch übersehen, daß Hagenbeck sich schon vier Jahre zuvor für den August 1980 in der Landeshauptstadt angesagt hatte. Pech für Roncalli: Der Traditionscircus kann sich auf eine Vereinbarung mit dem Ordnungsamt berufen, nach der „kein anderes Unternehmen vergleichbarer Art“ zur gleichen Zeit in Düsseldorf gastieren darf. Die Zahl der Circusgastspiele, so die Absprache, ist auf maximal drei pro Jahr begrenzt.

„Wenn Roncalli käme, könnten wir einpacken“, fürchtet Hagenbecks Tourneeleiter Karl-Heinz Reuschenbach. Wer geht schon zweimal hintereinander in den Circus!

Dreihunderttausend Mark Konventionalstrafe fordert der Großcircus von der Stadt, sollte diese dem Konkurrenten schon im Juli einen Standplatz vermieten. Der Richter zeigt Verständnis für Hagenbecks Nöte: „Jeder hat das Recht, ohne unmittelbare Konkurrenz zu spielen“, entscheidet er. Roncalli darf frühestens im September in Düsseldorf gastieren.

Die Vertragsklausel, auf die sich Hagenbeck berufen kann, ist nicht

Der „neue Circuskrieg“ geht in die zweite Runde, und der Roncalli-Drache zeigt die Zähne: „Wir spielen auf jeden Fall!“

ungewöhnlich. In der Circuswelt, muß Paul schnell feststellen, gelten feste Regeln: Die Zahl der Unternehmen, die pro Jahr in den Großstädten auftreten, ist durch brancheninterne Absprachen auf zwei begrenzt, die Anmeldung der Gastspiele erfolgt meist Jahre im voraus. Newcomer und Kleincircusse, so die gängige Praxis seit Jahrzehnten, bleiben erst einmal von den großen Veranstaltungsplätzen ausgeschlossen.

Paul reagiert gelassen auf den richterlichen Hinauswurf. Ihm beschert der öffentliche Streit vor allem eines: noch mehr Publicity. „Wir müssen draußen bleiben", annonciert er in einer Anzeige in der „Rheinischen Post". „Besuchen Sie uns bitte in Köln." Die Düsseldorfer haben reichlich Gelegenheit dazu: Dreimal kann der Circus sein Gastspiel in Köln verlängern, ehe er weiterzieht nach Essen.

Zwei Monate später steht Bernhard Paul erneut vor dem Düsseldorfer Oberlandesgericht. Kläger: der Circus Barum. Streitpunkt: Roncallis auf September verschobenes Düsseldorf-Gastspiel. Barum sieht dadurch den eigenen, für November geplanten Auftritt gefährdet. Der „Circuskrieg" geht in die zweite Runde.

Wie schon Kollege Hagenbeck kann auch Barum sich auf eine Absprache mit der Stadt Düsseldorf berufen, die ihm vor und während seines Gastspiels Schutz vor möglicher Konkurrenz garantiert. Und wieder entscheidet das Gericht mit einer einstweiligen Verfügung gegen den Auftritt Roncallis. Diesmal soll die Stadt Düsseldorf bis zu 500000 Mark zahlen, falls sie den Alternativcircus spielen läßt.

Paul reißt der Geduldsfaden: Ein weiteres Mal will er sich nicht ausbooten lassen! „Wir spielen auf jeden Fall", verkündet er grantig und pocht seinerseits auf Einhaltung seines Vertrags mit der Stadt Düsseldorf. Die wiederum fühlt sich mittlerweile „als ‚Dummer August' zwischen allen Stühlen": Tritt Roncalli auf, muß sie an Barum zahlen. Bleibt die Manege dunkel, will Paul einen mehrstelligen Schadenersatz fordern.

Zudem droht er eine Demonstration auf der Kö, Düsseldorfs Prachtallee, an: mit Schlangen, Löwen und viel Konfetti. Die Sympathie der Düsseldorfer ist ihm sicher. Sie haben inzwischen eine Unterschriftenliste gestartet. Motto: „Roncalli muß spielen!"

„Der Feind des Kreativen ist die Bürokratie."
(Bernhard Paul)

Kaum ist der Streit mit der Konkurrenz ausgestanden, droht dem Circus Roncalli ein erneuter Rechtsstreit: Die Stadt Köln verlangt für das von Roncalli genutzte Winterlager in Köln-Poll eine kräftige Mieterhöhung, und das für ein Jahr rückwirkend, andernfalls droht die Räumung

Der Fall zieht Kreise: Auch das Landeskartellamt ist hellhörig geworden und argwöhnt, Barum und andere Große mißbrauchten ihre „marktbeherrschende Stellung", um einen Konkurrenten aus dem Weg zu räumen. NRW-Wirtschaftsminister Reimut Jochimsen läßt daraufhin sämtliche Verträge zwischen nordrhein-westfälischen Städten und Circusunternehmen überprüfen, ob sie Abmachungen enthalten, die gegen das Wettbewerbsrecht verstoßen.

In Düsseldorf durchsuchen Kriminalpolizei und zwei Beamte der Landeskartellbehörde die Geschäftsräume des Internationalen Varieté-, Theater- und Circus-Direktoren-Verbandes. Sie werden schnell fündig: Aus den beschlagnahmten Unterlagen geht hervor, daß der Verband Städte im gesamten Bundesgebiet aufgefordert hat, nur den von ihm vertretenen Circusunternehmen Plätze zur Verfügung zu stellen. Auch das Bundeskartellamt schaltet sich ein und beginnt mit Ermittlungen gegen Sarrasani, Busch-Roland und Barum „wegen des Verdachts der Boykott-Aufforderung".

Pauls Nerven liegen inzwischen bloß. Doch er will auf jeden Fall in Düsseldorf spielen. Wenn er jetzt nachgibt, steht Roncalli in der nächsten Stadt vor den gleichen Problemen. Am 15. September beginnt er mit dem Aufbau des Zeltes, am 17. September feiert Roncalli vor der alten Messe Premiere – unter Polizeischutz.

Die Vorstellung ist ausverkauft bis auf den letzten Platz, das Programm den Umständen angepaßt. „Wir freuen uns, in Düsseldorf zu gastieren", begrüßt Paul seine Gäste. „Anstatt ‚einstweiliger Verfügung' präsentieren wir kurzweiliges Vergnügen!" Fredi Codrelli schleppt ein großes, rundum verschnürtes Paket mit der Aufschrift „Einstweilige Verfügung" in die Manege und fragt unschuldig in die Runde: „Warum haben die den Tritt ins Fettnäpfchen nicht den Clowns überlassen?"

Barum, inzwischen um den eigenen Ruf besorgt, versucht einzulenken: Falls ihm während seines Gastspiels im November finanzielle Schäden entstehen, so der Vorschlag, solle die Stadt für die Einbußen aufkommen. Im Gegenzug will Barum auf weitere Maßnahmen gegen Roncalli verzichten. Vor den Kameras der Fotografen feiern Bernhard Paul und Gerd Simoneit-Barum mit einer herzlichen Umarmung Versöhnung. Doch das Landgericht Düsseldorf entscheidet in einer letzten Verhandlung am 24. September anders: Es hebt die einstweilige Verfügung auf, Roncalli darf offiziell in Düsseldorf gastieren.

Der „Circuskrieg" ist beendet, Verträge mit einer Ausschlußklausel gehören der Vergangenheit an. Dennoch sollen noch Jahre vergehen, ehe die Verdienste des „Gahtscho" um die Circuskunst in der Branche anerkannt werden.

„SONST RÄUMUNG" – RONCALLI UND DIE BEHÖRDEN

Das junge Unternehmen kommt nicht zur Ruhe. Kaum ist der „Circuskrieg" beigelegt, bahnt sich neuer Ärger an: Paul legt sich ein weiteres Mal mit den Kölner Stadtvätern an. Den Auftakt zum Behördenclinch gibt ein amtliches Schreiben von der Stadt Köln im Dezember 1981: Paul soll mehr als 80000 Mark an Mietrückständen für das Winterquartier in Köln-Poll nachzahlen – „sonst Räumung des Grundstücks" innerhalb von elf Tagen.

„Sonst Räumung!" Paul schäumt. Fünftausend Mark zahlt er in den Winter-, 3000 Mark in den Sommermonaten für die abbruchreifen Hallen der stillgelegten Maschinenfabrik. Zigtausende hat er in das Objekt hineingesteckt, um es nutzbar zu machen für seine Bedürfnisse. Und nun dieser Brief!

In feinem Amtsdeutsch teilt die Stadt Köln ihm mit, daß sie die Miete auf monatlich 10050 Mark verdoppelt habe, und zwar rückwirkend. Nicht nur das: Paul soll außerdem knapp 30000 Mark Mietschulden für das Stollwerck-Gelände nachzahlen, eine Forderung, die ihn erst recht in Rage bringt.

Die Hälfte seiner Mietschulden aus den Pioniertagen des Circus hat er längst bezahlt, die zweite Hälfte ist ihm seiner Meinung nach ein Jahr

Demnach stellt sich die Abrechnung der
von der Beklagten vorgenommenen Zahlun
die Nebenkosten wie folgt:
1. Nutzungsentschädigung für die Zeit
monatlich
2. Nutzungsentschädigung für die Zeit
3. Wassergeld
4. Stromgeld
Summe
abzüglich geleisteter Zahlungen

In dem Rechtsstreit
Stadt Köln
gegen
Circus Roncalli GmbH
- 5 O 507/82 -

- RAe Dr. Jacobs, Artzinger-Bolten pp.-
- Zwanzig, Hölters, Securs, Debelius -

hat die Beklagte die Klageschrift vom 16.11.1982 mit Ladung zum 1.2.1982 erhalten.

Wir erbitten stillschweigende Fristverlängerung zur Erwiderung auf Klage bis

15. Januar 1983.

Begründung:
Die Parteien befinden sich in Vergleichsverhandlungen.Am 13.12.1982
eine Besprechung statt. Wir sind bemüht,

zuvor, wenige Wochen nach der Premiere, von der Stadt erlassen worden. Doch daran mag sich 1981 in Kölner Politikerkreisen niemand mehr erinnern. Ein 25 Seiten umfassender Bericht des Kölner Rechnungsprüfungsamtes schlüsselt statt dessen die Forderungen der Stadt Posten für Posten auf. „Sonst Räumung!“

Paul denkt nicht daran zu zahlen. „Oberklüngler“, schimpft er den Kölner Oberstadtdirektor Kurt Rossa und droht mit Wegzug aus Köln. „Krämer“, kontert der Politiker und kündigt an, den Circusmacher zu verklagen. Erst im Februar 1983, nach monatelangem Hickhack, werden die Streitigkeiten beendet: Paul zahlt 100 000 Mark nach. Die Stadt zieht die Räumungsklage zurück, die sie im November 1982 gegen den ungeliebten Mieter angestrengt hatte, und sichert Roncalli ein weiteres Gastspiel auf dem Josef-Haubrich-Hof zu.

„Wir wollen das große Versöhnungsfest feiern“, verkündet der Rechtsdezernent der Stadt, Franz Simon, beim Friedensgespräch in seinen Amtsräumen. An Paul soll's nicht liegen. Er hat an diesem kühlen Februartag – außer 3000 Freikarten – Geschenke für seine ehemaligen Kontrahenten mitgebracht. Ein rosafarbenes Ruhekissen für den Kulturdezernenten Peter Nestler. Aufschrift: „Roncalli wünscht Herrn Nestler weiterhin angenehme Ruhe“ – der Kulturchef trägt es mit Fassung. Und einen aufklappbaren Kindercircus aus Papier für „Oberklüngler“ Kurt Rossa, weil der noch nie eine Roncalli-Vorstellung besucht habe.

Kurt Rossa revanchiert sich zwei Wochen später – an Aschermittwoch – mit einer kalorienträchtigen Buttercremetorte, auf der ein Kranz von Marzipaneiern thront. Dabei liegt ein Brief, überschrieben mit „Friede, Freude, Eierkuchen“. Der Oberstadtdirektor hofft darin auf eine weitere gute Zusammenarbeit und erklärt, was es auf sich habe mit der süßen Gabe: „Ich habe Sie geärgert, Sie haben mich geärgert – möge Ihnen der Eierkuchen nun munden. Wenn Sie die Winterpause noch dazu nutzen wollten, Ihr Verhältnis zum Rat der Stadt Köln und zum Kulturdezernenten, der Ihren Circus mag, zu entspannen, wäre mir das glatt noch einen zweiten Eierkuchen wert.“

Dennoch verläßt Roncalli 1984 seinen Standort in Köln-Poll. Die Stadt will auf dem Gelände der ehemaligen Werkzeugfabrik eine Behindertenwerkstatt einrichten, Pauls Verhandlungen über den Kauf des Geländes scheitern. Für zweieinhalb Millionen Mark, zu denen ihm ein weiterer Kredit bei der Dresdner Bank verhilft, erwirbt er statt dessen in Köln-Mülheim von Carola Williams das Winterquartier des Kölner Traditionscircus Williams.

Die alte Dame, langjährige Chefin des ältesten deutschen Circusunternehmens, ist über 80 Jahre alt und hat sich schon vor Jahren aus dem Geschäft zurückgezogen. Im Herbst 1962 gibt der Circus Williams seine letzte Vorstellung in Köln, ehe er in die USA verschifft wird. Zehn Jahre später verkauft ihn Carola Williams

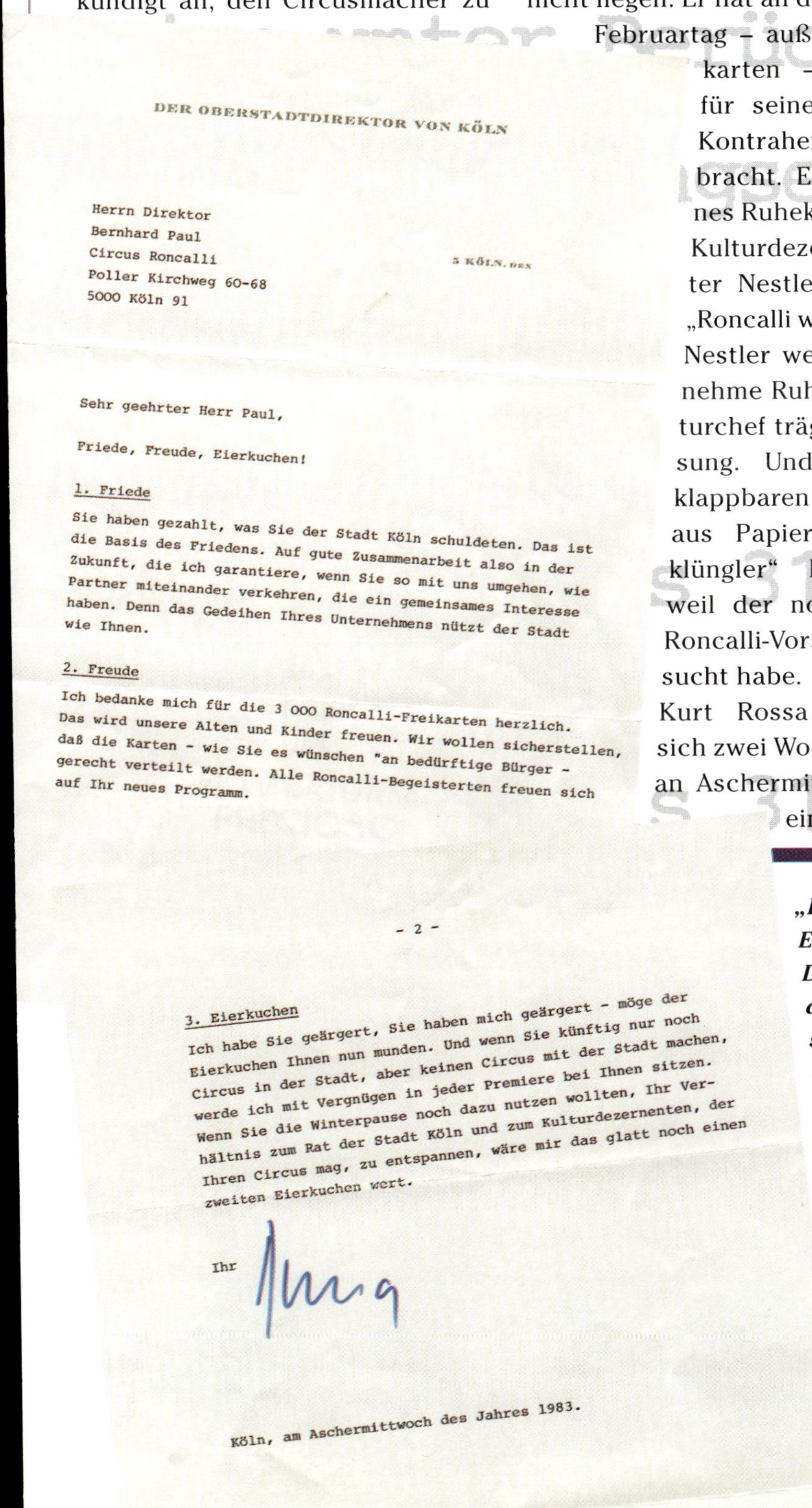

DER OBERSTADTDIREKTOR VON KÖLN

Herrn Direktor
Bernhard Paul
Circus Roncalli
Poller Kirchweg 60-68
5000 Köln 91

5 KÖLN, DEN

Sehr geehrter Herr Paul,

Friede, Freude, Eierkuchen!

1. Friede

Sie haben gezahlt, was Sie der Stadt Köln schuldeten. Das ist die Basis des Friedens. Auf gute Zusammenarbeit also in der Zukunft, die ich garantiere, wenn Sie so mit uns umgehen, wie Partner miteinander verkehren, die ein gemeinsames Interesse haben. Denn das Gedeihen Ihres Unternehmens nützt der Stadt wie Ihnen.

2. Freude

Ich bedanke mich für die 3 000 Roncalli-Freikarten herzlich. Das wird unsere Alten und Kinder freuen. Wir wollen sicherstellen, daß die Karten – wie Sie es wünschen "an bedürftige Bürger – gerecht verteilt werden. Alle Roncalli-Begeisterten freuen sich auf Ihr neues Programm.

– 2 –

3. Eierkuchen

Ich habe Sie geärgert, Sie haben mich geärgert – möge der Eierkuchen Ihnen nun munden. Und wenn Sie künftig nur noch Circus in der Stadt, aber keinen Circus mit der Stadt machen, werde ich mit Vergnügen in jeder Premiere bei Ihnen sitzen. Wenn Sie die Winterpause noch dazu nutzen wollten, Ihr Verhältnis zum Rat der Stadt Köln und zum Kulturdezernenten, der Ihren Circus mag, zu entspannen, wäre mir das glatt noch einen zweiten Eierkuchen wert.

Ihr

Köln, am Aschermittwoch des Jahres 1983.

„Friede, Freude, Eierkuchen.“ Der Kölner Oberstadtdirektor Kurt Rossa schließt Frieden mit dem Circus Roncalli. Ein langer Rechtsstreit geht friedlich zu Ende

Nach über zweijährigen Renovierungsarbeiten wird das Winterlager des Circus Roncalli mit einem „Tag der offenen Tür" dem Publikum vorgestellt. Aus dem alten, in den 50er Jahren von Carola Williams entworfenen Gebäude machte Bernhard Paul in seiner Detailbesessenheit ein seinen Vorstellungen entsprechendes „Winterquartier"

an den US-Giganten Circus Ringling Bros. and Barnum & Bailey. Für das Gelände in Köln-Mülheim hat sie keine Verwendung mehr, dem Verkauf an Roncalli steht nichts im Wege.

Am 27. April 1986, zwei Tage nach dem großen Jubiläumsfest auf dem Kölner Roncalli-Platz, wird das Winterquartier nach bald zweijährigen Renovierungsarbeiten mit einem „Tag der offenen Tür" eingeweiht. Mehr als 20 000 Besucher kommen zum Neurather Weg nach Köln-Mülheim, wo Paul eine bunte Budenstadt mit Biergarten, historischen Fahrgeschäften und einem Pferde-Hypodrom aufgebaut hat.

Er hat große Pläne mit der kostspieligen Neuerwerbung: Eine Circusschule und ein -museum, bestückt mit den Objekten seiner ständig wachsenden Circussammlung, will er auf dem rund 11 000 Quadratmeter großen Areal einrichten. Eventuell einen „Boulevard of Broken Dreams", so etwas wie ein nostalgisches Shopping-Center mit alten Ladeneinrichtungen, aufbauen. Das Projekt scheitert schließlich am Widerstand der Stadt Köln: Paul soll 500 Parkplätze nachweisen, ehe er sein Museum für die Öffentlichkeit zugänglich machen darf.

Diesmal kommt es zu keiner Einigung mit den Kölner Stadtvätern. Das Museum Roncalli bleibt geschlossen.

Auch mit anderen Städten und Behörden macht Roncalli nicht immer die besten Erfahrungen. Von Jahr zu Jahr wird es, wie auch für andere Circusse, schwieriger, in den Städten akzeptable Spielstätten zu finden. Durch die zunehmende Bebauung der Städte und die Einrichtung von Parkplätzen nimmt die Zahl bespielbarer Plätze stetig ab.

So geben die Hamburger Behörden 1982 erst eine Woche vor der geplanten Premiere grünes Licht für ein Gastspiel. Der Grund: Auf der Abstellfläche, auf der die Circuswagen im Jahr zuvor gestanden hatten, baut die Universität Hamburg ein neues Gebäude. Erst als sich ein benachbartes Studentenwohnheim bereit erklärt, seine Rasenfläche als Abstellplatz zur Verfügung zu stellen, darf Roncalli kommen.

Einem Gastspiel in München 1996, zwei Jahre zuvor vereinbart, ist weniger Glück beschieden. Auf dem „Roncalli"-Platz, wie er im Volksmund seit Roncallis erstem Besuch

Für die Medien ist Roncalli ein beliebtes Thema: Hier berichtet der WDR live vom Gelände des Circus

1981 heißt, soll Münchens neue Pinakothek entstehen, für den Circus ist kein Platz in diesem Jahr. Die Fans in Wuppertal und Essen freut es. Statt nach München reist „Die Legende lebt" in den Ruhrpott.

EINE KURZE ERFOLGSBILANZ

Bernhard Pauls Befürchtungen, „das Ganze funktioniert vielleicht nur in Köln und wird in anderen Städten ein totaler Flop", erweisen sich schnell als unbegründet. 1981 setzt Roncalli seinen Siegeszug durch Deutschland fort. 60 Circuswagen gehen mit auf die Tournee, das Programm der zweiten „Reise" ist nur wenig verändert worden.

Erstmals mit von der Partie ist die sechsköpfige Chinesentruppe „Chy Bao Guy", die bis 1983 dabeibleibt. Die Familie führt in der dritten Generation chinesische Circuskunst in Europa vor, und ihre Mitglieder beherrschen das Jonglieren mit Tellern ebenso gut wie den Sprung durch einen 48 Zentimeter breiten, messerbewehrten Rahmen.

Löwenbändiger Francisco Montez hat sich nach nur einer Saison mitsamt seinen acht Junglöwen verabschiedet und dem schnauzbärtigen René Strickler Platz gemacht, der bei Roncalli zehn Jahre Triumphe feiert. Strickler, ein gelernter Kaufmann aus der Schweiz, war bislang bei Circus Krone unter Vertrag. Mit seinen 16 Tieren (vier Löwinnen, drei Tiger, je zwei schwarze Panther, Pumas, Schwarzbären, Bernhardinerhunde, ein Eisbär) herrscht er über die größte gemischte Raubtiergruppe der deutschen Circusszene.

Der Ärger mit den Behörden ist für Roncalli in den ersten Jahren seines Bestehens an der Tagesordnung. Aber solche Aktionen beweisen die Beliebtheit des Circus: Die Berliner entschuldigen sich für die Halsstarrigkeit ihrer Bürokratie

Erfolg reiht sich an Erfolg in den kommenden Jahren. 1983 folgt der zweite Teil der „Reise zum Regenbogen", gewidmet „der Familie Knie, ohne die der internationale Circus nicht denkbar wäre", 1988 der dritte und letzte. Als fünf Jahre später, 1993, Teil III von dem Programm „Commedia dell'Arte" abgelöst wird, haben mehr als sieben Millionen Zuschauer „Die Reise zum Regenbogen" gesehen.

Der „Alternativcircus", als der Roncalli in der Presse nach wie vor firmiert, trifft offensichtlich den Nerv der Zeit: Er befriedigt Sehnsüchte nach Romantik und Poesie und gewährt für einige Stunden Zuflucht in eine Welt der Phantasie, die jenseits des Circuszaunes so flüchtig ist wie Pics Seifenblasen. Vor allem Studenten und Intellektuelle delektieren sich an der „Reise zum Regenbogen", die ihrem Verständnis von Circus eher entspricht als die Shows der Traditionsunternehmen. Erst nach etlichen Jahren mutiert Roncalli zu einem Familiencircus, dessen Vorstellungen auch die Kleinen ansprechen.

1981 wird der Circus erstmals zu den Ruhrfestspielen nach Recklinghausen eingeladen. Zwei Jahre später kann Paul für eine Saison Fredy Knie jun., den Direktor des Schweizer Nationalcircus, und dessen Ehefrau Mary-José mit ihren Tierdressuren gewinnen: ein Tiger, der auf einem Nashorn reitet, weiße Tauben, deren Flugkünste mit einer perfekten Vorführung der Hohen Schule kombiniert werden – die Zuschauer trauen ihren Augen nicht.

Bei Roncalli arbeitet man fieberhaft an der Perfektionierung der Illusion: Jedes Detail des Circus wird liebevoll aufpoliert

Die chinesische Artistengruppe „Chy Bao Guy" begeisterte das Roncalli-Publikum von 1981 bis 1983

„Kein zufällig herumstehender Plastikeimer darf die Illusion stören. Der Eindruck vom Circus muß für den Besucher perfekt sein."

(Bernhard Paul in einem Circus-Konzept aus dem Jahre 1974)

Fredy Knie jr., der Direktor des Schweizer Nationalcircus Knie, präsentiert bei Roncalli seine weltberühmte Dressurnummer, bei der ein Tiger auf einem Nashorn reitet

Der Erfolg von Circus Roncalli wird weltweit honoriert, und der Macher des Erfolgs, Bernhard Paul, ist gefeierter Star in den Medien

Köln, den 11. Mai 198

Vermieterin

Stadt Köln
Der Oberstadtdirektor
91 Bezirksverwaltungsstell

Im Auftrag

Das Nashorn wird bei den anderen Tieren unmittelbar am Fußgängerweg geruchs- und geräuschlos und nachts in einem verschlossenen Käfigwagen aufbewahrt.

1984 schließlich gerät zum „Jahr der Rekorde“: Die Saison ist die längste und erfolgreichste in der Geschichte des Circus. Vier Monate spielt Roncalli allein in Berlin zu Füßen des Funkturms, länger als jeder andere Circus vor ihm.

Zehn Jahre später ist die Berliner Mauer gefallen. Roncallis Adresse: Am Reichstag. Er ist 1994 der erste und auch der letzte Circus, der auf dem legendären Platz spielen darf. Schon bald verwandelt sich die Fläche in eine gigantische Baustelle: Hier entsteht das neue Regierungsviertel des vereinigten Deutschland.

Am 6. Dezember 1986 – Roncalli hat in diesem Jahr sein zehnjähriges Bestehen gefeiert und ein Gastspiel in Moskau gegeben, von dem noch die Rede sein soll – sitzt die Roncalli-Mannschaft vor dem Fernseher. Auf dem Programm: die erste Folge einer sechsteiligen ARD-Fernsehserie über den Circus. Erzählt werden fiktive Episoden aus der Circuswelt.

Günther Lamprecht und Eddie Constantine geben kurze Gastspiele. Inge Meysel mimt eine Rentnerin, die sich nach einem Lottogewinn eine komplette Vorstellung kauft – eine Rolle, die ursprünglich Heinz Rühmann spielen soll.

Ein ganz persönlicher Glücksmoment ist für Bernhard Paul Roncallis erstes Gastspiel in Wien im August 1993 – eine triumphale Rückkehr in die Heimatstadt nach 15 Jahren Exil. Die Kulturstadträtin Ursula Pasterk und Bürgermeister Dr. Helmut Zilk höchstpersönlich haben „den verlorenen Sohn“, wie Zilk ihn nennt, eingeladen. Vor der Kulisse des Wiener Rathauses baut Paul seinen Circus auf, das neue Zelt, dessen Interieur dem der Mailänder Scala nachempfunden ist, die 80 historischen Wagen.

Bei der Premiere – auf dem Programm steht die „Commedia dell’Arte“ – hat „tout Wien“ auf den rotgepolsterten Rängen Platz genommen: Friedensreich Hundertwasser, Ernst Fuchs, selbst André Heller findet sich ein und betritt zum ersten Mal seit 17 Jahren wieder Roncalli-Boden. Höhepunkt des Heimspiels: Bernhard Paul wird das goldene Verdienstzeichen des Landes Wien verliehen.

1995 gastiert Roncalli ein zweites Mal in Wien. Diesmal ist der Auftrieb unter der Wiener Prominenz noch größer: Schauspieler Klaus Maria

Vier Monate gastiert der Circus Roncalli im Jahre 1984 in Berlin auf dem Messegelände, länger als jeder andere Circus vor ihm

Mary-José Knie, Ehefrau von Fredy Knie jr., kombiniert die Flugkünste von weißen Tauben mit einer perfekten Vorführung der Hohen Schule

he

Nach 15 Jahren „Exil“ gastiert Roncalli wieder in Wien und erlebt eine triumphale Rückkehr in seine Heimatstadt

Brandauer ist gekommen, Dagmar Koller, Michael Häupl. „Roncalli, ein genialischer Traum“, jubelt die „Kronen Zeitung“ nach der Premiere am 5. September.

Paul hat noch einen weiteren Grund, diese Visite in der Heimat nicht zu vergessen. Am 15. Oktober lassen er und seine Ehefrau, die italienische Kunstreiterin Eliana Larible, sich in Wien kirchlich trauen.

On the road: Geschichten von unterwegs

Es ist ein gewaltiger Troß aus Menschen (Artisten, Technikern, Arbeitern), Tieren und Wagen, der jahraus, jahrein zwischen April und November von Stadt zu Stadt zieht – „das Dorf Circus“, wie Paul es nennt, in dem eigene Regeln gelten und die Tage so fest strukturiert sind wie andernorts der Büroalltag. „Ein Riesenbaby ist das geworden“, stöhnt er mitunter scherzhaft. „Ich habe was Kleines gewollt. Und was habe ich bekommen? Drillinge!“

Morgens um acht trainieren die Pferde in der Manege. „Pferdenummern sind immer die ersten“, nicht einmal Paul weiß, warum das so ist. Um zehn kommen die Artisten, anschließend wird aufgeräumt, der Kantinenwagen serviert ein warmes Mittagessen. Um 15 Uhr beginnt die Nachmittags-, um 20 Uhr die Abendvorstellung. An der Musik läßt sich erkennen, wer gerade in der Manege steht, wer sich auf die nächste Nummer vorbereiten muß und wer an diesem Tag schon Feierabend hat, Regelmäßigkeiten, „nach denen man die Uhr stellen kann“.

Paul hat in den vergangenen 20 Jahren viele Artisten kommen und gehen gesehen. „Am liebsten“, sagt er „würde ich ein Leben lang mit einer Mannschaft arbeiten, aber die Leute wollen ja immer etwas Neues,

. . . im Jahre 1995 folgt die kirchliche Trauung in Wien

Ein Märchen aus der Circuswelt für die Medien

Am letzten Tag des Gastspiels in Wien erhält Bernhard Paul das Verdienstzeichen des Landes Wien in Gold aus den Händen von Bürgermeister Dr. Helmut Zilk

Eliana Pa
hier mit ihrem Vater u
Marcello Mastroianni, trat lange Z
im Circus Krone a

Im Jahre 1990
hard Paul und
ana Larible im
Standesamt
helmsburg . . .

Taufe
von Adrian Paul

Vivian und Adrian Paul

Froschmensch
John Ak
am Bettchen von
Adrian Paul

Der Wiener
Oberbürgermeister Zilk und
Francesco Caroli
fungieren als Trauzeugen

Die Pauls sind mittlerweile
ein kleiner „Hauscircus" geworden. Sohn Adrian,
benannt nach dem berühmten Grock,
will natürlich, wie sein Vater, Clown werden

Caterina Valente
ist die Taufpatin von
Adrian Paul

John Ak,
der Froschmensch,
posiert vor
dem Wagen Nr. 18
des Circus
Roncalli

„Der Circus öffnet eine winzige Lücke in
Arena der Vergessenheit. Für eine kurze
dürfen wir uns verlieren, uns auflösen i
und Seligkeit, vom Geheimnis verwandelt

eine neue Sensation sehen." Manche sind nach ihrem Weggang schnell vergessen, andere werden mit ihren kleinen Macken und Sonderbarkeiten zu Legenden, von denen die Artisten abends im Caféwagen noch Jahre später gerne erzählen.

Da ist zum Beispiel John Ak, der Froschmensch. John Ak, der im kleinsten Wohnwagen haust, der jemals auf dem Roncalli-Gelände gestanden hat. Den „Froschwagen" nennen die Kollegen das Gefährt, in das nicht viel mehr als ein Bett hineinpaßt. Manchmal streuen sie Ak Vogelfutter aufs Dach und warten morgens darauf, daß er mit weichem „R" „Herein" brüllt, wenn die Vögel auf seinem Dach herumpicken.

Jeden Abend nach der Vorstellung stolziert der Froschmensch, eine Zigarette in der Rechten, hinüber zum Caféwagen und trinkt seinen Ginger-Wodka. Immer sitzt er auf der rechten Seite am Fenster. Wenn ihm jemand zuvorgekommen ist, weist er höflich darauf hin, daß es sich – sorry – um seinen, John Aks, Stammplatz handle. Immer trägt er seinen geflochtenen Cowboyhut, den er nur ablegt, wenn er in seine Froschhaut schlüpft. Und jedesmal wird er nervös, wenn er seinen kleinen Einsteckkamm nicht findet, mit dem er sich vor jeder Vorstellung durch das dünne, sorgfältig gescheitelte Haar fährt.

Oder Angelo Munoz aus Portugal. 1983 löst er Fredi Codrelli als „Dummer August" ab – ein Filou, der die Frauen liebt und der auch privat einen „begnadeten Humor" hat. Paul sieht ihn das erste Mal im Circus Willy Hagenbeck, wo er mit seinen beiden Brüdern auftritt. Angelos feine Komik gefällt ihm, die Brüder gefal-

Der Portugiese Angelo Munoz löst im Jahre 1985 Fredi Codrelli als „Dummer August" ab

er
nne
nder

ary Miller)

Manuel Alvarez, der spanische Jongleur, gastiert bei Roncalli von 1984 bis 1988

len ihm weniger. Doch glücklicherweise zerstreiten sich die drei während eines Engagements im Brühler Vergnügungspark Phantasia-Land, und Angelo ist frei, die Nachfolge von Codrelli anzutreten. Ein „phantastischer Clown", der für Bernhard Paul bald Freund und Brudersersatz wird.

Bis 1992 bleibt Munoz beim Circus Roncalli, mitsamt seinem vielköpfigen Familienclan, der wiederum mit den Familien des Buffetiers und des Betriebsleiters verschwägert ist. Seine Frauengeschichten sorgen für ständige Aufregung – ein außereheliches Techtelmechtel kostet ihn fast das Leben, weil der betrogene Ehemann einen Killer anheuert. Glücklicherweise ist der Mann nicht der verläßlichste, der Auftrag wird nie ausgeführt, doch Munoz verbringt eine Saison in ständiger Angst. Wenn Paul ihm von hinten auf die Schulter tippt – und er tippt ihm in diesem Sommer oft auf die Schulter –, „dann springt er sofort einen Meter hoch".

Kein Kollege ist vor den Späßen des Duos Munoz-Paul sicher. Manuel Alvarez, den spanischen Jongleur, bringen die beiden mit einem Springseil zu Fall, das sie zuvor im Sägemehl vor dem Vorhang vergraben haben. Als der Spanier in die Manege stürmen will, ziehen sie rechts und links am Seil – und Alvarez geht nicht, er fliegt in die Manege. Mitsamt seinen sieben Jonglierreifen.

Dem Weißclown Cervantes locken Munoz und Paul kurz vor seinem Auftritt auf das Pferd von Ballerina Susanna Svenson. Der Mann ist spärlich bekleidet: Unterhosen und Socken. Kaum sitzt er nichtsahnend im Sattel, führen sie ihn in die Manege, wo Peter Shub gerade seine Fotonummer präsentiert. Cervantes bleibt gelassen, doch oben auf der Orchesterbühne kommen Georg Pommer und seine Musiker aus dem Takt. In den Bänken tobt das Publikum.

Als im wahrsten Sinne zündende Idee entpuppt sich Pauls Einfall, die zehnte „Reise zum Regenbogen" mit einer brasilianischen Balletttruppe aufzupeppen. Er engagiert die sechs braunhäutigen Damen, „damit der Circus nicht nur so eine Männergesellschaft ist", und schickt sie 1989 als „Kostümparade aus dem Karneval in Rio" in die Manege. Die Originalkostüme sind „sehr knapp", die Mädchen „auch nicht fade" – nach

Peter Shub mit seiner Fotonummer begeisterte lange Jahre das Roncalli-Publikum

wenigen Tagen steht der gesamte Circus kopf. Man „sieht immer, wer gerade was mit wem hat, denn dann sind die entsprechenden Ehefrauen sauer". Paul ist heilfroh, als die Saison vorüber ist. Seitdem beschäftigt er ein Ballett aus Großbritannien, und „das ist very british".

Zweimal in seiner 20jährigen Geschichte kommt es zu schweren Unfällen bei Roncalli. Jedesmal trifft es den Mann mit dem gefährlichsten Job: René Strickler.

Der Dompteur, Herr über eine 16köpfige gemischte Raubtiergruppe, zu der auch zwei Bernhardiner gehören, stößt 1981 zu Roncalli. Zehn Jahre lang gehört der bärtige „Circuscasanova" zu den Zugnummern des Circus, obwohl eingefleischte Roncalli-Fans sich zunächst nicht mit seiner professionellen Tiershow anfreunden können. Echte Tiger und Löwen in „ihrer" Roncalli-Manege? Unmöglich.

Doch Strickler, der sich Panther Blacky wie einen Fellkragen um den Hals legt und die Tiger unterm Kinn krault, überzeugt auch seine Gegner. „Ich will keine dressierten Roboter heranziehen", sagt er, „sondern eigenständige Tiere, die ihre Persönlichkeit entfalten können." Eine Einstellung, die sich dem Publikum in jeder Vorstellung mitteilt. Bald ist „der sanfte Dompteur", den seine Löwen an guten Tagen mit einem Nasenkuß begrüßen, nicht mehr wegzudenken aus dem Programm.

Die brasilianische Ballettgruppe, deklariert als „Kostümparade aus dem Karneval in Rio", stürzt den gesamten Circus in Konfusion

Ausgerechnet Panther Blacky löst im Sommer 1982 während einer Abendvorstellung in Hamburg fast eine Katastrophe aus. Statt, wie vielfach trainiert, Strickler in die Arme zu springen, stürzt sich Blacky an diesem Abend auf einen der Bernhardiner und fährt ihm mit den Krallen über die Kehle. Der schüttelt den Angreifer ab und schleudert ihn der Schwarzbärin Jenny zwischen die Tatzen – Sekunden später ist in der gesamten Manege der Teufel los, jegliche Rangordnung aufgehoben: Krieg der Tiere.

Einige mutige Zuschauer versuchen durch die Gitterstäbe, die kämpfenden Raubtiere zu trennen. Das Orchester spielt verzweifelt ein paar ruhige Jazznummern, das Notfallprogramm für Fälle wie diesen. Nur Strickler bleibt ruhig. Dreißig Minuten dauert es, ehe die Tiere getrennt und zurück in ihre Käfige

Der Dompteur René Strickler, von 1981 bis 1990 bei Roncalli, erlebt zweimal in seiner Roncalli-Zeit schwere Unfälle mit seinen Tieren

schüttelt von Weinkrämpfen, doch unverletzt.

Sechs Jahre später, in Bremen, hat der Dompteur weniger Glück. Zum Verhängnis wird ihm eine Tigerin, die er aus dem Tierheim in seine Truppe geholt hat, ein schwieriges Tier, mit dem eine Zusammenarbeit kaum möglich ist. An diesem Nachmittag ist Strickler allein mit den Raubtieren in einem Trainingskäfig. Ohne Peitsche. Ohne Stock. Ein Moment der Unachtsamkeit genügt: Die Tigerin springt ihn von hinten an, verbeißt sich in eines seiner Beine, reißt ihn zu Boden und schleift ihn durch den Käfig. Strickler spürt, wie die nadelspitzen Zähne Zentimeter für Zentimeter in sein Fleisch dringen. Später, im Krankenhaus, erfährt er, daß sie Hauptschlagader und -sehne nur um Millimeter verfehlt haben.

Das Orchester Georg Pommer ist bis heute für die Musik bei Roncalli verantwortlich

getrieben sind. Dreißig Minuten, in denen Strickler sich immer wieder in die kämpfende Meute wirft und sie auseinanderzureißen versucht. Währenddessen mühen sich die Kollegen, die Tiere mit Staubkanonaden zurückzutreiben. Endlich ist es geschafft: Bären, Panther, Tiger, Löwen – eine Gruppe nach der anderen wird durch die Schuber in ihre Käfige getrieben. Draußen, vor den Käfigen, liegt Strickler auf dem Boden. Ge-

René Strickler mit Eisbär Polaris

Kunstradfahrer Angelo Balan befreit René Strickler aus den Zähnen eines Tigers

Angelo Balan, einem Kunstradfahrer, gelingt es schließlich, Strickler zu befreien. Mit einer Schreckschußpistole feuert er durch das Gitter in den Käfig. Die Tigerin läßt los, und zusammen mit einigen Kollegen reißt Balan den Dompteur ins Freie. Vier Monate liegt Strickler im Krankenhaus. Dann steht er mit seinen Tieren wieder in der Manege.

1990 nimmt René Strickler Abschied von dem Circus der Poesie. Seitdem gibt es keine Raubtiernummern mehr bei Roncalli. Strickler kann niemand ersetzen.

Ein Gruss vom Lido – die Architektur des Circus Roncalli

Äußerlich hat Pauls „Riesenbaby“ nur noch wenig gemeinsam mit dem Circuszwerg der Pioniertage, der 1976 antrat, die Großen das Fürchten zu lehren. 200 Wagen reisen heute mit, wenn der Roncalli-Troß durch Deutschland zieht, ein Zelt für zweieinhalb Millionen Mark, prunkvolle Lichterbögen, cremefarbene Holzzäune und ein Vorhang, der einst im Pariser Lido hing. Zwei Sonderzüge der Deutschen Bahn sind nötig, um das komplette Unternehmen von Spielort zu Spielort zu transportieren. Ein teures Vergnügen: 100 000 Mark kostet ein Transport von Köln nach Aachen, das Doppelte, wenn der Circus nach München reist.

Konsequent bis ins letzte Detail trägt das „Riesenbaby“ die Handschrift seines Direktors: Sämtliche Waggons, ob Büro-, Toiletten- oder Elektroschaltwagen, sind einheitlich gestaltet; die Feuerwehrautos sehen aus, als wären sie geradewegs aus dem 19. Jahrhundert auf den Platz gerollt; die Würstchenbude schmükken schmiedeeiserne, rankenverzierte Gitter, selbst die Abfalleimer tragen den altmodischen Schriftzug „Roncalli“ – ein Name, der in der Circuswelt längst zu einem Stil- und Architekturbegriff geworden ist.

Für Bernhard Paul ist ein Circus „ein dreidimensionales Gesamtkunstwerk“, bei dem Inhalt, Form und Design übereinstimmen müssen.

Das „Café des Artistes“, eine Erfindung von Bernhard Paul, ist wichtiger Bestandteil des „dreidimensionalen Gesamtkunstwerks Roncalli“

Er soll Träume Realität werden lassen und die Zuschauer optisch wie inhaltlich von der ersten bis zur letzten Minute in eine andere Welt, die des Circus Roncalli, entführen. Schritt für Schritt verwirklicht Paul innerhalb von 20 Jahren seine Vorstellungen von einem Circus jenseits der Jahrhundertwende, der bewahren soll, was in der niedergehenden europäischen Circuskultur in Vergessenheit zu geraten droht.

Zu den 18 Holzwagen, mit denen Roncalli 1980 Premiere feiert, gesellt sich als erste Besonderheit der Caféwagen, das „Café des Artistes". Der alte Salonwagen aus dem Jahr 1923 gehörte einst dem Direktor des Pferdecircus Blumenfeld in Magdeburg und wurde jahrelang als Bonbonmagazin genutzt. Ein Mitarbeiter von Roncalli entdeckt ihn eines Tages zwischen Gemüsebeeten in einem Düsseldorfer Schrebergarten.

Im Winterquartier von Roncalli wird er restauriert und mit Holzbänken aus der alten Pariser Métro ausgestattet, die Paul bei einem Schweizer Antiquitätenhändler auftreibt; ein „schweineteures Vergnügen", das sich schon bald als gelungene Investition entpuppt. Die Tische sind Spezialanfertigungen, die Lampen stammen aus Wiener Caféhäusern.

Das „Café des Artistes", in dem sich nach der Vorstellung Artisten, Zuschauer und Künstler treffen, findet bald Nachahmer. Andere Unter-

Im „Café des Artistes" treffen sich nach der Vorstellung Künstler, Artisten, Zuschauer und Prominente

nehmen schaffen ebenfalls alte Cafêwagen an, heute sind sie kaum mehr wegzudenken aus dem Erscheinungsbild eines modernen Circus.

Die nächste Neuerwerbung, die Paul seinem Traum von einem nostalgischen Circus aus der Zeit der Jahrhundertwende näherbringt, ist ein kunstvoll geschwungener Holzzaun. Er ersetzt den schlichten, blauweißen Polizeizaun, der in den Pioniertagen als Barriere gegen die Außenwelt dient, und umschließt bis heute den Mikrokosmos des Circus Roncalli. Über ihm wölben sich rote Bögen mit Hunderten von Lampen und tauchen das Gelände bei Nacht in ein strahlendes Licht.

Vor allem in die Gestaltung der Wagen, zu denen er seit Kindertagen ein besonderes Verhältnis hat, legt Paul seine ganze Liebe. Einige sind nach seinen Entwürfen mit Tieren, Sternen und Palmen bemalt, andere mit bleigefaßten Jugendstilfenstern und goldfarbenen Ranken versehen, die sich, mit Blattgold belegt, wie Stuckwerk an die Holzwände schmiegen. Es gibt Wagen mit säulengeschmückten Veranden, mit silbernen Dächern und mit geschwungenen Fensterrahmen – bunt und kitschig-schön wie ein Kindertraum.

Ein weiteres Markenzeichen von Roncalli ist das dunkelblaue Zelt, dessen Innenaus-

Bis ins kleinste Detail realisiert Bernhard Paul seine Vorstellung von seinem Traumcircus: Das Gelände wird während der Aufführungen von einem kunstvoll geschwungenen Holzzaun umgeben

stattung von Jahr zu Jahr prunkvoller wird. Bis zum Jahr 1990 spielt der Circus ausschließlich in Baumwollzelten – eine Besonderheit in der modernen Circuswelt, die längst auf Chapiteaus aus Plastik umgestiegen ist. Bernhard Paul jedoch hält fest an den aus der Mode geratenen Stücken, die eigens für ihn angefertigt werden. Sie haben „mehr Atmosphäre" als ihre modernen Nachfolger. Einziger Nachteil: Baumwoll-Chapiteaus sind hitzeanfällig. Die Temperaturen können auf bis zu 40, 50 Grad Celsius klettern, was vor allem für das Orchester und die Luftnummern unangenehm ist. Im Winter hingegen lassen sie sich schlecht heizen.

Besonderes Pech hat Roncalli im Mai 1983 mit einem fabrikneuen Baumwollzelt, das das alte Chapiteau aus Wiener Tagen ablösen soll. Während eines Gastspiels in Köln

Bis zum Jahr 1990 präsentiert sich Roncalli im Baumwollzelt, das, wie Bernhard Paul es formuliert, „viel mehr Atmosphäre hat als seine modernen Nachfolger aus PVC". Heute gibt es leider keine Hersteller von Circus-Baumwollzelten mehr

geht mitten in der Vorstellung ein schwerer Schauer nieder. Schnell zeigen sich im blauen Tuch dunkle Wasserflecken, wenig später fallen die ersten blutroten Tropfen auf die Zuschauer: Die roten Gurte, mit denen die Nähte verbrämt sind, sind nicht farbecht – ein Materialfehler, der die Versicherung Tausende Mark Schadensersatz kostet.

1990 nimmt der Circus schweren Herzens Abschied von seinen Baumwollzelten und steigt um auf ein Chapiteau aus PVC. Es gibt kaum noch Firmen, die die alte Kunst des Zelte-Nähens beherrschen, zudem wird die Baumwolle mit Substanzen imprägniert, die in Deutschland inzwischen verboten sind. Ein wenig von der unverwechselbaren Roncalli-Atmosphäre geht verloren, doch zu-

Circusidylle pur: Unter strahlend blauem Himmel wartet der Circus auf seine Besucher

mindest bleiben im Sommer wie im Winter die Temperaturen erträglich.

Drei Jahre später verwirklicht Paul einen alten Traum: Er entwirft, inspiriert durch Bilder von historischen Circusbauten aus Frankreich und Österreich, einen Zeltpalast. Rund zweieinhalb Millionen Mark läßt er sich den circensischen Prachtbau kosten, der am 12. Juni 1993 auf dem Kölner Neumarkt der Öffentlichkeit vorgestellt wird. Die Kuppel, in die ein Teil der Beleuchtung integriert ist, läßt sich bei Bedarf ausfahren, die Ranglogen sind denen der Mailänder Scala nachempfunden, die Stühle mit roten Baumwoll-Mohair-Polstern ausgestattet, über dem Haupteingang liegt eine prunkvolle „Königsloge". 1994 kommt noch ein Artisteneingang aus kostbaren, alten Holzsäulen hinzu.

Die immensen Ausgaben für die äußere Gestaltung des Circus können Paul nicht beirren. Er hält sich an einen Wahlspruch des alten Cir-

Der neue Zeltpalast des Circus Roncalli wird am 12. Juni 1993 in Köln erstmals der Öffentlichkeit vorgestellt

Die Kuppel des Chapiteaus läßt sich elektrisch öffnen. Die Idee zu dieser technischen Innovation kam Bernhard Paul während einer Sommervorstellung im überhitzten Zelt

Die Inneneinrichtung des neuen Chapiteaus zeigt den Genauigkeitsfanatiker Bernhard Paul, der kein Detail dem Zufall überläßt. So sind die Stühle des Zeltes mit roten Baumwoll-Mohair-Polstern ausgestattet und die Ranglogen denen der Mailänder Scala nachempfunden

Das Zelt ohne Seitenwände beim Aufbau

cusdirektors Stosch-Sarrasani: „Im Circus muß man Geld zum Fenster hinausschmeißen, dann kommt's zur Tür wieder herein."

Promis, Promis, Promis

Inzwischen hat der Circus in jeder Stadt Stammgäste, und wer 200 Aufführungen gesehen hat, bekommt eine Freikarte auf Lebenszeit. Auch die Prominenz läßt nicht lange auf sich warten. In Scharen zeigt sie sich in dem Circus der Poesie, der bundesweit für Schlagzeilen sorgt, und mit jeder Vorstellung wächst die Liste der berühmten Gäste, die sich in Roncallis Gästebuch verewigen.

Einer der ersten ist der amerikanische Pop-Guru Andy Warhol. „This circus is the most phantastic circus I've ever seen", lobt er die Vorstellung, nachdem er in Düsseldorf „Die Reise zum Regenbogen, Teil I" gesehen hat. Auch den Kaffee im Caféwagen weiß er zu schätzen: Es sei der beste, den er jemals getrunken habe, notiert er ins Gästebuch.

Warhol reist im November 1980, vier Tage vor dem Ende der ersten Roncalli-Tournee, mit großem Gefolge aus New York an. Welch eine Freude! Mit ausgestreckter Rechten eilt Bernhard Paul dem exzentrischen Künstler entgegen, um ihn mit warmem Handschlag zu begrüßen. Doch Warhol hält nichts von europäischen Begrüßungsriten und reißt wortlos eine Pocket-Kamera hoch. Klick! Und noch mal Klick.

Fredi Codrelli sucht Zuflucht bei Joseph Beuys; Loriot bedankt sich für circensische Kurzweil per „Knollenmännchen"

Bernhard Paul im Gespräch mit Andy Warhol

Leonard Bernstein bedankt sich überschwenglich bei Bernhard Paul

Paul steht da, „ganz blöde mit der ausgestreckten Hand“, während Warhol ihn pausenlos fotografiert. Einen Film nach dem anderen jagt er durch die Kamera. „Ich habe ihn nur mit dem Fotoapparat in der Hand gesehen“, erinnert sich Paul an das denkwürdige Treffen. Während der Löwennummer gähnt der Popkünstler herzhaft – es mag am Jetlag liegen. Um seinen Hals klemmt der Kopfbügel eines Walkmans. Eine herzliche Umarmung von Fredi Codrelli, der sein graues Hütchen an Warhols weißes Haupt drückt, läßt er gelassen über sich ergehen.

Später, im Caféwagen, sitzen Warhol und Paul noch lange zusammen. Der Künstler entpuppt sich im Gespräch als „unheimlich nett und ganz normal“. Wie es dem Circusdirektor gehe, will er wissen. Wie er sich fühle, was er mache. Ob er Lust habe, mit seinem Unternehmen in die Staaten zu kommen. Vielleicht im New Yorker Central Park? Er könne das arrangieren, bietet er an. Die Pläne zerschlagen sich, die Fotos, die Warhol geschossen hat, bekommt Paul nie zu sehen.

Ganz anders Warhols Kollege Keith Haring: Er schenkt Paul einen handsignierten weißen Zylinder. Haring, Mitbegründer der Graffiti-Art, beginnt seine Künstlerkarriere in den achtziger Jahren in New York als U-Bahn-Sprayer und avanciert schnell zum Shootingstar der amerikanischen Kunstszene. Seine Strichfiguren, die zahlreiche Nachahmer finden, werden gnadenlos vermarktet. Weltweit zieren sie Armbanduhren, Tassen und T-Shirts.

Als Haring am 9. Januar 1990 ein Varieté-Programm von Roncalli in der Alten Oper Frankfurt besucht, ist er bereits vom Tode gezeichnet. Er leidet an Aids im letzten Stadium, seine Haut ist mit dunklen Flecken übersät. Dennoch, erinnert sich Paul, „ist er gut drauf und noch ganz fit“. Auch während der Vorstellung trägt er einen Anorak mit Kapuze, seine Füße stecken in riesengroßen

Jean-Paul Belmondo gehört seit langem zu den Fans von Roncalli. Er nutzte den Circus als Drehort für einen Film

Bernhard Paul bittet den Pianisten Vladimir Horovitz um einen Eintrag in das „Goldene Buch“ des Circus

Sir Peter Ustinov im Gespräch mit Angelo Munoz und Bernhard Paul

offenen Turnschuhen. Von Schnürsenkeln hält Haring nichts.

„For Bernhard, Keith Haring, Jan. 9/89“, schreibt er mit schwarzem Filzstift auf das Hutband des Zylinders, den er Paul nach der Vorstellung zum Dank überreicht. Und verbessert mit dicken Strichen die „89“ zu einer „90“, als er merkt, daß er sich in der Jahreszahl geirrt hat. Dazu malt er ein paar seiner Strichmännchen, die über dem Hutband Ringelreihen tanzen.

Fünf Wochen später, am 16. Februar 1990, stirbt Keith Haring im Alter von 31 Jahren in New York.

Mehr und mehr entwickelt sich, ganz im Sinne von Paul, der alte Caféwagen, das „Café des Artistes“, zu einem beliebten Künstlertreff. Leonard Bernstein entspannt sich in dem alten Salonwagen bei einer Zigarette, nachdem er zuvor das Roncalli-Orchester dirigiert hat – ein „ungemein kußbereiter Mensch“, der Paul mit seinen Umarmungen „geradezu vergewaltigt“.

Zauberer David Copperfield verbringt einen Abend im Caféwagen, als Roncalli 1993 erstmals in Wien gastiert. Beim zweiten Besuch in München bringt er auch Freundin Claudia Schiffer mit. Vladimir Horovitz delektiert sich nach einem Besuch der Vorstellung an einem Teller Gulaschsuppe.

Einer, den es immer wieder in den Caféwagen zieht, ist der Schauspieler Gert Fröbe. „Mein Traum: Einmal einer von Euch zu sein“, schreibt er ins Gästebuch. Er reist dem Circus hinterher nach Hannover, Bremen, München. Nächtelang hockt er mit Paul im Schein der alten Wiener Lampen und erzählt. Sein Lieblingsthema: Gert Fröbe. „Er redete immer nur von sich selber“, erinnert sich Paul, „denn er fand sich einfach toll“ – seine Karriere beim Film, seine Rolle in „Goldfinger“.

Vor allem von seinen Auftritten mit Grock (dessen Nachlaß Bernhard Paul 1982 in Mailand ersteigert) kann Fröbe immer wieder erzählen. Ein Jahr hat er mit dem berühmten Musikclown zusammengearbeitet und die erste Hälfte des gemeinsamen Programms bestritten. Dann habe Grock ihn entlassen, weil er, Gert Fröbe, zu gut geworden sei. Paul provoziert den Mimen häufig, „noch einmal den Grock zu machen“. Fröbe

Joe Cocker, Wolfgang Niedecken von der Kölner Mundartgruppe BAP und Bernhard Paul

Herrlich – wunderbar
Ich danke Euch – Freunde!
Immer
Euer Gert Fröbe
28. VII. 87

Auch der legendäre Gert Fröbe gehörte zu den Fans von Roncalli . . .

eigentlich wohne ich woanders,
aber heute in den Wolken –
hoffentlich lässt man mich dort!
auf Wiedersehen
Ihr [illegible]
14 – 10 – 83

läßt sich nicht lange bitten: „Nit möööglich?“ Und „in dem Moment ist er Grock, auch wenn er nicht so aussieht. Die Mimik, dieses große Kinn“. Es ist „gigantisch“.

Inzwischen drängt es die Prominenz auch in Roncallis Manege. Im Oktober 1983 – der zweite Teil der „Reise zum Regenbogen“ ist angelaufen – veranstaltet der Circus eine erste große Benefizgala, bei der zahlreiche Größen aus dem Showgeschäft auftreten. Die Einnahmen sollen dem altehrwürdigen Münchner Prinzregenten-Theater zugute kommen, das seit 20 Jahren nicht mehr bespielbar ist. Rund 40 Millionen Mark braucht Münchens Generalintendant August Everding für die Renovierung des neoklassizistischen Baus, eine Summe, die er unter anderem durch Spenden und Benefizveranstaltungen zusammenzubekommen hofft.

Everding höchstpersönlich spielt an diesem Oktoberabend den Circusdirektor, Schlagersänger Jürgen Marcus steigt mit den „Lindors“ hinauf in die Circuskuppel, Bayerns Kultusminister Hans Mayer begleitet Opernsängerin Gwyneth Jones am Klavier. Es soll noch 13 Jahre dauern, ehe das Prinzregenten-Theater wieder eröffnet werden kann. Erst 1996 sind die Renovierungsarbeiten abgeschlossen – und 39 Millionen Mark verbaut –, am 8. November 1996 wird es in einem Festakt, an dem auch

Mehr und mehr entwickelt sich der Circus zu einem beliebten Künstlertreff: Die Lords, Harry Belafonte, Otto, die Scorpions und Siegfried und Roy: alle lieben Roncalli

Günter Grass und Heinz Rühmann verewigen sich im Gästebuch des Circus, jeder auf seine Art

Der Münchner Generalintendant August Everding fungiert bei der großen Gala zugunsten des Prinzregenten-theaters für einen Tag als Circusdirektor

Willy Millowitsch mit seiner Ehefrau Gerda zu Besuch bei Roncalli

Bundespräsident Roman Herzog teilnimmt, dem Münchner Publikum übergeben.

Artistenwechsel in der Roncalli-Manege auch im November 1993: Wieder ergreift in München die Prominenz das Zepter. Die Einnahmen der Galaveranstaltung sollen der Nordoff-Robbins-Stiftung zugute kommen, einer Institution, die Musiktherapien für behinderte Kinder fördert. Rocksänger Udo Lindenberg begrüßt als schnauzbärtiger „Sicherheitschef" das Publikum. Die Mitglieder der Rockband „Scorpions" versuchen sich als Platzanweiser. Peter Maffay schiebt mit einem Reinigungsbesen durch die Manege. Wolfgang Niedecken, der Sänger von BAP und Nachbar aus alten Kölner Stollwerck-Tagen, unterstützt, angetan mit einem feschen Dreispitz, den Seiltänzer. Sänger und Gitarrist Chris Rea ist dabei, Kollege Maurice Gibb und Marius Müller-Westernhagen. Schließlich zieht ein Esel einen Karren in die Arena, beladen mit Cola-Dosen, die von zwölf Künstlern gestaltet sind und zugunsten der Stiftung verkauft werden.

Der Erfolg ist überwältigend: Mehr als 400 000 Mark kommen an diesem Abend zusammen.

Heinz Rühmann – der letzte Auftritt eines alten Clowns

Ein Gast, an den Bernhard Paul noch heute mit Rührung und einer Spur von Trauer denkt, ist Heinz Rühmann, dem – 1984 und 1985 – zwei „Reisen zum Regenbogen" gewidmet sind. Paul lernt den Schauspieler im Oktober 1983 bei der Galaveranstaltung für das Prinzregenten-Theater in München kennen, wo Rühmann als Clown auftritt. In der Pause besucht er Paul in dessen Wohnwagen, ein kleiner alter Mann, der die 80 längst überschritten hat. Einem „Bild"-Reporter, der ihn dabei ablichten will, erteilt er einen Korb. Bitte keine Publicity!

Im darauffolgenden Jahr meldet sich Rühmann erneut bei Bernhard Paul. Er möchte eine komplette Circusvorstellung mieten. Der Filmpro-

Der nordrhein-westfälische Ministerpräsident Johannes Rau, hier mit seiner Familie, gehört zu den Roncalli-Fans aus den ersten Tagen

duzent Gyula Trebitsch, mit dem er zahlreiche Filme, darunter „Der Hauptmann von Köpenick", gedreht hat, wird am 3. November 70 Jahre alt. Rühmann will dem Weggefährten zum Geburtstag eine „Reise zum Regenbogen" schenken und dabei – ein letztes Mal – selber als Clown auftreten.

Einen Tag vor der Vorstellung in Hamburg erscheint Rühmann zur Probe. Nur die Zeltarbeiter und Beleuchter sind dabei, als er ins Scheinwerferlicht tritt und sein Lied vom Clown singt: „Er wollte alle Menschen immer lachen machen und machte selbst ein trauriges Gesicht." Den hartgesottenen Arbeitern steigen die Tränen in die Augen. Bei der Vorstellung am nächsten Abend kann man eine Stecknadel fallen hören.

Rühmann und Paul bleiben in Verbindung. Kurz nach seinem Auftritt in Hamburg lädt Rühmann den Circusmacher und dessen Freundin in sein Haus am Starnberger See ein. Kaffee und Kuchen stehen bereit, als die Gäste eintreffen, der Kaffeetisch ist mit Blumen geschmückt, auf dem Fernseher liegt ein Stapel Videos mit alten Rühmann-Filmen bereit.

Gemeinsam sehen sie sich „Wenn der Vater mit dem Sohne" (1955) an,

Bernhard Paul lernt Heinz Rühmann im Jahre 1983 kennen und widmet ihm gleich zweimal, im Jahre 1984 und 1985, die „Reise zum Regenbogen"

die Geschichte vom traurigen Musikclown Teddy Lemke, der den Tod seines Sohnes nicht verwindet. „Was halten Sie von meiner Clown-Szene?" fragt Rühmann. Paul, der Fachmann, weiß zunächst nicht, was er antworten soll. „Normalerweise sind Schauspieler als Clowns nicht gut", aber Rühmann hat ihm gefallen. Er erinnert ihn an Grock. Rühmann strahlt. Genau, den Grock habe er kopieren wollen. Wie schön, daß Paul das erkannt habe.

Immer wieder verläßt der Schauspieler das Zimmer, um etwas zu holen, und steckt zwischendurch den Kopf durch den Türspalt. „Ach, der Rühmann", sagt er dann mit einem schelmischen Blick auf den Fernsehschirm und zieht sich kopfschüttelnd wieder zurück.

Später, bei einem Spaziergang am Seeufer, stellt Paul eine Frage, die ihm seit Stunden auf der Zunge liegt. Wie war das mit Hitler? Rühmann, hat er gehört, soll einmal beim Reichskanzler eingeladen gewesen sein. Was war es für ein Gefühl, mit diesem Mann zu Mittag essen, will er wissen. Damals, als Hitler auf dem Höhepunkt der Macht war. Als alle jubelten und keiner ahnte, was die nahe Zukunft bringen würde.

Rühmann zögert nicht lange mit der Antwort: „Er war ein kleiner Mann, und er hatte Mundgeruch."

Ende 1993 steckt Paul mitten in den Vorbereitungen zu seiner Produktion „Clowns II", die wenig später im soeben wieder eröffneten Varieté Ronacher in Wien Premiere hat, als ihn ein mehrseitiger Brief von Heinz Rühmann erreicht. Der Mime wünscht ihm alles Gute für das Projekt und ein frohes neues Jahr. Paul ist gerührt. Auf diesen Brief will er „richtig schön antworten, nicht mit Kugelschreiber auf Billigpapier".

Monat um Monat schiebt er die Antwort hinaus. Die Zeit zum Schreiben fehlt, noch immer hat er keinen Füllfederhalter gekauft.

Im Oktober 1994 erreicht Paul die Nachricht, daß Heinz Rühmann gestorben ist. Der Brief bleibt für alle Zeiten unbeantwortet! „Ich habe", sagt Paul, „bis heute ein schlechtes Gewissen deswegen."

Hilfe von der Roten Armee – Roncalli in Moskau

Das Jahr 1986 sollte eines der aufregendsten in der Geschichte des Circus Roncalli werden: Am 25. April feiert der Circus in Köln, das Bernhard Paul längst zur zweiten Heimat geworden ist, sein zehnjähriges Jubiläum. Auf dem (nach dem gleichnamigen Papst benannten) Roncalli-Platz am Kölner Dom steigt ein großes Volksfest. Tausende weiße, blaue und pinkfarbene Luftballons, die größten bis zu vier Meter hoch und mit Gänsefedern gefüllt, bilden über dem Platz ein gewaltiges, buntes Dach.

Bernhard und Eliana Paul am Grab von Papst Roncalli, dem Namenspatron des Circus

Max van Ehmden, der Partner von Grock, gehörte zu den treuen Fans von Roncalli und besuchte, noch 93jährig, den Circus, wann immer es ging

Grock zum König der Clowns
rden ist, Harry Houdini zum
griff des Entfesselungskünstlers,
st der Circus Roncalli zum
nym der Erneuerung der
swelt geworden.“

(Frankfurter Allgemeine)

1986 gastierte der Circus Roncalli zum ersten Mal im Ausland, in Moskau

Johannes Rau ist „Auftraggeber" der Moskau-Reise, wo der Circus anläßlich der Ausstellung „40 Jahre NRW" mit riesigem Erfolg gastiert

Mehr als 20 000 Kölner feiern bis in die Morgenstunden mit den Artisten, Künstlern und Musikern.

Auch André Heller, mit dem Paul seit bald zehn Jahren kein Wort mehr gewechselt hat, meldet sich an diesem Tag. Er schickt dem ehemaligen Freund und Geschäftspartner ein Buch mit Widmung: „Zum zehnjährigen Jubiläum unseres Kindes".

Am nächsten Tag folgt auf dem Neumarkt vor 1700 geladenen Gästen die Premiere des neuen Programms, in dem auch erstmals der amerikanische Pantomime Peter Shub auftritt. Pic ist nach dreijähriger Abstinenz zu Roncalli zurückgekehrt und wird die „Reise zum Regenbogen, Teil II" bis 1987 begleiten.

Unter den Gästen ist auch Max van Ehmden, der letzte noch lebende Partner des legendären Grock. Er ist 93 Jahre alt und eigens von Genf nach Köln gereist, um die Premiere zu erleben. Zuschauer und Presse sind vor allem angetan von der Wiederkehr Pics, der eine Rückbesinnung auf die Poesie der Anfangszeit verspricht. „Roncalli, ein Märchen für Erwachsene", lobt der „Kölner Express".

Doch das Jahr 1986 bleibt Paul auch aus einem anderen Grund unvergessen. Roncalli gastiert zum ersten Mal im Ausland. Spielort: Moskau. Auftraggeber: das Land Nordrhein-Westfalen. Ein Anruf aus dem Düsseldorfer Kultusministerium im Winterquartier, zwei Tage vor Heiligabend, bedeutet 1985 den Startschuß zu dem gewagten Unternehmen, das zu einem der Höhepunkte in der Geschichte des Circus werden soll.

„Hier Kultusministerium. Hätten Sie Lust, in Moskau zu gastieren?"

Roncalli in Moskau! Paul schluckt. Natürlich hat er Lust.

„Dann zerbrechen Sie sich mal den Kopf, was das kostet!"

Die Landesregierung von NRW hat große Pläne für das Jahr 1986: Im Sommer findet in Moskau die Ausstellung „40 Jahre NRW" statt, ein ehrgeiziges Projekt, das alle bisherigen Besucherrekorde schlagen soll. Der Schwerpunkt der Ausstellung liegt auf der Präsentation von Maschinen- und Industrieanlagen sowie westlicher Energie- und Umwelttechnologien.

Darüber hinaus, so die Vorstellung von NRW-Ministerpräsident Johannes Rau, sollen die Bürger von

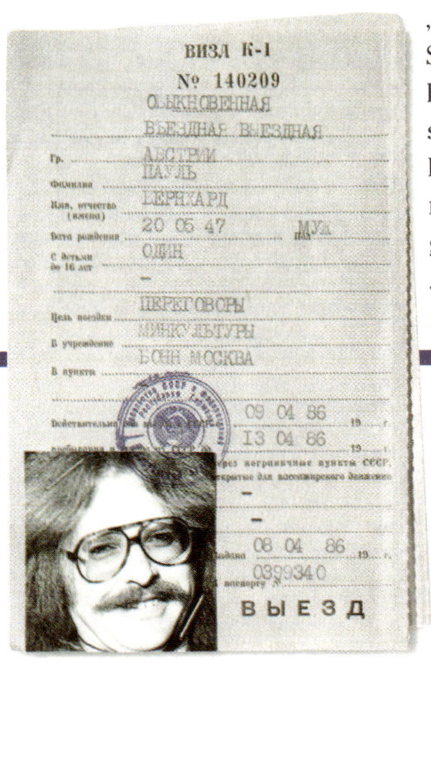

Starclown Oleg Popow vom Moskauer Staatscircus amüsiert sich königlich im Circus Roncalli

Moskau „erfahren, wie wir leben" in Deutschland.

Einblick in die rheinisch-westfälische Lebensweise gewähren neben Sport- und Modevorführungen ein umfangreiches kulturelles Rahmenprogramm – mit Filmvorführungen, einer Literaturausstellung über das Leben und Werk von Heinrich Böll und Aufführungen des Bochumer Theaterensembles, das den Moskauern Georg Büchners „Leonce und Lena" und Maxim Gorkis „Mutter" in der Brechtschen Version nahebringen möchte. Circus Roncalli soll der bunte Tupfer in dem eher schwergewichtigen Programm werden.

Stundenlang sitzt Paul in den folgenden Wochen bei Weißwein und Häppchen mit NRW-Kultusminister Wolfgang Nowak und dessen Mitarbeitern im Winterquartier und diskutiert mit ihnen über die Möglichkeiten, Circus am Ufer der Moskwa zu machen. Die Herren vom Ministerium sind mit Begeisterung bei der Sache, die Phantasie der fröhlichen Runde kennt keine Grenzen. Sogar ein Buch über das Unternehmen Moskau ist im Gespräch, ein Vorhaben, das zwei Jahre später mit dem Bildband „Roncalli in Moskau" verwirklicht wird.

Die Botschaft der UdSSR ist zunächst wenig begeistert von dem Vorschlag der deutschen Kulturvertreter.

Moskau: Rote Armee rettet Roncalli-Premiere

Regen überflutete Stadion an der Moskwa

Von J. BRÜCHER

exp **M o s k a u** – **Drei Tage wolkenbruchartiger Regen, Tagestemperaturen unter 10 Grad. So empfing Moskau den Circus Roncalli zum Gastspiel bei der NRW-Ausstellung. Das Stadion an der Moskwa, in der der Zirkus sein Zelt aufstellen sollte, war völlig überflutet. Einen Tag lang sah Zirkuschef Bernhard Paul zu, daß das meterhoch stehende Wasser abgepumpt wurde. Die Premiere heute nachmittag geriet in große Gefahr, denn der Zelt-Aufbau schien kaum noch rechtzeitig zu klappen.**

Doch dann rückte gestern morgen die Rote Armee an. Rund 40 Mann in Uniform packten mit an, wuchteten Stangen in die Höhe. Am Mittag stand das Zelt, die Innenaufbauten dauerten bis tief in die Nacht. Letzter Stand: Die Premiere und die Gala-Vorstellung mit Ministerpräsident Johannes Rau heute abend sind gerettet!

Übrigens: nach dem Moskau-Besuch kommt der Zirkus in die Landeshauptstadt. Am 10. Juli ist im Düsseldorfer Rheinpark (Cecilienallee) die feierliche Premiere.

Die Soldaten der Roten Armee retten schließlich mit ihrem Einsatz die Premiere des Circus in Moskau

Zirkus Raucalli in Moskau RP-Karikatur: R. Candea

Sowohl die (west-)deutsche wie auch die russische Presse verfolgt den Roncalli-Auftritt mit großem Interesse

Ein Circus im Mekka der russischen Circuskunst? Na ja . . . Behutsam versuchen die Botschaftsangehörigen, die Phantasie der Gäste in eine andere Richtung zu lenken. Ein deutsches Sinfonieorchester, lassen sie wissen, sei ihnen in Moskau zum Beispiel herzlich willkommen.

Doch das Kultusministerium beharrt darauf, NRW-Kultur im Circus-

ИЗВЕСТИЯ
СОВЕТОВ НАРОДНЫХ ДЕПУТАТОВ СССР
Газета выходит с марта 1917 года
№ 182 [21624] • Московский выпуск • Вторник, 1 июля 1986 года • Цена 4 коп

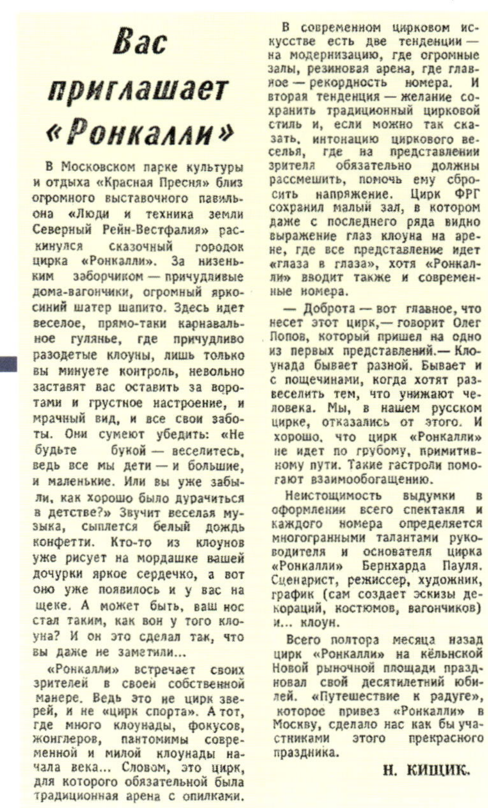
Вас приглашает «Ронкалли»

В Московском парке культуры и отдыха «Красная Пресня» близ огромного выставочного павильона «Люди и техника земли Северный Рейн-Вестфалия» раскинулся сказочный городок цирка «Ронкалли». За низеньким заборчиком — причудливые дома-вагончики, огромный ярко-синий шатер шапито. Здесь идет веселое, прямо-таки карнавальное гулянье, где причудливо разодетые клоуны, лишь только вы минуете контроль, невольно заставят вас оставить за воротами и грустное настроение, и мрачный вид, и все свои заботы. Они сумеют убедить: «Не будьте букой — веселитесь, ведь все мы дети — и большие, и маленькие. Или вы уже забыли, как хорошо было дурачиться в детстве?» Звучит веселая музыка, сыплется белый дождь конфетти. Кто-то из клоунов уже рисует на мордашке вашей дочурки яркое сердечко, а вот оно уже появилось и у вас на щеке. А может быть, ваш нос стал таким, как вон у того клоуна? И он это сделал так, что вы даже не заметили...

«Ронкалли» встречает своих зрителей в своей собственной манере. Ведь это не цирк зверей, и не «цирк спорта». А тот, где много клоунады, фокусов, жонглеров, пантомимы современной и милой клоунады начала века... Словом, это цирк, для которого обязательной была традиционная арена с опилками.

В современном цирковом искусстве есть две тенденции — на модернизацию, где огромные залы, резиновая арена, где главное — рекордность номера. И вторая тенденция — желание сохранить традиционный цирковой стиль и, если можно так сказать, интонацию циркового веселья, где на представлении зрителя обязательно должны рассмешить, помочь ему сбросить напряжение. Цирк ФРГ сохранил малый зал, в котором даже с последнего ряда видно выражение глаз клоуна на арене, где все представление идет «глаза в глаза», хотя «Ронкалли» вводит также и современные номера.

— Доброта — вот главное, что несет этот цирк,— говорит Олег Попов, который пришел на одно из первых представлений.— Клоунада бывает разной. Бывает и с пощечинами, когда хотят развеселить тем, что унижают человека. Мы, в нашем русском цирке, отказались от этого. И хорошо, что цирк «Ронкалли» не идет по грубому, примитивному пути. Такие гастроли помогают взаимообогащению.

Неистощимость выдумки в оформлении всего спектакля и каждого номера определяется многогранными талантами руководителя и основателя цирка «Ронкалли» Бернхарда Пауля. Сценарист, режиссер, художник, график (сам создает эскизы декораций, костюмов, вагончиков) и... клоун.

Всего полтора месяца назад цирк «Ронкалли» на кёльнской Новой рыночной площади праздновал свой десятилетний юбилей. «Путешествие к радуге», которое привез «Ронкалли» в Москву, сделало нас как бы участниками этого прекрасного праздника.

Н. КИЩИК.

zelt zu präsentieren. Ein Circus, so das Argument der Deutschen, könne auch ohne Worte seinen Zauber wirken lassen. Als der sowjetische Minister für Kultur, Juri Melentjew, im Winter zu Besuch nach Deutschland kommt, wird Bernhard Paul bei einem offiziellen Essen neben den Gast gesetzt. Vielleicht vermag der Circusdirektor den Politiker von der Notwendigkeit eines circensischen Austausches zwischen Deutschland und der Sowjetunion zu überzeugen.

Der Plan geht insofern auf, als sich Melentjew bei einem Gegenbesuch der deutschen Delegation in Moskau im Februar 1986 noch an den Mann mit den langen Haaren erinnert. „Clown“, sagt er mit schwerem russischen Akzent. Ist der Mann mit dem roten Schopf nicht Clown gewesen?

Der Auftritt verlangt an jeder Stelle Phantasie und Improvisationsvermögen, auf den Plakaten, beim Aufbaupersonal . . .

Darüber hinaus ist den Verhandlungen der Rheinländer wenig Glück beschieden. Mit mildem Lächeln verweisen die Gastgeber auf die großartigen Leistungen des Moskauer Staatscircus, zu dessen aktueller Premiere sie die Deutschen einladen. Fliegende Menschen, jonglierende Bären – wie soll einer wie Roncalli da mithalten? Was kann er dem circusverwöhnten Moskauer Publikum bieten? Man möchte, deuten die sowjetischen Regierungsvertreter an, den Gästen gerne eine Blamage ersparen.

Am letzten Tag des Besuchs dann die Überraschung: Nowak erhält die Zusage, daß die Regierung der Russischen Föderation den deutschen Circus in Moskau empfangen werde. Das Abenteuer kann beginnen. Zum ersten Mal in der Geschichte der Bundesrepublik reist ein deutscher Circus in die UdSSR.

Hin und her gehen während der kommenden Monate die Verhandlungen zwischen Moskau, Düsseldorf und Köln. Bis kurz vor dem Verladen der Circuswagen bleibt offen, ob das zehntägige Gastspiel stattfinden kann oder nicht. Mehrmals drohen finanzielle Engpässe das Projekt zum Scheitern zu bringen: Allein die Kosten für den Bahntransport durch vier Länder – Bundesrepublik, DDR, Polen und UdSSR – würden das gesamte Budget verschlingen, das das Kultusministerium zur Verfügung stellt. Zudem hat die russische Bahn eine andere Spurbreite als die bundesdeutsche. Alle Circuswagen müßten auf halber Strecke auf andere Waggons umgeladen werden. Als Paul im Frühling 1986 die genauen Zahlen auf den Tisch bekommt, will er aufgeben. Das ist nicht zu schaffen.

Aber nun ist der Ehrgeiz der Russen geweckt. Anfang Mai reist eine sowjetische Delegation nach Köln, um die verschreckten Circusleute zum Kommen zu überreden.

Vier Tage dauern die Verhandlungen in Pauls Wagen auf dem Neumarkt. Elfmal wird in dieser Zeit das Gastspiel ab- und wieder zugesagt, immer wieder verläßt der eine oder andere Verhandlungspartner verschnupft die Runde, um gleich darauf zurückzukehren. Bernhard Paul sitzt meist im Clownkostüm und in voller Maske am Verhandlungstisch. Er muß zwischendurch als „Pippo“ in die Manege.

Am vierten Tag zeichnet sich schließlich eine Einigung ab: Das Kultusministerium will das Budget erhöhen, die sowjetische Seite bietet an, Bahn-, Strom- und Hotelkosten sowie die Platzmiete zu übernehmen. Paul lenkt ebenfalls ein: Der Circus verzichtet auf einen Teil der Einnahmen.

. . . und bei der Beschriftung des Kassenwagens

Als endlich, am 18. Juni, auf dem Kölner Güterbahnhof ein Sonderzug der Deutschen Bundesbahn mit 40 bunten Roncalli-Wagen Richtung Moskau startet, ist Paul „wie gerädert“. Auch in Moskau reißt die Kette der Pannen zunächst nicht ab: Bei der Ankunft regnet es, der Platz an der Moskwa steht knöcheltief unter Wasser, die Traktoren versinken bis zu den Achsen im Schlamm, an einen Aufbau des Zeltes ist nicht zu denken.

„Porca Madonna, dieser Dreck!“ Die Flüche des sizilianischen Betriebsleiters Pipo sprechen allen Artisten aus der Seele.

Hilfe in der Not bringen schließlich ein russisches Straßenarbeiterbataillon (es pumpt das Wasser ab und asphaltiert innerhalb eines Tages den verschlammten Platz) – und die Rote Armee. Zusammen mit der buntgemischten Mannschaft von Roncalli ziehen die jungen Männer in den olivgrünen Uniformen im strömenden Regen das blaugelbe Roncalli-Zelt hoch, als hätten sie nie etwas anderes getan, und helfen bis in die Nacht hinein bei den Innenaufbauten. Paul ist beeindruckt. „Wozu sonst sollten Armeen da sein, wenn nicht zum Aufbauen von Circussen!“

Unter großer Anteilnahme Moskauer Marktfrauen finden Proben statt

Der Weißclown Cervantes hat, wie alle Roncalli-Clowns, seine Texte auf russisch einstudiert

26. Juni 1986, ein Donnerstag: Der Himmel über Moskau reißt auf, die Temperaturen, tags zuvor noch im Zehn-Grad-Bereich, klettern auf 25 Grad Celsius. Ab 18 Uhr 30 ist Einlaß für das Premierenpublikum.

Die Artisten sind an diesem Abend nervös wie seit Jahren nicht mehr. Hier geht es um mehr als um eine gute Premiere. Hier geht es darum, ein Publikum zu überzeugen, das bislang allein mit klassischer Circuskunst in höchster Vollendung in Berührung gekommen ist. Und es geht darum, bunte Träume über eine schier unüberwindlich scheinende Grenze zwischen zwei Gesellschaftssystemen zu transportieren.

Ouvertüre. Georg Pommer, der Nachfolger von Joe Schwarz, gibt sein Bestes. Pics Auftritt als Fotograf, Peter Shubs Spaziergang mit einem unsichtbaren Hund . . . Die ersten Zuschauer klatschen verhalten.

Paul kämpft bei seinem Auftritt als Zippo mit ungeahnten Schwierigkeiten. Angelo Munoz, Luis Cervantes und er haben sämtliche Texte der Clownnummern auf russisch einstudiert, doch bei Paul hat die Zeit nicht für eine optimale Vorbereitung gereicht. „Lesniza karotkaya", radebrecht er mit ungelenker Zunge – „Die Leiter ist zu kurz." Sein Gedächtnis auch. Er steckt fest! Verstohlen späht er auf sein rechtes Handgelenk, auf dem er sich vor der Vorstellung vorsorglich den russischen Text notiert hat. „Lesniza karotkaya."

Ein Lacher aus der Loge rettet Paul aus seiner Bedrängnis: Star-Clown Oleg Popow vom Moskauer Staatscircus amüsiert sich königlich über die Nöte des Kollegen. Damit ist das Eis gebrochen. Mit jeder Nummer steigt die Begeisterung der Zuschauer, beim Finale, wenn Pic seine Seifenblasen in den dunklen Circushimmel schickt, stehen die circusverwöhnten Moskauer in den Bänken und jubeln.

МОСКОВСКАЯ ПРАВДА
ОРГАН МОСКОВСКОГО ГОРОДСКОГО КОМИТЕТА КПСС И МОССОВЕТА
Газета издается с 18 июля 1918 года
№ 149 (20169) ● воскресенье, 29 июня 1986 года ● Цена 3 коп.

„Es ist ein lustiges, dem Karneval ähnliches Fest im Gange", berichtet die „Prawda" drei Tage später. „Sobald Sie die Eingangskontrolle passiert haben,

с пометкой «срочно»
Хоть трава не расти
ВЕСЕЛАЯ АРЕНА

„Roncalli lädt Sie ein" – begeistert äußert sich die Prawda zum Roncalli-Auftritt in Moskau

Eine Kunstreiterin des Circus posiert im Moskauer Kaufhaus Gum

empfängt Sie eine Schar bunt gekleideter Clowns, die Sie dazu bringen, all Ihre Sorgen und eventuelle schlechte Laune vor dem Circuseingang zu lassen."

Für die Moskauer Bürger ist es mehr als ein lustiges Fest – in Scharen strömen sie in den Circus, der seine Gäste mit Konfetti überschüttet und Träume statt Sensationen bietet. Clown Oleg Popow, nach Grock einer der berühmtesten seiner Zunft, sitzt sogar mehrmals in der Vorstellung. „Ihr habt wiedergeboren, was in unseren Manegen verlorenzugehen drohte", würdigt er die Leistungen der deutschen Kollegen – ein höheres Lob kann sich Paul nicht vorstellen. Gerührt nimmt er Popows Abschiedsgeschenk entgegen: dessen berühmte schwarz-weißkarierte Ballonmütze.

Nach der letzten Vorstellung am 6. Juli – auch NRW-Landesvater Johannes Rau sitzt unter den Zuschauern – ertrinkt die Manege nahezu in einem Meer von Blumen, der Direktor des Moskauer Staatscircus überreicht Paul einen Orden, mit dem sonst nur sowjetische Artisten und Clowns geehrt werden. „Spasiba!" Dieses Wort hat Paul in den vergangenen Tagen häufig gebraucht. „Spasiba" – „vielen, vielen Dank!"

Sechs Jahre später spielen die Artisten des Circus Roncalli ein zweites Mal vor ausländischem Publikum. Auftraggeber ist auch diesmal das Land Nordrhein-Westfalen: Im Au-

Die neben Grock wichtigsten Clown-Vorbilder von Bernhard Paul, die „3 Fratellinis“, sind in unzähligen Exponaten in der Circus-Sammlung von Bernhard Paul vertreten

gust 1992 schickt es den Circus als Kulturbotschafter von NRW zur Weltausstellung „Expo ’92“ ins spanische Sevilla, wo er zehn Tage vor ausverkauften Rängen im deutschen Pavillon auftritt.

Wintergarten & Co. – Roncallis Nebenschauplätze

Unermüdlich ist Paul auf der Suche nach neuen Impulsen. Weitere Projekte, eng verwoben mit seiner Idee von einem poetischen Circus und der Wiederbelebung alter Künste, beginnen ihn zu beschäftigen. Im Winterquartier in Köln-Mülheim nimmt die Circussammlung Roncalli die Dimensionen eines gigantischen Warenlagers an. Wie ein Besessener trägt Paul zusammen, was an vergangene Zeiten gemahnt, getrieben von der Angst, es könne ohne sein Bemühen in Vergessenheit geraten.

In mächtigen Schubladenschränken lagern Tausende Circusprogramme. Ausgestopfte Elefantenfüße aus dem Nachlaß längst verstorbener Circusdirektoren verstauben in den Ecken der Lagerhallen. Dosen, Lampen, Reklameschilder füllen deckenhohe Vitrinen und Regale. Bald kommen alte Fahrgeschäfte hinzu, Karussells, eine Wiener Droschke. 1982 kauft er den Nachlaß von Grock – Bücher, Briefe, Büsten, sogar die Fensterrahmen seines Hauses in Südfrankreich finden ihren Weg nach Köln. „Sammler“, sagt Bernhard Paul, wenn er Besucher durch die riesigen, bis oben vollgestopften Lagerhallen führt, „Sammler sind arme Schweine.“

Der Plan, ein Circusmuseum zu eröffnen, zerbricht letztlich an den Vorgaben der Bürokratie. Statt dessen beginnt Paul, mit seinem Fundus auf Reisen zu gehen. 1988 veranstaltet er in der Kölner Altstadt, zusammen mit der Lokalzeitung „Kölnische Rundschau“, den „Kölner Frühling“, ein mehrwöchiges Stadtfest, bei dem zum ersten Mal seine über 100 Jahre

In Vitrinen und Schubladenschränken trägt Bernhard Paul das zusammen, was er vor dem Vergessen bewahren will

alten Fahrgeschäfte und ein belgisches Spiegelzelt aus dem Jahr 1910 zum Einsatz kommen.

In den folgenden Jahren reist der Historische Jahrmarkt, bestückt mit einer „Reisenden Conditorei“, gußeisernen Schiffschaukeln und einem altmodischen Riesenrad, durch die Bundesrepublik. 1991 wird er zur baden-württembergischen Landesgartenschau eingeladen und steht sechs Monate in Hockenheim. Die Einrichtungen alter Kaufläden, die ursprünglich den „Boulevard of Broken Dreams“ bestücken sollen, werden an Warenhäuser vermietet.

Paul hat noch weitergehende Pläne. 1989 wagt sich der Circusexperte auf ein neues Terrain: Er betritt die Welt des Varietés. Das Varieté, sagt er, „ist eine alte Massenkunst“. Ebenso wie ihre Schwester, die traditionelle Kunst des Circusmachens,

Bernhard Paul hat eine der weltweit größten Sammlungen zur Circusgeschichte zusammengetragen

droht auch ihr im 20. Jahrhundert der Tod durch Vernachlässigung. Paul setzt dagegen. Ein Circus, sagt er, müsse auch über den Tellerrand schauen und dürfe sich nicht nur in der Sicherheit seiner eigenen Welt bewegen.

Am 20. Dezember 1989 hat sein erstes Varieté-Programm in der Alten Oper Frankfurt Premiere: „Varieté Roncalli". Der niederländische Sänger und Entertainer Robert Kreis führt durch die bunte Show, eine Mischung aus Komik und Akrobatik, die bis zum 10. Januar 1990 mehr als 60 000 Frankfurter anlockt. Mit dabei: Artisten von Roncalli und anderen Circusunternehmen. Sechs Jahre später, im Sommer 1995, folgt in der neuen Oper Frankfurt der „Sommernachtstraum – ein poetisches Varieté".

Das Spiegelzelt „Montevideo", einst ein mobiler Tanzpalast für Badegäste, wird im September 1990 Schauplatz eines weiteren Versuchs, dem Varieté neue Impulse zu verleihen. Zusammen mit den Starköchen Hans-Peter Wodarz und Alfons Schuhbeck zieht Paul in München ein Spektakel auf, das circensische wie kulinarische Künste miteinander verbindet: „Panem et circenses", Brot und Spiele, nennt sich das neue Veranstaltungskonzept.

Das „Verzehrtheater" ist eine Kombination aus exzellenter Küche und buntem Varieté-Programm. Eine Brigade schräger Clowns, die ausse-

Nicht nur das Thema Circus beschäftigt den Sammler Bernhard Paul. Eine Sammlung historischer Kaufläden, die mehr als 50 vollständige Geschäfte umfaßt, befindet sich ebenfalls auf dem Winterlagergelände des Circus

hen, als wären sie gerade im „Monty Python's Flying Circus" aufgetreten, mimen die Kellner und funktionieren das Bedienen der Gäste zu einem anarchischen Spaß um. Mit blasierter Miene präsentieren sie leere Teller, beschimpfen die Besucher oder servieren statt der bestellten Entenbrust ein schlappes Huhn aus Gummi. Zwischen den einzelnen Gängen zeigen Artisten aus dem Circus Roncalli ihre Künste: Tunga, die mongolische Schlangenfrau. Tino Fratellini und sein Partner Toni, die in dieser Saison das erste Mal mit einer komischen Bodenakrobatik bei Roncalli auftreten.

Den Gästen gefällt die burleske Mischung aus Haute cuisine und derbem Spaß. In Scharen kommen sie in das Spiegelzelt, mehrmals muß das kulinarische Gastspiel in München verlängert werden, über das sogar die „Washington Post" berichtet: „The Menu: Three-Ring Ribaldry".

Bis Ende 1992 touren Köche, Kellner und Akrobaten durch Deutschland. Auch das 15jährige Jubiläum von Roncalli wird 1991 in Köln auf dem Neumarkt mit einer Veranstaltung „Panem et circenses" begangen. Mehr als 600 Gäste feiern – und essen – mit, darunter auch Oleg Popow. Ein Jahr später entzweien sich die

Der Historische Jahrmarkt von Roncalli gastiert im Jahre 1991 sechs Monate bei der Baden-Württembergischen Landesgartenausstellung in Hockenheim

Im Winter 1989/90 gastierte das „Varieté Roncalli" zum ersten Mal in Frankfurt in der Alten Oper. Im Sommer 1995 folgt ein weiterer Auftritt in der neuen Oper Frankfurt: „Sommernachtstraum – ein poetisches Varieté"

„Eine der Krankheiten im Circus ist die Betriebsblindheit: Man muß immer über den Tellerrand schauen. Ein bißchen Circus ist auch in Modeschauen, Theaterstücken und Rockkonzerten." *(Bernhard Paul)*

„Panem et circenses", eine burleske Mischung aus Haute cuisine und Artistik, erblickt das Licht der Welt beim Roncalli-Gastspiel in München 1990

Bei „Panem et circenses" traten viele Roncalli-Artisten auf – hier Joseph Bouglione. Das Verzehrtheater lebt von der Nähe von Publikum und Künstlern

Freunde: Wodarz geht in die USA, um in Atlanta – nicht eben erfolgreich – ein ähnliches Projekt aufzuziehen, Bernhard Paul wendet sich anderen Ideen zu.

Am 13. Dezember 1991 hat seine Produktion „Clowns" in der Freien Volksbühne Berlin Premiere, auch dies eine Verbeugung vor der Varieté-Kunst. Bis zum 31. Dezember erleben die Berliner, die sich ein Jahr zuvor bereits für André Hellers „Wintergarten-Varieté" begeisterten, eine Clownsshow, bei der die besten Spaßmacher der Welt mitwirken. Einige sind bereits bei Roncalli aufgetreten: Peter Shub, Weißclown Francesco Caroli, Angelo Munoz.

„Das ist die letzte Konferenz der komischen Männer", unkt Paul, der die Zunft der Spaßmacher vom Aussterben noch vor dem Jahrtausendwechsel bedroht sieht. Er irrt: Es ist die vorletzte Konferenz.

Im Dezember 1993 findet die Clownsshow im frisch renovierten Wiener Varieté Ronacher eine Fortsetzung: „Clowns II".

1992 verwirklicht Paul einen weiteren, lange gehegten Traum. Er er-

Das Spiegelzelt „Montevideo" aus der Sammlung von Bernhard Paul ist Schauplatz von „Panem et circenses"

weckt ein altes Varieté-Theater zu neuem Leben, den legendären „Wintergarten“ in Berlin. Der Konzertmanager Peter Schwenkow, mit dem Bernhard Paul seit Jahren zusammenarbeitet, gibt den Anstoß zu dem Neubau des Theaterpalastes, der in den zwanziger Jahren zu den berühmtesten in Europa zählte. Unter einem Sternenhimmel aus Glühbirnen traten sämtliche Größen der Unterhaltungskunst auf: Grock, der Jongleur Rastelli, Claire Waldoff. „Wir finden hier in der Regel ein flottes Ballett mit reizenden Solotänzerinnen, außerdem aber auch Flach- und Hochturner“, schwärmt ein zeitgenössischer Feuilletonist. 1944 wird das Theater an der Friedrichstraße, das den braunen Machthabern seit Jahren ein Dorn im Auge ist, durch Brandbomben zerstört.

Peter Schwenkow plant, das Traditionsvarieté an anderer Stelle, in der Potsdamer Straße, neu zu errichten, kleiner zwar, aber mit einem ähnlichen Programm wie zu seiner Blütezeit. Mehr als acht Millionen ist ihm der Wiederaufbau wert. Paul soll sich um die künstlerische Seite kümmern. Und noch jemand mit einem zugkräftigen Namen wird an dem Projekt beteiligt: André Heller.

Heller und Paul, die beiden ehemaligen Freunde und Geschäftspartner, haben seit 16 Jahren kein Wort mehr miteinander gewechselt.

„Möchtegern-Inquisitor wider die Poesie“, schilt Heller Paul in einer

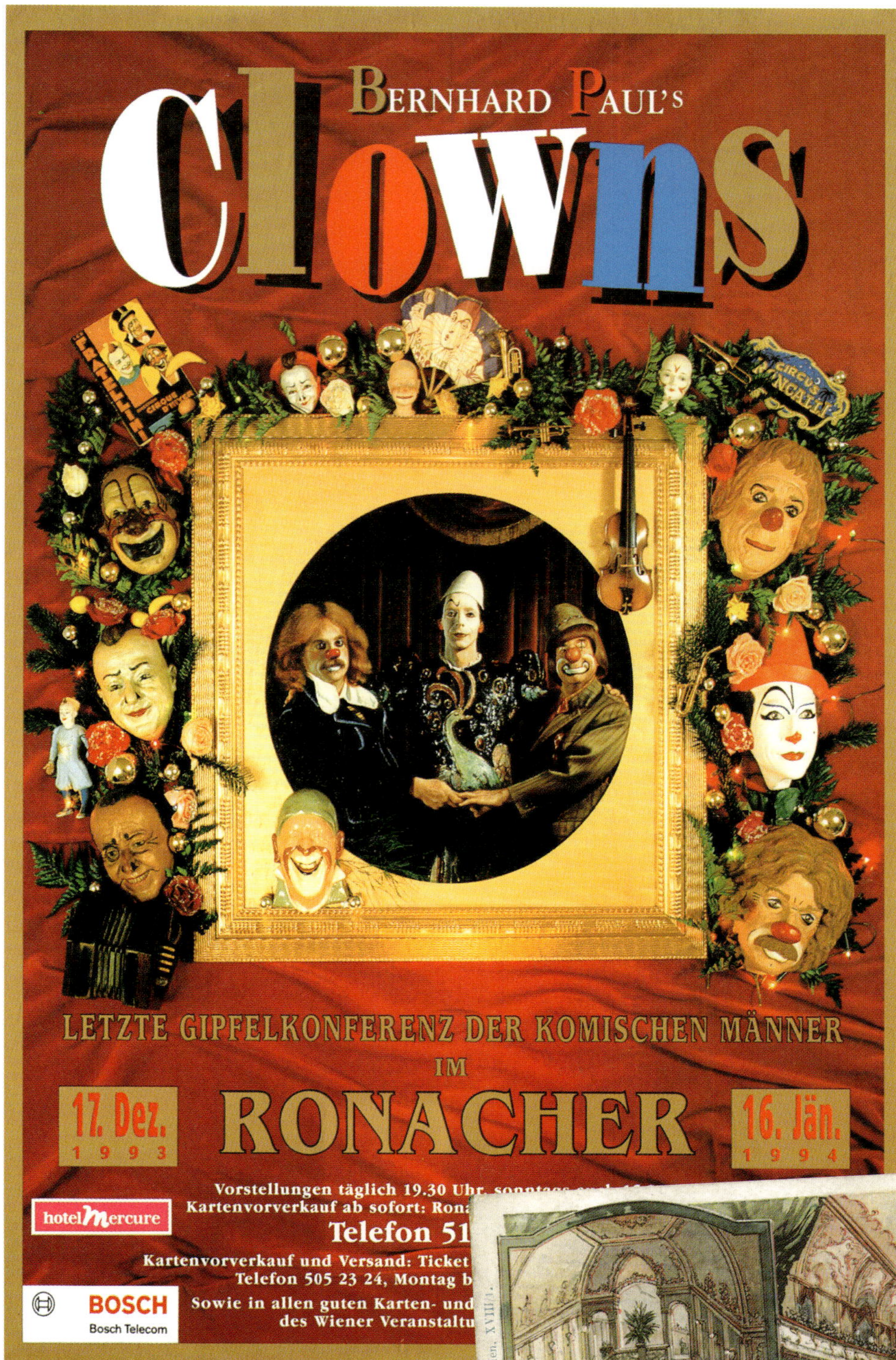

Am 13. 12. 1991 feierte das Projekt „Clowns“, eine Idee von Bernhard Paul, seine Premiere in Berlin. „Die letzte Konferenz der komischen Männer“ fand wegen ihres großen Erfolges mit „Clowns II“ im Wiener Varieté-Theater Ronacher im Jahre 1993 ihre Fortsetzung

Pressekonferenz kurz nach ihrem Zerwürfnis. „Mit fremden Federn geschmückter Heino der Scheinintellektuellen“, kontert Paul Jahre später in einem Radiointerview. Auch ein Buchpräsent Hellers mit handschriftlicher Widmung „zum zehnjährigen Jubiläum unseres Kindes“ vermag ihn 1986 nicht zu versöhnen.

Ein erstes Telefongespräch, das durch einen Zufall zustande kommt, bricht 1992 das Eis. „Wir müssen uns unbedingt sehen“, drängt Heller. Wenige Wochen später reist er nach Köln und trifft sich mit Paul im Winterquartier von Roncalli. Stundenlang sitzen sie bei Spaghetti und Rotwein zusammen, um aufzuarbeiten, was sie 16 Jahre zuvor entzweite. „Gefühlsgeröll-Lawinen gehen nieder.“ Heller, sagt Paul, „erinnert sich an jede seiner Schandtaten und zählt sie auf“. Für Paul hat diese Reihe lange zurückliegender Kränkungen eine reinigende Wirkung. „Es ist, als würde ein Tonband gelöscht. Ich weiß noch alles, was damals passiert ist,

Im Jahre 1992 erweckt Bernhard Paul zusammen mit André Heller und Peter Schwenkow das alte Berliner Varieté-Theater „Wintergarten“ zu neuem Leben. Auf der Bühne sind erstmals Bernhard Paul und André Heller wieder gemeinsam zu sehen

aber es hat keine Bedeutung mehr.“ Einer erneuten Zusammenarbeit zwischen Paul und Heller steht nichts mehr im Wege.

Am 25. September 1992 feiert der „Wintergarten“ an der Potsdamer Straße seine Wiederauferstehung. Auf dem Programm: der große Carasani, der Mann, dem beim Rauchen der Zigarettenqualm aus den Ohren quillt. Der Pantomime David Shiner, der bereits bei Roncalli und später in einer eigenen Broadway-Show begeisterte. Das englische Komikballett „Jelly Rolls“.

„Wir haben einen Vatikan des Varietés geschaffen“, erklärt Heller vollmundig. „Hier soll dem aussterbenden Volk der Artisten eine neue Würde gegeben werden.“ Das Innere trägt die Handschrift von Paul. In Glasvitrinen sind berühmte Varieté-Requisiten aus seiner Circussammlung untergebracht: die Zauberbälle des Rastelli, ein Kostüm von Grock. Das Publikum dankt für die Mühen: Schon vor den Start sind 10 000 Karten verkauft.

Roncalli-Stil – die Arbeit mit den Artisten

In Bochum geht im Herbst 1992, nach einer Laufzeit von 13 Jahren, „Die Reise zum Regenbogen“ zuende. Von den Artisten der Gründerzeit ist niemand mehr dabei: André Faulhaber und das „Trio Olympiades“ verabschieden sich 1985, Faulhaber zieht sich an die Côte d’Azur zurück. Im selben Jahr klettert John Ak ein letztes Mal als Froschmensch auf sein Seerosenblatt. Pic, jahrelang das Aushängeschild von Roncalli und als Pierrot Lunaire Inbegriff des romantisch-poetischen Stils der achtziger Jahre, verläßt den Circus 1987, um in Sankt Gallen als Pantomime zu arbeiten.

Fredi Codrelli, der alte, treue Weggefährte aus Wiener Tagen und längst „ein Stück Roncalli-Geschichte“, ist schon 1983 von Angelo Munoz abgelöst worden. Seitdem lebt er in einem Seniorenheim in Wien und trauert den zahllosen Auftritten mit Pippo nach, die die letzten seiner langen Clownkarriere waren. „Bauli“, sagt er, wenn Bernhard Paul ihn besucht, „Bauli, Altwerden ist Scheiße.“

Auch Luis Cervantes verläßt den Circus. Sechs Jahre, von 1983 bis 1988, hat der ehemalige Varieté-Tänzer in der Roncalli-Manege gestanden – ein eleganter Weißclown, den Paul nach einem Unfall, der ihm das Weitertanzen unmöglich macht, in den Circus holt und zum Clown ausbildet.

Sein Nachfolger wird Francesco Caroli. Caroli ist der letzte in der Garde der alten Weißclowns, ein Mann von über 70. Seit über 50 Jahren spielt er den Weißclown. Paul hat ihn schon als Kind bewundert. Damals trat Caroli mit seinen Brüdem Enrico und Ernesto auf, mit de-

Nach 16 Jahren treffen sie sich in Berlin wieder: André Heller und Bernhard Paul begraben bei Spaghetti und Rotwein ihren Zwist. Einer kreativen Zusammenarbeit bei künftigen Projekten steht nichts mehr entgegen

Anläßlich seines zwanzigjährigen Jubiläums im Jahre 1996 nimmt der Circus Roncalli mit eigenem Wagen am Kölner Rosenmontagszug teil

Roncalli war der erste Circus, der mongolische Artisten nach Europa brachte. Hier im Bild die Kontorsionistinnen „Kim & Sum", die heute als „Tunga & Tchymek" weltweit gastieren

nen er bis Mitte der achtziger Jahre eines der besten und berühmtesten Clowntrios der Welt bildete, die „Drei Francescos". Enrico ist schon lange tot, Francesco geht als Lehrer für Artisten an die Staatliche Circusschule nach Châlons-sur-Marne in Frankreich. Doch Bernhard Paul holt ihn 1989 zurück in die Manege, wo er bis heute jeden Tag das Clown-Entrée spricht und den Weißclown spielt.

Am 6. April 1993 geht Roncalli in Aachen mit einem brandneuen Programm an den Start, das drei Jahre laufen soll:

„Commedia dell'Arte" nennt Bernhard Paul es, eine Reminiszenz an die Verbundenheit seines Circus mit den burlesken Künsten der italienischen Volkskomödie. 1996, zum 20jährigen Jubiläum, folgt das siebte Programm in der Geschichte des Circus, „Die Legende lebt".

Das Programm von Roncalli ist einem ständigen Wandel unterworfen. Manche Nummern wie René Stricklers Raubtierschau bleiben Jahre auf dem Spielplan, andere werden nach wenigen Monaten verabschiedet. Doch nie wird ein Programm innerhalb eines Jahres komplett ausgewechselt. Bernhard Paul hat es sich zur Devise gemacht, von Saison zu Saison höchstens ein Drittel der alten Nummern gegen neue auszutauschen. Die verbleibenden zwei Drittel, so seine Erfahrung, integrieren problemlos die Neuzugänge, ohne daß sich der Charakter eines Programms entscheidend verändert.

Schon 1976 hat Paul genaue Vorstellungen von den Stücken, die in „seinen" Circus hineinpassen. Pudelnummern und Schimpansen im Matrosenanzug sind ihm ein Greuel, ganz zu schweigen von „Fakiren und

Roncalli-Weißclown Francesco Caroli mit seiner Ehefrau vor seinem Wagen, der als einziger Wagen nicht die Aufschrift „Roncalli", sondern „Caroli" trägt, eine Verneigung vor dem großen, alten Clown, die dadurch erleichtert wird, daß im Wort „Roncalli" das Wort „Caroli" enthalten ist

Francesco Caroli blickt auf mehr als 50 Jahre Manegenerfahrung zurück

Der Amerikaner David Shiner kommt im Jahre 1984 zu Roncalli, nachdem ihn Bernhard Paul auf dem Pariser Circusfestival „entdeckt“ hat

anderen unästhetischen Sachen". „Wir wollen", sagt er, „keinen Todeskitzel und keinen Zoo auf Rädern. Wir möchten erlesene Circuskunst präsentieren" – ein Prinzip, dem er bis heute treu geblieben ist.

Das, was als „Roncalli-Stil" bekannt ist, wird erst im Jahr 1980, mit der ersten „Reise zum Regenbogen", geboren – verträumt-nostalgische Nummern, die sich an der alten Circustradition orientieren und Künste wiederbeleben, die im technikgläubigen 20. Jahrhundert in Vergessenheit zu geraten drohen. Die einzelnen Auftritte sind eingebettet in ein Gesamtkonzept, das den dramaturgischen Regeln des Theaters folgt, die Übergänge zwischen den Szenen sind fließend.

Unermüdlich sucht Paul Artisten, die in sein Konzept vom Circus hineinpassen. Er besucht regelmäßig das renommierte Circusfestival in Monte Carlo und das kleinere, alternativ ausgerichtete Festival „Cirque de Demain" in Paris, zu dessen Jury er jahrelang gehört. Hier entdeckt er beispielsweise den amerikanischen Pantomimen David Shiner, der 1984 zu Roncalli kommt und später zum kanadischen Alternativ-Circus Cirque du Soleil wechselt. Shiner ist zuvor jahrelang als Straßenpantomime aufgetreten. Bei Roncalli steht der spindeldünne Komiker zum ersten Mal in seinem Leben in einer Manege. 1992 tritt er im Programm des Berliner Varieté-Theaters „Wintergarten" auf.

Auch Peter Shub, studierter Soziologe und Straßenkünstler wie sein Landsmann Shiner, tritt auf dem Pariser Festival erstmals vor ein Fachpublikum (und bekommt prompt eine Silbermedaille). Vorher hat er in Paris als Theaterschauspieler und

Tino Fratellini (links), hier mit Partner Toni, kommt im Jahre 1989 zu Roncalli, wo er als Weißclown auftritt, später dann auch mit seinem Partner als „Tino & Toni"

Joseph Bouglione, Sproß der berühmten Bouglione-Familie aus Paris, steigt 1989 bei Roncalli aufs Seil

Oft kopiert, nie erreicht: „Les Frères Taquins", Goldmedaillengewinner beim Circusfestival von Paris

Regisseur gearbeitet. Paul erkennt auf Anhieb das komische Talent des Mannes, der 1986 mitreist nach Moskau und bis 1989 vier Tourneen von Roncalli begleitet. 1994 kehrt er noch einmal zurück und bleibt eine Saison.

„Hi" ist das einzige Wort, das ihm während seines Auftritts über die Lippen kommt, wenn er als amerikanischer Tourist mit dicker Brille und einer winzigen Kamera auf Fotojagd geht. Ebenfalls ein Publikumsrenner: Shubs Auftritt mit einem unsichtbaren Hund.

Andere Artisten stammen aus alten, renommierten Circusfamilien. Zu ihnen gehört Joseph Bouglione, der 1989 zum ersten Mal bei Roncalli aufs Seil steigt und bis heute zu den Stars der Truppe gehört. Der junge Seiltänzer stammt aus der französischen Circusfamilie Bouglione. Sein Großvater Joseph, berühmt-berüchtigt in der ganzen Circuswelt, kaufte einst in Paris den legendären „Cirque d'Hiver", einen festen Circusbau aus dem 19. Jahrhundert, der noch heute in Familienbesitz ist. Paul lernt den Senior kennen, als der eine Vorstellung von Roncalli besucht. „Ich weiß nicht, wie sie es machen, aber sie machen es gut", lobt der Alte die deutschen Kollegen. Kurz vor seinem Tod schenkt er Paul einen seiner vielen Cowboyhüte und einen Stock mit einem silbernen Elefantenknauf, Geschenke, die Paul „wie eine Auszeichnung" empfindet.

Den Enkel, der schon als Kind von einer Karriere als Seiltänzer träumte, stylt Paul zum Zigeuner: hohe Stiefel, enge Hose, das lackschwarze Haar wird streng zurückgekämmt. Mit Verve tanzt Joseph Bouglione jun. Kasatschok auf dem Seil und schlägt drei Meter über dem Sägemehlboden doppelten Salto, was ihm vor allem die Bewunderung der Zuschauerinnen einträgt: Bouglione bekommt in jeder Saison waschkörbeweise Fanpost.

Enkel einer Legende ist auch Tino Fratellini, ein Allroundkünstler mit einer ausgeprägt komischen Ader. Sein Großvater François, Mitglied der „Drei Fratellinis", war seinerzeit einer der berühmtesten Weißclowns von Europa. Unter Pauls Anleitung tritt Tino 1989 in seine Fußstapfen und spielt eine Saison lang den Weißclown von Roncalli. Ansonsten steht er zusammen mit seinem Partner Toni als komischer Bodenakrobat in der Manege, eine Nummer, die

Eliana Larible-Paul mit ihren Pferden Amadeus und Robby

dem Duo 1992 beim 16. Internationalen Circusfestival in Monte Carlo den „Silbernen Clown“ einträgt. Sein Tod im Jahr 1994 beendet Tino Fratellinis Karriere.

Paul schlägt mitunter auch unkonventionelle Wege ein, um neue Artisten zu finden, deren Können seinen Vorstellungen von Circus entspricht. So engagiert er 1986 die Kunstturner Alfred Lefèbre, Heidi Bieg und Annette Rudolph und kreiert für sie eine Circusnummer im Roncalli-Stil. Das gelenkige Trio gehört jahrelang zur deutschen Nationalmannschaft der Kunstturner und Kunstturnerinnen. Lefèbre nimmt 1983 in Budapest an der Weltmeisterschaft teil.

„Mouvance“ war seinerzeit eine der international besten Trapeznummern und Goldmedaillengewinner beim Circusfestival von Paris, von wo aus sie direkt zu Roncalli kamen

1986 engagiert Bernhard Paul die Kunstturner Alfred Lefèbre, Heidi Bieg und Annette Rudolph, alle Mitglieder der deutschen Turnnationalmannschaft und Olympiateilnehmer, für Auftritte bei Roncalli

Eine der Zugnummern des Roncalli-Jubiläumsprogramms ist die englische Gruppe „Nuts & Bolts", die Bernhard Paul in London „zufällig" wiederentdeckt

Der Akrobat Giovanni Huesca wurde von Bernhard Paul zum „Dummen August Fumagalli“ „geclownt“

„Kopieren is
Todsünde im
blöd, als ob
denselben Fi

Eine der Zugnummern des Jubiläumsprogramms 1996, die „Nuts & Bolts“, entdeckt er durch Zufall in London. Ein Foto der betagten Herren, jeder von ihnen ein Showprofi mit jahrzehntelanger Bühnenerfahrung, ziert einen Werbeprospekt, der Paul bei dem Besuch eines Wohltätigkeitsballes für alte Artisten in die Hände fällt. Der Titel des Programms „Die Legende lebt“ ist inspiriert von ihrem Motto „The Legend grows“ – die Legende wächst.

Selten übernimmt der Circusprofi eine Nummer in ihrer ursprünglichen Form. „Ich will dich, nicht deine Nummer“, warnt er die Artisten, ehe er ihre Auftritte nach seinen Vorstellungen umformt und in das Gesamtkonzept des Circus einpaßt. „Ich style euch und gebe euch eine neue Identität“ – eine Vorgehensweise, an die sich manche Künstler erst widerstrebend gewöhnen müssen.

So krempelt er die Nummer des spanischen Jongleurs Manuel Alvarez, der 1985 zum ersten Mal bei Roncalli auftritt, komplett um. Musik („Eviva España“), Kostüm (Artistenoverall im Stil der sechziger Jahre), Dramaturgie des Auftritts (immer mehr, immer größere Bälle) – alles wird verändert, um daraus eine in sich stimmige Roncalli-Nummer zu machen. Vier Tourneen lang trägt Alvarez handbestickte Torero-Kostüme und zeigt am Schluß seines Auftritts ein Kunststück, das vor allem durch seine optische Wirkung besticht: Er jongliert mit leuchtendweißen Tellern.

Es dauert Wochen, den Artisten davon zu überzeugen, daß bei Paul die Optik und nicht unbedingt die artistische Leistung die Dramaturgie eines Auftritts bestimmt. „Die Teller“, jammert er, „die sind doch kein Schlußtrick, das ist doch was ganz Einfaches.“

Giovanni Huesca, den er 1992 im Österreichischen Nationalcircus zusammen mit seinem Bruder Darix mit einer Kaskadeurnummer sieht, „clownt“ Paul zum „Dummen August Fumagalli“. Er entwirft ein unverwechselbares Outfit für den schwarzgelockten Italiener: Die Haare stehen über der Stirn und an den Seiten wie Spatel vom Kopf ab. Zwei einfache Kreuze, wie von Kinderhand gemalt, markieren die Augen. Gemeinsam mit Paul und dem Weißclown Francesco Caroli tritt Huesca – als Nachfolger von Angelo Munoz – als „Clown-Trio Infernale“ auf und bestreitet die Zwischenspiele zwischen den Nummern.

Auch der Auftritt der fünf „Nuts & Bolts“ findet vor Pauls Augen keine Gnade: Die Nummer „hat Staub angesetzt im Laufe der Jahre“, alles „ist ein wenig übertrieben, ein bißchen schmuddelig“. Längen müssen herausgestrichen, Akzente anders gesetzt werden. Das Outfit der Herren gibt ebenfalls Grund zur Klage. Paul nimmt ihnen die roten Socken weg, in denen sie bislang aufgetreten sind,

die weitverbreitete
rcus – das Resultat ist so
lle Kinos einer Stadt
spielen.“ *(Bernhard Paul)*

und besorgt in Wien perfekt geschnittene alte Fräcke. Dem Schotten, der jahrelang in einem selbstgenähten Kostüm auf die Bühne ging, kauft er einen Original-Schottenrock.

Paul ist seinem Prinzip, Circus als ein Gesamtkunstwerk zu betrachten, bis heute treu geblieben. Geblieben ist auch die Grundidee, eine Circusaufführung als durchkomponierte Inszenierung zu begreifen. Gewandelt indes haben sich die Inhalte des Roncalli-Programms.

So hat Paul das Timing den veränderten Bedürfnissen der Zuschauer angepaßt und die Vorstellungsdauer auf zweieinhalb Stunden reduziert. Die Auftritte der Artisten sind kürzer geworden im Zeitalter der Videoclips, die Gags der Spaßmacher schneller. Auch Design und Optik haben sich gewandelt: Roncalli hat den Flitter der ersten Jahre abgestreift. Verschwunden sind die bunten Schmetterlinge, die Kopffüßler und Zebras, die anfangs das Image des Circus Roncalli prägten.

„Wir können heute nicht mehr Circus machen wie vor 15, 20 Jahren", weiß Paul. „Die Poesie war eine Sache der Achtziger. Das ist vorbei, und nichts ist schlimmer, als dem Zeitgeist hinterherzuhinken." Nur die Konfetti, mit denen die Zuschauer zur Begrüßung überschüttet werden, erinnern noch an alte Zeiten.

Selbstkritisch betrachtet Paul ab und zu die Videoaufnahmen von den ersten Reisen zum Regenbogen. Die

Fumagalli tritt bei Roncalli die Nachfolge von Angelo Munoz an und bestreitet fortan mit Weißclown Francesco und Clown Zippo das große Clown-Entree

Muskelspiele der Goldmenschen. Die „fernöstlichen Illusionen aus dem Krug der Shi“. Mi-La-Nas chinesische Schwertbalancen. „Wir waren“, sagt er, „eine wunderschöne Verpackung, aber eine Verpackung ohne Inhalt, mehr Ausstattung als Können.“

Roncalli heute – das ist „klassischer Circus, und klassisch heißt nicht alt, sondern frei von Schnörkeln und anderen Dingen. Der Tradition verpflichtet, aber dennoch innovativ.“ Die Klassik, davon ist Paul nach mehr als 20 Jahren Manegenerfahrung überzeugt, „ist die einzige Richtung, in der man heute überleben kann. Und das muß man versuchen, auf höchstem Niveau zu machen“.

Stärker als in den Anfangsjahren zählen Können und artistische Leistung. „Verpackung und Inhalt haben auf höherem Niveau gleichgezogen.“ Mehr denn je gilt sein Augenmerk den beiden traditionellen Circuskünsten: den Pferde- und den Clownnummern. „Ich will“, verheißt er für die Zukunft, „mehr Programme machen, bei denen man lachen kann.“

Den Clowns gilt von Anfang an die ganze Liebe von Bernhard Paul. Das klassische Clown-Entree erlebt bei ihm eine Renaissance, er pflegt die Triobesetzung, die ebenfalls aus der Mode geraten ist. Seit 1993 werden die clownesken Zwischenspiele immer wichtiger und lösen die poetischen Nummern ab, die in den ersten Jahren das Programm zusammenhielten.

Die Circuswelt verdankt der dreiteiligen „Reise zum Regenbogen“ entscheidende Impulse, die bis heute Wirkung zeigen. Vor allem die kleinen Unternehmen, angetan vom Erfolg des Alternativcircus, begraben schnell ihre Vorbehalte gegen die Neuerungen, die Roncalli einführt. Viele versuchen, in ihre Vorstellungen „poetische Elemente“ einzubauen, oder kopieren komplett das Konzept von Roncalli.

Plötzlich werden mit den Nummern kleine Geschichten erzählt, man beginnt wieder, auf Inhalte und die Dramaturgie der Auftritte zu achten. Es wird verstärkt Wert auf eine ansprechende Optik und originelle Kostüme gelegt. Selbst die Circusorchester kommen zu neuen Ehren. Die Einflüsse von Roncalli reichten bis nach Kanada, wo Mitte der achtziger Jahre der „Cirque du Soleil“ mit

Inhalt und Dramaturgie der Auftritte, eine ansprechende Optik und originelle Kostüme sind für Bernhard Paul die Schlüssel zum Erfolg einer Nummer. Mit der Schweizer Nummer „Mummenschanz“ . . .

... *betritt er circensisches Neuland, mit großem Erfolg. „Mummenschanz" ist eine der innovativsten Gruppen bei Roncalli und wird vom Publikum mit Begeisterung aufgenommen*

dem Vorsatz antritt, „den Circus neu zu erfinden". Auch die Roncalli-Architektur wird kopiert. Lichterbögen und Holzzäune, vordem in die Rumpelkammern der modernen Circusse verbannt, erleben eine Renaissance, ebenso die buntbemalten Wagen.

An seinem Platz in der Circusgeschichte gibt es für Paul, der einst

„Licht, Musik und Kostüme sind die halbe Vorstellung."

(Bernhard Paul)

Der russische Clown und Zauberer Shmarlowsky, der aus einem Pelzmantel lebende Nerze zaubert, träumt mit seiner Gans auf dem Kutschbock

„Der
um a
scho
Kart

antrat, die marode circensische Kunst zu neuer Blüte zu führen, denn auch keinen Zweifel. „Wir haben den poetischen Circusstil kreiert und neue Impulse gebracht. Ohne uns wäre der Circus heute schon tot."

Die Legende lebt

25. Mai 1996. Der Samstag vor Pfingsten. Vor dem Kassenwagen von Roncalli auf dem Kölner Neumarkt wartet geduldig ein Pulk von Menschen. Die Geschäfte haben längst geschlossen, ein paar Spaziergänger bummeln in der Innenstadt von Schaufenster zu Schaufenster. Vor der Videowand eines Kaufhauses drängen sich die Neugierigen.

Vor 16 Jahren hat der Circus auf dem Josef-Haubrich-Hof seine Wiederauferstehung gefeiert. Längst ist der Platz bebaut, ein mehrstöckiges Ärztehaus verstellt die Sicht auf die in die Jahre gekommene Stadtbibliothek. In der kleinen Parkanlage zwischen den Gebäuden treffen sich manchmal die Fixer und Säufer, die die Polizei vom Neumarkt vertrieben hat.

Paul ist nervös wie vor jeder Premiere. Fünf Wochen zuvor, am 18. April, hat das Jubiläumsprogramm „Die Legende lebt", das siebte in der 20jährigen Geschichte des Circus, in Aachen Uraufführung gefeiert, umju-

Traditionell war es den Artisten vertraglich verboten, sich während des Einlasses im vorderen Bereich des Circus aufzuhalten. Roncalli feiert bei seinen Auftritten täglich ein Fest, bei dem die Gäste von den Artisten und Musikern herzlich begrüßt werden, so wie es sich für gute Gastgeber gehört. Diese neue Einstellung wurde von fast allen Circussen direkt kopiert

ircus darf nicht erst t anfangen, er muß anfangen, wenn man die kauft."

(Bernhard Paul)

belt von den Zuschauern und begeistert gefeiert von der Presse.

„Circus Roncalli entführt in die Traumwelt der Phantasie", jubelt die „Aachener Volkszeitung" enthusiastisch. Doch Köln ist etwas anderes, Köln ist Heimat. „Die eigentliche Premiere findet hier statt."

An diesem 25. Mai sind die Gäste nicht verkleidet. Kein André Faulhaber tupft ihnen rote Punkte auf die Nasen und sagt: „Oh, Sie schauen heute aber gut aus!" Doch wie eh und je fliegen den Besuchern bunte Konfetti entgegen, die sie noch Wochen später an den Circusbesuch erinnern.

Die Kölner Prominenz ist reich vertreten: der Oberstadtdirektor, der 1996 Lothar Ruschmeier heißt, ist geladen. BAP-Chef Wolfgang Niedecken, Künstler HA Schult und seine Muse Elke Koska. Volksschauspieler Willy Millowitsch sitzt in der Eh-

Farbenfrohe Phantasiekostüme waren von jeher das Markenzeichen von Roncalli

Vladimir Tsarkov, Goldmedaillengewinner des Circusfestivals von Paris, war von 1994 bis 1996 bei Roncalli

renloge, weißhaarig, ein wenig gebeugt vom Alter.

Zwanzig Uhr: Rote und weiße Scheinwerfer tauchen die Manege in geheimnisvolles Licht. „Yes, Sir, that's my baby", intoniert das Orchester. Band-Leader ist nach wie vor Georg Pommer. Fünf CDs mit Roncalli-Musik hat der Musiker in den vergangenen Jahren herausgebracht, einer, der nicht loskommt vom Circus und inzwischen selber Circusmusik komponiert. „No, Sir, that's your lady . . ."

Mit einem goldschimmernden Saxophon in der Hand tritt Francesco Caroli ins Scheinwerferlicht. Auf dem Kostüm des Weißclowns funkeln Tausende Pailletten. Weiße Schminke überdeckt die scharfen Falten, die mehr als 70 Jahre Circusleben in das Gesicht des alten Artisten gegraben haben.

„Herzlich willkommen im Circus Roncalli. Lassen Sie Ihren Kummer draußen, werden Sie Kind, werden Sie Clown. Achtung, Manege frei! Das Spiel beginnt."

Souvenirs, Souvenirs . . .

Roncalli gastiert im Jahre 1996 in Essen vor dem von Alvar Aalto entworfenen Theater

Vladimir Tsarkov, der „Arlequin rouge“, in dieser Saison erstmals bei Roncalli, wirbelt in die Manege. Blitzschnell wirft der Jongleur und Akrobat sieben orangerote Reifen in die Luft, läßt sie hoch oben in der Luft tanzen, während er seinen Körper dehnt und knotet, wie es ein John Ak nicht besser konnte. Angefeuert durch das Orchester, tanzt Seiltänzer Joseph Bouglione einen Kasatschok auf dem Seil, schlägt Salto, einmal, zweimal. Fumagalli, ein Publikumsliebling wie einst Pic, tollt zwischen den einzelnen Nummern durch die Manege, mit Augen wie Sterne und Haaren wie Spatel.

Im Jahre 1994 erhält Bernhard Paul aus den Händen von Johannes Rau den Verdienstorden des Landes Nordrhein-Westfalen und zwei Jahre später das Bundesverdienstkreuz, das ihm von Bundespräsident Roman Herzog überreicht wird

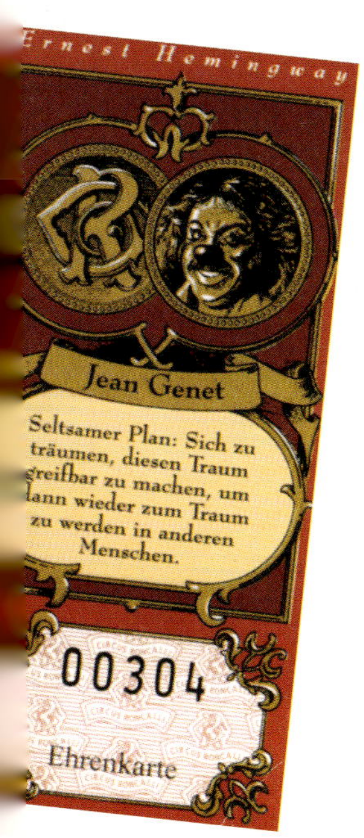

Paul hat darauf verzichtet, alte Nummern, von denen er sich innerlich längst verabschiedet hat, in das Jubiläumsprogramm aufzunehmen. „Die Legende lebt“ ist vielmehr eine eigenwillige Verbeugung vor der Tradition des Circus. „Der klassische Circus“, sagt er, „ist in England entstanden.“

Dort wurden, in einer Manege mit einem Radius von 13 Metern, die ersten Pferdenummern gezeigt. Konsequent hat Paul daher dem Programm einen englischen Anstrich gegeben. Das Orchester spielt alte Beatles-Songs, „weil die Beatles aus London kommen“. Das englische Ballett und die Horseguards treten in Uniformen der königlichen Palastwache auf, die der Hofschneider der Königin von England originalgetreu nachgeschneidert hat.

Das Kölner Premierenpublikum weiß die Mühen zu würdigen. Beim Finale steht es in den Bänken und klatscht sich die Hände wund. Bravo, bravo! Paul strahlt. Schüttelt Hände. Läßt sich umarmen. Küßt Millowitsch. Hier steht „der Mann, der, wenn's schiefgeht, ins Gefängnis muß“ – erst 16 Jahre sind seitdem vergangen.

In den folgenden Wochen ist jede der 100 Vorstellungen ausverkauft, mehrmals wird das Gastspiel verlängert. Wer eine Karte haben will, muß

Kein Kuß. Leon Askin mit „Obereunuch“ Bernhard Paul (Roncalli).

40/96 NEWS

Dort ... en, doch zu... ...ien Sujet geographisch unpräzise – ein ... hat es g... fallen.“ Nur Birgit Sarata, die

s Gratzer ... eim, bei ... noch im- ... nur Ge- ... Denn so ... en Qua- ... so wenig ... te man ... te lang- ... lem in ... , in de- ... Theater

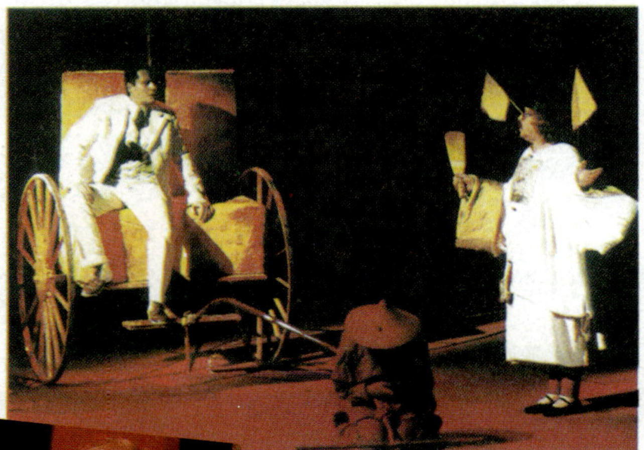

Lächeln. Peter Jelosits (Gustl) und Bernhard Paul als Obereunuch in Lehárs China. Hans Hoffers schönem Bühnenbild stand keine Inszenierung gegenüber.

1996 steht Bernhard Paul mehrere Wochen in der Rolle des Obereunuchen in Léhars Operette „Land des Lächelns“ auf der Bühne der Volksoper Wien

Der Regisseur Klaus-Maria Brandauer freut sich mit seinem Schauspieler über den Erfolg des Stücks

„News“ Nr. 40, 3. 10. 1996

on Piano, doch mit sensationellem Material. Zuletzt öffnet er, sein Maximum an Aktion, den Mund zu einer Art vorsichtigen Gähnens. Es handelt sich aber um einen Weinkrampf.

Selbst Große der Schauspielkunst – Walter Schmidinger, Judith Holzmeister, Leon Askin – agieren wie fossile Operettenwurstel. Nur Bernhard Paul hat eine originelle Charge vorrätig.

Die Schallplatte erwarten wir weiterhin ungeduldig.

Wertung von ★☆☆☆☆ (sehr schlecht) bis ★★★★★ (herausragend)

sich drei Tage vorher auf eine Warteliste setzen lassen.

Als Roncalli am 28. Juli Köln Richtung Düsseldorf verläßt, haben rund 130 000 Kölner „Die Legende lebt" gesehen.

Vier Monate später, nach Gastspielen in Düsseldorf, Essen und Wuppertal, die Roncalli einen Besucherrekord bescheren, reist der Circus erstmals zu einem freien, von keiner Landesregierung unterstützten Gastspiel ins Ausland. In Kopenhagen, der Kulturhauptstadt Europas 1996, tritt er mit seinem Jubiläumsprogramm eine Woche im Schumannbau auf, einem alten Circusbau gegenüber dem Tivoli. Ein neues Kapitel in der Geschichte von Roncalli beginnt.

Bernhard Paul wird im Oktober in Berlin von Bundespräsident Roman Herzog das Bundesverdienstkreuz überreicht. Zwei Jahre zuvor hat er

Am Platz in der Circusgeschichte für Bernhard Paul gibt es keinen Zweifel. Er hat den poetischen Circus kreiert und neue Impulse gebracht

Mehr als zwanzig Jahre sind seit der Gründung von Roncalli vergangen, seit sich Bernhard Paul aufmachte, seine Träume vom Circus zu verwirklichen

„... legt der Galeriebesuch das Gesicht auf die Brüst im Schlußmarsch, wie in e schweren Traum versinkend er, ohne es zu wissen.“

(Franz Kafk

bereits den Verdienstorden des Landes Nordrhein-Westfalen bekommen. In Wien steht er mehrere Wochen lang in der Rolle des Obereunuchen in Léhars Operette „Land des Lächelns“ auf der Bühne der Volksoper.

Manchmal, in grauen Tagen, sind ihm die Entwicklung seines Circus, das Tempo, das sein Leben bekommen hat, selber ein wenig unheimlich.

„Meine Wünsche haben sich übererfüllt“, sagt er dann. „Sie haben andere Dimensionen angenommen, als ich gedacht habe. Eigentlich wollte ich immer nur auf den Stufen eines Circuswagens sitzen und Erdbeeren mit Schlagsahne essen.“

Zwanzig Jahre sind vergangen, seitdem der Wiener sich anschickte, seine Träume von einem poetischen Circus zu verwirklichen. Zwanzig Jahre, seitdem Wolfgang Baur, der „Engel der möglichen Wunder“, „Berauschet euch“ ins Dunkel der Manege rief, wo sich 1500 Besucher des Bonner Sommertheaters auf schmalen Holzbänken zusammendrängten.

„Berauschet euch. Nichts ist unmöglich, wenn wir es nur stark genug beschwören.“

AUF WIEDERSEHEN

Wir danken
allen Personen und Institutionen,
die uns bei der Beschaffung
von Bildmaterial behilflich waren.

Das Titelbild wurde illustriert von Renato Casaro,
das Foto auf der Rückseite stammt von Klaus Ravenstein, Essen.

Die Fotos auf Seite 6 und 11 im Vorwort stammen von Theo O. Krath.

Die Fotos zum „Ersten Buch" (Die Ahnengalerie)
stammen aus dem Circus-Archiv Roncalli von Bernhard Paul,
mit Ausnahme der Fotos auf Seite 65,
die uns freundlicherweise von Ernst Günther
zur Verfügung gestellt wurden.

Die Fotos zum „Zweiten Buch" (Roncalli zum ersten)
stammen aus dem Privatbesitz von Bernhard Paul
sowie aus seinem Circus-Archiv Roncalli.

Die Fotos zum „Dritten Buch" (Der Traum ist wahr),
mit Ausnahme des Abschnitts „Roncalli in Moskau",
stammen von folgenden Fotografen:
Theo O. Krath, Lohmar
Helga Pisters, Köln
Udo Weger, Hannover.

Die Aufnahmen zum Abschnitt „Roncalli in Moskau"
hat Olaf Müller-Hansen aus Bremen gemacht.

Das Foto auf Seite 235, Verleihung des Bundesverdienstkreuzes,
stammt von der Fotoagentur Michael Lingen, Bonn.

Alle anderen Fotos stammen
aus dem Privatbesitz von Bernhard Paul sowie aus dem
Circus-Archiv Roncalli.